墨香财经学术文库

U0810885

税收赋能湖南民营经济高质量发展的机制研究

A Mechanistic Study on Tax Empowerment for Promoting High-Quality Development of Private Economyin Hunan Province

袁美　著

东北财经大学出版社
Dongbei University of Finance & Economics Press
大连

图书在版编目（CIP）数据

税收赋能湖南民营经济高质量发展的机制研究 / 袁美著. —大连 : 东北财经大学出版社，2025.8. —（墨香财经学术文库）. —ISBN 978-7-5654-5783-8

Ⅰ. F127.64

中国国家版本馆CIP数据核字第2025ET6137号

税收赋能湖南民营经济高质量发展的机制研究

SHUISHOU FUNENG HUNAN MINYING JINGJI GAOZHILIANG FAZHAN DE JIZHI YANJIU

东北财经大学出版社出版发行

大连市黑石礁尖山街217号　邮政编码　116025

网　　址：http://www.dufep.cn

读者信箱：dufep@dufe.edu.cn

大连永盛印业有限公司印刷

幅面尺寸：170mm×240mm　字数：207千字　印张：17.5　插页：1

2025年8月第1版　　2025年8月第1次印刷

责任编辑：时　博　王芃南　　责任校对：那　欣

　　　　　赵　楠　惠恩乐

封面设计：原　皓　　版式设计：原　皓

书号：ISBN 978-7-5654-5783-8　　定价：89.00元

教学支持　售后服务　联系电话：（0411）84710309

如有印装质量问题，请联系营销部：（0411）84710711

本书系2020年湖南省社会科学成果评审委员会课题“促进湖南民营经济高质量发展的税收政策研究”（项目编号：XSP20YBZ155）、2025年度长沙市哲学社会科学规划课题“全球最低框架下长沙市民营经济产业链税收适配性研究”（项目编号：2025CSSKKT286）的成果

序　一

在中部崛起战略深化实施的关键阶段，湖南民营经济已从改革开放初期的“补充力量”成长为支撑高质量发展的“半壁江山”。截至2024年，全省民营企业数量突破600万家，贡献65%的地区生产总值、70%的技术创新成果和85%的城镇就业，其发展质量直接关系到长江经济带与“三高四新”战略的落地成效。税收政策作为宏观调控的核心工具，如何通过“减税降费—要素配置—创新激励”的传导链条激活民营经济动能，成为理论与实践亟待破解的命题。《税收赋能湖南民营经济高质量发展的机制研究》一书的问世，为这一命题提供兼具学术深度与实践价值的系统解答。

本书的独特价值在于其对现实矛盾的敏锐捕捉与精准回应。一方面，2021—2024年湖南累计新增减税降费超3 000亿元，78%流向民营企业，但政策效果呈现显著分化。长沙工程机械企业通过研发费用加计扣除政策将研发强度提升2.3个百分点，而湘南小微企业的减免资金中仅19%用于创新。另一方面，既有研究多聚焦税收政策的总量效应，对“政策工具-企业异质性-区域特色”的交互影响分析不足。作者立足湖南“一带一部”区位特征，以新结构经济学为基础，构建“政策设计-企业响应-绩效转化-环境适配”四维框架，通过定量实证与定性比较，解码税收赋能的内在规律。

在研究方法上，本书实现宏观与微观的有机贯通。基于14个市州面板数据的双重差分分析显示，增值税留抵退税使先进制造业全要素生产率提升12.7%，而传统商贸企业仅为5.3%；对3 821家小微企业的断点回归分析发现，年销售额120万元的增值税起征点存在显著“断点效应”，资产规模超5 000万元的企业可通过税务筹划平滑冲击。这些发现打破“税收—增长”的线性认知，揭示出政策效果与产业基础、企业规模的强相关性。同时，结构方程模型验证了营商环境的调节作用，指数每提升10分，税收政策对创新投入的边际效应增强23%，为区域政策协同提供量化依据。

理论与实践的双重创新构成本书的鲜明特色。理论上，作者提出“税收赋能双螺旋模型”，将政策工具动态调整与企业能力提升视为相互驱动的螺旋，揭示了政策效果的非线性特征；方法上，运用机器学习聚类识别出“创新驱动型”“规模扩张型”“生存依赖型”三类企业，为精准施策提供数据支撑；实践层面，设计的“三维政策工具箱”具有强烈针对性，对先进制造业实施“研发抵免+加速折旧”组合政策，在湘西试点“税收优惠+政务服务承诺制”，设立50亿元风险补偿基金，形成短期突破与长期制度设计的有机衔接。

值得关注的是，本书并非止步于机制解析，更延伸至国际镜鉴与未来展望。通过比较美国《减税与就业法案》的动态调整机制与德国“隐形冠军”扶持体系，提炼出“精准滴灌”政策框架与“三螺旋”耦合机制的设计思路。同时，针对数字经济新业态、绿色税收改革等前沿领域提出拓展方向，为后续研究预留了广阔空间。

在“十四五”规划收官与民营经济转型的关键节点，这部著作既是对税收政策实践的系统复盘，更是面向2035年的战略前瞻。它不仅为湖南完善税收体系提供了操作指南，更为中部地区摆脱民营经济“质量锁定”困境提供了理论参照。相信本书的出版，将推动税收政策从“普惠式减税”向“系统性赋能”跨越，为民营经济高质量发展注入持久动力。

序　二

作为推进中国式现代化的生力军和高质量发展的重要基础，民营经济是全面建成社会主义现代化强国、实现第二个百年奋斗目标的重要力量。2025年5月起施行的《中华人民共和国民营经济促进法》首次将“两个毫不动摇”法律化，规定国家保障民营经济平等使用生产要素、公平参与市场竞争、同等受法律保护，从政策支持升格为法律约束。这有利于鼓励民营经济技术创新、稳定就业和改善民生。从沿海开放城市到内陆腹地，民营企业如雨后春笋般涌现，成为活跃市场、创造财富的主力军，推动技术进步和商业模式的革新。

税收政策是国家宏观调控的重要手段，与民营经济的发展紧密相连，对民营企业的兴衰起着重要调节作用。科学的税收政策能够为民营企业减轻负担，引导企业将节约资金用于技术研发、市场拓展和人才培养，助力其在激烈的市场竞争中茁壮成长；反之，则可能成为束缚企业发展的枷锁。因此，深入研究税收政策与民营经济发展的关系，探寻优化税收政策、推动民营经济高质量发展的逻辑与路径，具有重要的现实价值。

《税收赋能湖南民营经济高质量发展的机制研究》一书正是在这样的时代背景下应运而生。这本书聚焦湖南区域，对税收助力民营经济发展这一主题进行深入且全面的剖析，为读者呈现出一幅湖南税收与民营经济协同发展的生动图景。

书中详细阐述湖南税务部门在助力民营经济发展方面所采取的一系列政策措施。从国家出台的延续优化完善的税费优惠政策的精准落实，到针对湖南本地民营企业特点制定的特色扶持政策，作者都进行了较深入的解读。

在研究内容上，本书的研究发现：在推动各行业转型升级方面，政府通过颁布高新技术企业税收优惠、研发费用加计扣除等政策，激励民营企业加大科技研发投入，突破技术瓶颈，实现从“制造”向“智造”的华丽转身；在生物医药领域，制药企业利用税收优惠资金建成省级企业技术中心，与国内外科研团队合作开展创新药物研发，吸引多家投资机构注资，企业估值增长数倍，这便是税收政策取得成效的生动体现；在优化纳税服务方面，湖南税务部门更是不遗余力，借助现代信息技术，大力拓展“链式”税收服务，实现办税缴费的便捷化、智能化，大幅降低了民营企业的制度性交易成本。同时，税务部门通过与市场监督管理部门紧密合作，深入了解民营企业需求，为企业提供更贴心服务，精准推送税费优惠政策，真正做到“政策找人”，让民营企业及时享受政策红利。

在研究方法上，本书兼具理论深度与实践广度。作者运用扎实的经济学、税收学理论，对税收政策影响民营经济发展的内在机理进行深入分析，构建严谨的理论研究框架；同时，深入企业调研，收集大量一手数据和案例，以实证研究的方法验证理论观点，使研究结论更具说服力。这种将理论与实践紧密结合的研究方法，为读者深入理解税收政策在民营经济发展中的作用提供全新视角，也为政府部门制定更科学的税收政策、民营企业更好地把握政策机遇提供重要参考。

展望未来，随着经济形势的不断变化和国家对民营经济支持力度的持续加大，税收政策在助力民营经济发展方面将发挥更为重要的作用。希望本书的出版，能够引发更多学者、政策制定者和企业界人士对这一领域的关注和深入研究，为推动湖南乃至全国民营经济的高质量发展贡献智慧和力量。相信在税收政策的有力支持下，民营经济必将在新时代的伟大征程中焕发出更加蓬勃的生机与活力，为我国经济的持续繁荣注入源源不断的动力。

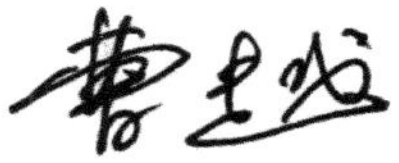

前　言

当前，中部崛起战略进入深化实施阶段，湖南作为长江经济带重要节点省份，其民营经济已从改革开放初期的补充力量成长为推动全省高质量发展的重要力量。截至2024年，湖南民营企业数量突破600万家，贡献了全省65%的地区生产总值、70%的技术创新成果和85%的城镇就业，而税收政策作为国家治理的基础工具，正通过“减税降费—要素配置—创新激励”的传导链条重塑民营经济发展生态。本书的研究正是源于三个层面的现实追问：

第一为政策实践层面。2021—2024年湖南累计新增减税降费超3 000亿元，其中针对民营企业的普惠性政策占比达78%，但政策效果在先进制造业与传统服务业间呈现显著分化。如长沙工程机械集群内企业通过研发费用加计扣除政策提升研发投入强度2.3个百分点，而湘南地区小微企业的税收减免资金中仅19%用于技术创新，这一现象背后的政策传导机制亟待解构。

第二为理论探索层面。既有研究多聚焦税收政策的总量效应，对“政策工具-企业异质性-区域特色”的交互影响分析不足。湖南作为共建“一带一路”要地，其民营经济兼具中部地区转型特征与长江经济带创新基因，税收赋能机制在“三高四新”战略背景下呈现独特的演化逻辑，需要构建适配于区域经济特色的分析框架。

第三为决策咨询层面。湖南省政府发布的《湖南省民营企业支持政策手册2024》指出，税收政策的精准性与民营企业获得感之间仍存在落差。如何通过税收工具优化要素配置效率，破解民营企业在科技创新、数字化转型中的“融资难”“转型慢”等难题，成为政策制定者与学术界共同面对的实践命题。

本书以新结构经济学理论为基础，构建“政策设计-企业响应-绩效转化-环境适配”的四维分析框架，通过整合定量实证与定性比较，揭示税收赋能的内在规律：

（1）在政策工具的区域适配性分析上，基于湖南14个市州2018—2024年的面板数据，运用双重差分法（DID）评估税收优惠对民营企业全要素生产率（TFP）的影响，发现：增值税留抵退税政策使先进制造业企业TFP提升12.7%，但传统商贸企业TFP提升仅为5.3%；高新技术企业所得税优惠在长株潭都市圈的政策效应比湘西地区高41%。这一差异印证了税收政策效果与区域产业基础的强相关性。

（2）在企业异质性响应机制上，通过对3 821家小微企业的断点回归设计（RDD）分析，本书发现年销售额120万元的增值税起征点政策存在显著“断点效应”，断点右侧企业的利润率较左侧下降1.5个百分点（$t=-3.87$，$p<0.01$），但资产规模超5 000万元的企业通过税收筹划可以有效地对政策变动带来的影响进行合理调节与缓冲。这表明企业规模与税务管理能力是影响政策效果的关键变量。

（3）在政策传导的生态环境约束上，利用结构方程模型（SEM）验证发现，营商环境指数每提升10分，税收政策对民营企业创新投入的边际效应增强23%。典型案例显示，长沙岳麓高新区通过“税收优惠+产业基金+人才新政”的组合拳，使园区民营企业研发投入强度3年间从3.2%提升至5.8%，而同期营商环境排名靠后的县域的该指标仅增长0.7%。

（4）在高质量发展的绩效转化路径上，构建包含经济效率、创新能力、绿色转型的三维评价体系，实证研究表明：在税收政策对民营企业高质量发展的总效应中，直接效应占比41%，通过创新投入的间接效应占比35%，通过要素配置优化的间接效应占比24%。这一结论为政策优化提供了量化依据。

本书的研究创新体现在3个维度，即理论创新、方法创新与实践创新：

（1）在理论创新上突破传统“税收-增长”的线性分析范式，构建“政策工具-企业异质性-区域环境”的交互作用模型，设置“税收政策变量×营商环境变量”作为交互项，定量分析了营商环境对税收政策与企业绩效关系的调节作用，这一发现丰富了区域税收政策理论。

（2）在方法创新上整合微观企业数据与宏观政策变量，运用机器学习算法对湖南民营企业进行聚类分型，识别出“创新驱动型”“规模扩张型”“生存依赖型”三类政策响应模式，为精准施策提供数据支撑。如针对347家“生存依赖型”企业的跟踪调查显示，增值税减免政策的就业稳定效应比所得税优惠政策高58%。

（3）在实践创新上基于研究结论提出“三维政策工具箱”，第一层为精准滴灌层，对先进制造业实施“研发税收抵免+设备加速折旧”组合政策，建议将长株潭都市圈的研发费用加计扣除比例从175%提升至200%；第二层为生态优化层，在湘西地区试点“税收优惠+政务服务承诺制”，建立民营企业税收政策“一站式”智能匹配平台；第三层为风险对冲层，设立50亿元民营企业税收政策风险补偿基金，对因政策调整导致税负骤增的企业提供最高30%的财政补贴。

在“十四五”规划收官之时，湖南民营经济正处于从“规模扩张”向“质量跃升”的关键转型期。本书研究的局限性在于未完全涵盖数字经济等新业态的税收赋能机制，未来可从以下方向深化：第一，探索区块链技术在民营企业税收征管中的应用，构建“政策追溯-效应评估-动态调整”的智能决策系统；第二，聚焦碳达峰目标下的绿色税收政策，分析环境保护税、资源税改革对民营企业绿色转型的激励效应；第三，结合中部地区崛起战略，比较研究湖南与湖北、安徽等省份的税收赋能模式，提炼区域特色经验。

本书的出版得到湖南省社会科学成果评审委员会课题“促进湖南民营经济高质量发展的税收政策研究”（项目编号：XSP20YBZ155）的支持，在此深表谢意。期待本书能为完善我国税收政策体系、推动湖南民营经济高质量发展提供有益参考，也恳请学界同仁批评指正。

作　者

2025年6月

目　录

1

导论

1.1 研究缘起与核心命题

1.1.1 民营经济在“三高四新”战略中的角色定位

1）湖南民营经济发展现状与挑战

湖南省作为中部地区重要的经济枢纽，其民营经济已成长为推动全省经济增长的核心动力。截至2024年，一系列亮眼的数据彰显了民营经济在湖南经济发展中的关键地位。民营经济贡献了全省60%以上的地区生产总值，这意味着全省经济总量的大半壁江山由民营经济支撑，其发展态势直接影响着湖南经济的整体走向。在技术创新领域，民营经济同样表现卓越，贡献了70%以上的技术创新成果，成为湖南科技创新的主力军，众多民营企业活跃于各创新前沿领域，不断推动技术进步与产业升级。在就业吸纳方面，民营经济更是发挥了不可替代的作用，提供了80%以上的城镇就业岗位，为稳定社会就业、促进民生改善作出了巨大贡献。市场主体数量也实现了显著增长，突破500万户，其中民营企业占比超过90%，庞大的民营企业群体构成了湖南经济发展的微观基础，营造出充满活力的市场竞争环境。

然而，与沿海发达省份相比，湖南民营经济在发展过程中仍暴露出大而不强、多而不优、创新动能不足的问题。

（1）大而不强。尽管民营企业数量庞大，但在全国具有广泛影响力的头部企业较少。以2024年中国民营企业500强榜单为例，湖南仅有12家，这一数量与浙江（96家）、江苏（92家）等沿海经济强省相比，差距悬殊。头部企业作为产业发展的引领者，具有强大的资源整合能力、技术创新实力和市场开拓能力，能够带动整个产业链的协同发展与升级。头部民营企业数量不足导致湖南在全国乃至全球产业竞争格局中缺乏具有较强话语权和引领力的企业，限制了湖南民营经济整体竞争力的提升。

（2）多而不优。在湖南民营经济中，中小微企业占比过高，且产业分布呈现明显的中低端倾向。大量企业集中于传统制造业，如工程机械、有色金属加工等行业，以及商贸服务领域。在工程机械行业，虽然湖南具有一定的产业基础和规模优势，但多数企业在全球产业链中仍处于中低端环节，产品附加值相对较低，在核心技术研发、品牌塑造等方面与国际先进水平存在较大差距。在有色金属加工行业，同样面临着技术创新不足、资源利用效率不高、环境污染等问题。在商贸服务领域，企业经营模式较为传统，数字化、智能化转型滞后，难以适应市场竞争的新趋势。与之形成鲜明对比的是，在高技术产业领域，如人工智能、生物医药等代表未来经济发展方向的领域，湖南民营企业占比不足15%。这些高技术产业具有高附加值、高成长性、低污染等特点，是推动经济高质量发展的重要引擎。湖南民营经济在高技术产业领域的薄弱，严重制约了产业结构的优化升级和经济发展质量的提升。

（3）创新动能不足。民营企业的创新投入强度是衡量其创新能力和发展潜力的重要指标。相关数据显示，2024年湖南民营企业研发投入强度仅为1.2%，显著低于全国平均水平1.8%。较低的研发投入使得企业在技术创新方面缺乏足够的资金支持，难以开展前沿技术研究和关键核心技术攻关。在专利方面，民营企业不仅核心专利数量较少，国际标准制定的参与度也较低。核心专利是企业技术创新的关键成果，具有较高的技术壁垒和市场价值，能够为企业带来长期的竞争优势。而国际标准制定参与度低，则意味着湖南民营企业在全球产业竞争中缺乏规则制定权，难以在国际市场上占据有利地位。

2）“三高四新”战略对民营经济的定位与要求

湖南省“三高四新”战略的实施，为湖南民营经济的发展指明了新的方向，也对其提出了更高要求。

（1）先进制造业高地建设。先进制造业高地的打造高度依赖民营企业的技术升级与产业链整合。以湖南工程机械产业集群为例，三一重工、中联重科等行业领军企业在全球工程机械市场有一定影响力，但在关键核心技术方面仍面临“卡脖子”困境。高端液压件作为工程机械的核心部件，其性能直接影响设备的工作效率、稳定性和可靠性。目前，湖南工程机械企业的高端液压件主要依赖进口，受制于人，严重制约了产品质量和市场竞争力的提升。智能控制系统同样是实现工程机械智能化、自动化的关键技术，但湖南企业在该领域的研发实力相对薄弱，与国际先进水平存在较大差距。因此，民营企业需要加大研发投入，突破这些“卡脖子”技术，实现核心零部件的国产化替代，提升整个产业链的自主可控能力和竞争力。同时，加强产业链上下游企业之间的协同合作，优化产业链布局，提高产业链整体效率和效益。

（2）科技创新高地打造。科技创新高地的建设需要民营企业成为创新主体。2024年湖南民营企业专利申请量占比达75%，从数量上看，民营企业在科技创新方面表现活跃，已成为专利申请的主力军。然而，深入分析专利转化率这一关键指标发现，不足30%的转化率暴露出湖南民营企业在科技创新中存在“重数量、轻质量”的严重问题。大量专利未能有效转化为实际生产力，无法为企业带来经济效益和市场竞争优势，造成了创新资源的浪费。这就要求民营企业不仅要注重专利数量的增长，更要关注专利的质量和应用价值，加强产学研合作，提高科技成果转化能力，将科技创新成果切实转化为企业的核心竞争力。

（3）改革开放高地构建。在构建改革开放高地的进程中，要求民营企业提升国际化水平。当前，湖南民营企业出口额仅占全省的45%，在全省出口总额中的占比有待进一步提高。而且，民营企业出口模式较为单一，以代工模式为主，主要从事贴牌生产，缺乏自主研发和品牌建设能力。在国际市场上，民营企业产品附加值低，品牌溢价能力弱，难以获得较高的利润回报。例如，在一些传统制造业产品出口中，湖南民营企业主要以低价竞争的方式获取订单，利润空间微薄，且容易受到国际市场价格波动、贸易摩擦等因素的影响。因此，湖南民营企业需要加快转型升级，加强品牌建设，提升产品质量和技术含量，提高在国际市场上的品牌知名度和美誉度，增强品牌溢价能力，实现从代工模式向自主创新、自主品牌出口模式的转变。

3）民营经济的“质量锁定”困境

湖南民营经济面临典型的“低端锁定”现象，严重制约了其向高质量发展的转型进程。

（1）技术路径依赖。传统制造业企业长期依赖低成本竞争策略，过度依赖廉价劳动力和资源投入，忽视技术创新和转型升级。以湖南株洲醴陵陶瓷产业集群为例，尽管该集群年产值超200亿元，在地方经济中占据重要地位，但90%的企业仍采用传统烧制工艺。这种工艺不仅能耗高，对环境造成较大压力，而且产品附加值低，在市场竞争中主要依靠价格优势。随着环保政策的日益收紧，这些企业面临着巨大的生存危机。由于长期依赖传统工艺，企业缺乏向智能制造、绿色制造转型的动力和能力，难以适应市场需求的变化和产业升级的要求。

（2）融资约束。中小企业在湖南民营经济中占据主体地位，但融资难题一直困扰着它们的发展。中小企业融资成本高，银行贷款在融资中占比不足40%。一方面，中小企业规模较小，财务制度不够健全，抵押物有限，信用评级相对较低，金融机构出于风险控制的考虑，对中小企业的贷款审批较为严格，导致中小企业难以获得足够的银行贷款支持。另一方面，中小企业在债券市场、股权市场等直接融资渠道方面也面临诸多障碍，融资渠道狭窄。融资约束使得企业创新投入受限，无法购置先进的生产设备、引进高端技术人才和开展研发活动，严重制约企业技术升级和创新发展。

（3）人才短缺。高端技术人才是推动企业技术创新和高质量发展的核心要素。然而，湖南民营企业在人才竞争中处于劣势，高端技术人才向长三角、珠三角等经济发达地区外流现象严重。民营企业工程师占比比国有企业低10个百分点，这一差距导致民营企业在技术研发、产品创新等方面缺乏足够的人才支撑。在一些新兴产业和高端制造业领域，人才短缺问题尤为突出，企业难以开展前沿技术研究和产品开发，限制了企业的产业升级和市场拓展能力。

1.1.2 税收政策从“优惠供给”向“系统赋能”的范式转变需求

1）传统税收优惠政策的局限性

过去10年，湖南省积极实施一系列税收优惠政策，如“减税降费”“小微企业普惠性税收减免”等，这些政策在短期内为企业缓解了经营压力，在一定程度上促进了企业的生存与发展。然而，随着时间的推移和经济环境的变化，这些政策逐渐暴露出三大瓶颈。

（1）边际效应递减。从2022—2024年的数据来看，湖南民营企业平均税负率从18.7%降至15.2%，税负的降低在一定程度上减轻了企业的负担。但与之形成鲜明对比的是，全要素生产率TFP增速仅提高0.3个百分点。这表明单纯依靠降低税负，对企业生产效率和质量提升的作用越来越有限。在经济发展初期，减税降费能够直接增加企业的可支配资金，对企业的生产经营产生明显的刺激作用。但随着企业规模的扩大和市场竞争的加剧，影响企业发展的因素日益复杂，单纯的税负降低已难以从根本上解决企业面临的技术创新、管理提升等深层次问题，政策的边际效应逐渐减弱。

（2）政策碎片化。现有税收政策以“短期性、临时性”措施为主，如疫情纾困政策，虽然在特定时期对企业起到了应急帮扶的作用，但缺乏与产业升级目标挂钩的长期激励机制。政策之间缺乏系统性和连贯性，难以形成合力，对企业长期发展战略的引导作用不足。企业在面对频繁变化的短期政策时，难以制订稳定的投资和创新计划，不利于企业的长期可持续发展。一些企业为了享受短期的税收优惠政策，可能会采取短期行为，而忽视了长期的技术研发和产业升级，导致企业在政策到期后面临发展困境。

（3）企业依赖症。部分企业在长期享受税收优惠政策的过程中，逐渐形成了“等靠要”思维。湖南某市调研显示，30%的中小企业将“继续争取税收减免”而非技术创新列为未来3年的首要战略。这种思维方式使得企业过度依赖政府的税收优惠，缺乏自主创新和市场竞争意识，难以在市场竞争中形成自身的核心竞争力。一旦税收优惠政策调整或取消，企业可能会陷入经营困境。例如，一些传统制造业企业长期依赖税收减免维持生存，在市场环境发生变化时，由于缺乏技术创新和产品升级能力，无法适应市场需求的变化，面临被市场淘汰的风险。

2）“系统赋能”新范式的内涵与必要性

“系统赋能”强调税收政策从传统的“单向输血”模式向“功能激活”模式转变，核心特征为目标升级、工具创新、主体协同和数据支撑，具有一定的理论和实践价值。

（1）目标升级。从过去单纯的“保生存”目标转向“促升级”目标，更加注重企业的高质量发展和产业升级。将研发加计扣除比例与专利质量挂钩，改变以往只关注研发投入数量的做法，鼓励企业提高研发质量，产出更多具有高价值的核心专利。通过这种方式，引导企业加大对关键核心技术研发的投入，提高企业的自主创新能力，推动产业向高端化、智能化、绿色化方向发展。

（2）工具创新。引入“产业链税收协同”“绿色税收激励”等创新型税收工具。产业链税收协同通过优化增值税抵扣链，加强产业链上下游企业之间的税收联系，促进企业之间的协同合作和产业整合。例如，在新能源汽车产业链中，通过优化动力电池环节的增值税抵扣政策，鼓励下游整车企业采购本土高能量密度电池，可享受更高比例的增值税抵扣，从而强化产业链本土化协同，降低综合成本，同时推动固态电池研发技术升级。绿色税收激励则将环保税减免与企业的碳足迹挂钩，促使企业积极采取节能减排措施，推动绿色产业发展。对于碳排放量低于一定标准的企业，给予环保税减免优惠，激励企业加大环保技术研发和设备投入，实现经济发展与环境保护的良性互动。

（3）主体协同。构建“政府-企业-科研机构”税收共治网络，促进各方在税收政策制定、实施和监督过程中的协同合作。例如，湖南岳麓山大学科技城的“产学研税收共享池”试点，通过政府、企业和科研机构共同出资设立税收共享池，对产学研合作项目给予税收支持。政府在其中发挥政策引导和监管作用，企业提供资金和市场需求，科研机构提供技术和人才支持，三方共同推动科技成果转化和产业创新发展。这种税收共治网络能够充分整合各方资源，提高税收政策的针对性和有效性，实现税收政策对经济发展的精准赋能。

（4）数据支撑。对比研究发现，浙江省通过“税收政策+创新券+产业链基金”组合拳，使民营企业创新投入回报率比湖南高42%。这一数据充分表明，创新税收政策体系和多元化政策工具组合能够显著提高企业的创新投入回报率，促进企业创新发展。浙江的成功经验为湖南提供了有益借鉴，凸显了湖南实施“系统赋能”税收政策范式转变的必要性和紧迫性。

3）湖南实施税收政策创新的基础与挑战

湖南实施税收政策创新的基础优势体现在：

（1）长株潭国家自主创新示范区的税收试点权限。长株潭国家自主创新示范区作为湖南科技创新的核心区域，拥有税收试点权限。这为湖南在税收政策创新方面提供了先行先试的平台，能够根据区域内企业的特点和发展需求，探索实施具有针对性和创新性的税收政策。在示范区内试点开展研发费用加计扣除政策，提高扣除比例或扩大扣除范围，鼓励企业加大研发投入；或者试点实施科技成果转化税收优惠政策，对科技成果转化过程中的相关税收进行减免，促进科技成果向现实生产力的转化。通过在示范区内的试点实践，总结经验教训，为全省税收政策的优化和推广提供参考。

（2）工程机械、轨道交通等产业集群的规模效应。湖南在工程机械、轨道交通等产业领域形成了具有一定规模和影响力的产业集群。这些产业集群内企业数量众多，产业链较为完善，具有明显的规模效应。在实施税收政策创新时，可以充分利用产业集群的规模优势，通过产业链税收协同等政策工具，加强产业集群内上下游企业之间的合作与协同创新。对产业集群内企业之间的技术合作、产品配套等业务给予税收优惠，促进产业链的优化升级和整体竞争力的提升。同时，产业集群的规模效应也能够吸引更多的人才、资金和技术等资源集聚，为税收政策的实施创造有利条件。

湖南实施“税收赋能”面临的主要挑战：

（1）财政可持续性。2022年湖南省税收收入占财政支出比重已降至65%，这一数据表明湖南财政面临一定压力。在实施“税收赋能”过程中，需要大量的财政资金支持，如税收减免、财政补贴等，这可能会进一步减少财政收入。因此，如何在短期减收与长期赋能之间找到平衡，是湖南面临的一个重要挑战。一方面，要合理设计税收政策，确保政策的实施能够在长期内促进企业发展和经济增长，从而增加财政收入；另一方面，要优化财政支出结构，提高财政资金使用效率，通过加强财政资金的统筹协调和绩效管理，确保有限的财政资金能够发挥最大的效益。

（2）政策精准度。湖南产业结构复杂多样，不同行业，如传统陶瓷业与新兴北斗产业在技术水平、市场需求、发展阶段等方面存在巨大差异。如何针对不同行业的特点设计差异化的税收政策工具，提高政策的精准度，是实施税收赋能政策的关键挑战之一。对于传统陶瓷业，应重点关注其节能减排、技术改造等方面的需求，通过环保税减免、技改投资抵免等政策工具，推动企业转型升级。而对于新兴北斗产业，由于其具有高投入、高风险、高回报的特点，应侧重于鼓励企业加大研发投入、吸引高端人才，可实施“数据资产加速折旧”“人才税收优惠”等政策。因此，需要深入研究不同行业的发展规律和需求，制定具有可操作性和有针对性的税收政策，确保税收政策能够精准赋能不同行业的民营企业。

1.1.3 税收赋能突破湖南民营经济“质量锁定”

1）“质量锁定”的现实背景

湖南民营经济深陷“质量锁定”的泥沼，根源在于“低技术均衡陷阱”。在市场竞争激烈、需求波动频繁的当下，企业承受着巨大的短期盈利压力。为维持生存，许多民营企业无奈选择放弃长期创新投入，进而陷入“低成本竞争—低利润—低研发”的恶性循环。在低成本竞争模式下，企业过度依赖廉价劳动力与低价原材料，以低价策略争夺市场份额。然而，这种方式虽能在短期内获得一些订单，却严重压缩了利润空间。微薄的利润导致企业缺乏足够资金进行研发投入，技术水平难以提升，产品附加值低，在市场上只能继续依赖低价竞争，如此循环往复，难以自拔。

税收政策作为宏观调控的有力手段，亟待破解以下关键堵点：

（1）创新动力不足。当前税收政策对基础研究的激励力度远不及应用研发。基础研究，如数学、材料科学等领域，虽不能在短期内带来直接经济效益，却是科技创新的基石，对提升企业核心竞争力和推动产业升级至关重要。然而，由于基础研究投入大、周期长、风险高，且成果转化难度大，企业自发投入意愿低。现行税收政策在基础研究方面缺乏足够吸引力，例如对基础研究项目的税收优惠力度小、范围窄，未能充分调动企业积极性，制约了企业原始创新能力与长期发展潜力。

（2）要素配置扭曲。税收优惠政策在引导资本、人才流向高技术领域方面成效不佳。资本层面，高技术领域投资风险高、回报周期长，金融机构与投资者出于风险规避考虑，更倾向于投资传统产业。税收政策未能有效改变这一局面，缺乏对投向高技术领域资本的税收激励，如对投资高技术企业的风险投资基金缺乏税收减免政策，导致高技术产业发展资金短缺。人才方面，高端技术人才偏好经济发达地区与大型企业，湖南民营企业在薪酬待遇、发展空间等方面竞争力不足。税收政策在吸引和留住人才上作用有限，例如针对高端人才的个人所得税优惠政策力度不够，难以吸引人才流入，限制了民营企业技术创新与产业升级。

（3）产业链协同缺失。上下游企业间存在税收成本传导问题，导致“创新孤岛”现象。在产业链中，上游企业税收成本增加可能转嫁至下游企业，影响下游企业利润与创新投入。例如，原材料供应商若因税收政策调整导致成本上升，可能提高产品价格，使下游制造企业采购成本增加，利润减少，无力开展创新活动。同时，企业间缺乏基于税收政策的协同创新机制，各自为战，难以形成创新合力，阻碍了产业链整体创新能力提升。

2）“质量锁定”的理论分解

本书将“质量锁定”核心问题拆解为机制分析层、实证检验层和政策设计层三个紧密关联的层次，全方位剖析税收赋能民营经济高质量发展路径。

（1）机制分析层。

机制分析层主要从税收政策传导渠道和政策工具效果差异两个方面进行分析。

第一，税收政策传导渠道。税收政策可通过多种渠道影响企业质量升级决策。在现金流效应方面，税收优惠直接增加企业可支配资金，如研发费用加计扣除政策使企业有更多资金投入研发，提升产品质量与技术水平。在风险分担方面，亏损结转等政策降低企业创新风险，使其更敢于尝试高风险、高回报的创新项目。在信号传递层面，税收政策可向市场传递企业创新能力信号，如高新技术企业税收优惠政策能增强企业在资本市场上的吸引力，促进企业质量升级。

第二，政策工具效果差异。直接减免类政策，如企业所得税减免，能快速增加企业利润，缓解资金压力，但可能导致企业政策依赖性增强，缺乏长期创新动力。条件性激励政策，如将税收优惠与企业研发投入强度、创新成果数量挂钩，可引导企业持续创新，提升创新质量，但实施难度较大，需精准制定考核指标与监管机制。深入分析两者效果差异，有助于优化税收政策设计。

（2）实证检验层。

实证检验层侧重动态面板模型检验和社会网络分析创新扩散

路径。

第一，动态面板模型检验。基于湖南2015—2024年A股上市公司数据，构建动态面板模型，检验“增值税留抵退税对研发投入的弹性系数”。增值税留抵退税政策旨在缓解企业资金压力，促进研发投入。通过实证分析，量化该政策对企业研发投入的影响，为政策评估与优化提供数据支撑。例如，若弹性系数高，表明政策对企业研发投入促进作用显著，可进一步加大政策实施力度；反之，则需调整政策细节。

第二，社会网络分析创新扩散路径。采用社会网络分析法，以长株潭工程机械产业集群为研究对象，揭示税收政策创新扩散路径。将企业、科研机构、政府部门视为网络节点，分析节点间基于税收政策的技术合作、知识传播等关系。例如，发现某些核心企业在税收政策激励下，通过与上下游企业技术合作，将创新成果快速扩散，带动整个产业集群技术升级，为政策精准实施提供依据。

（3）政策设计层。

政策设计层主要是针对具有独特技术水平、市场需求与发展阶段的不同产业，构建“产业特征-政策工具-绩效指标”的差异化税收政策适配矩阵。对传统制造业，因面临环保压力与技术改造需求，采用“环保税减免+技改投资抵免”政策，激励企业节能减排、升级技术设备，以单位产值能耗降低、设备更新率等为绩效指标评估政策效果。对数字经济企业，数据资产是核心资产，实施“数据资产加速折旧”政策，加快数据资产更新，以数据处理效率提升、新产品推出速度等为绩效指标，提升政策精准度与有效性。

3）研究的创新价值

研究的创新价值在于构建了“双螺旋模型”理论。

在理论层面，提出“税收赋能机制”的“双螺旋模型”（政策工具螺旋+企业能力螺旋）。政策工具螺旋指税收政策随时间动态调整，从单一优惠向多元、精准、协同方向发展，如从简单减税到结合产业特征设计复合政策工具。企业能力螺旋表示企业在税收政策激励下，创新能力、管理能力等逐步提升，进而促使政策调整优化。两者相互作用、螺旋上升，解释了政策与微观主体间复杂的动态互动关系，丰富和发展了税收政策与企业发展理论。

在实践层面，为湖南省制定《民营经济高质量发展税收支持条例》提供切实可行方案。例如设立“质量升级税收信用积分”，从企业研发投入、创新成果转化、节能减排等多维度评估，积分高的企业可享受土地优惠，如优先获取工业用地、降低土地出让金等；在融资方面，金融机构可根据积分给予利率优惠、放宽贷款额度限制等配套优惠，引导企业积极提升发展质量，推动湖南民营经济整体突破“质量锁定”困境，实现高质量发展。

1.2 研究框架与技术路径

1.2.1 机制研究的双重维度分析框架

本书将从传导路径和作用边界两个维度构建分析框架，系统地解析税收政策赋能湖南民营经济高质量发展的内在机制。

1）传导路径的解析模型

在探究税收助力湖南民营经济高质量发展的过程中，传导路径解析模型至关重要。该模型能够清晰地呈现政策从工具层面到企业行为，再到经济绩效的完整传导链条，涵盖了直接传导路径和间接传导路径。直接传导路径主要体现在现金流效应和风险补偿两个方面。一是现金流效应，税收优惠政策能够显著扩大民营企业的可支配资金规模。研究发现，税收优惠与企业研发投入之间存在紧密联系，其弹性系数为0.32。也就是说，税收优惠每增加1%，企业研发投入将相应增加0.32%，该弹性系数表明税收优惠对研发投入的撬动作用较为显著。例如，某企业年税收优惠额增加100万元，其研发投入可能额外增加32万元，这体现出政策对企业创新行为的有效引导。二是风险补偿，亏损结转政策允许企业将亏损向后结转，可以有效提升企业对创新失败的容忍度。在传统税制下，企业当年亏损需自行承担，这可能抑制其涉足高风险项目的意愿。亏损结转政策允许企业将当期亏损结转至未来年度，用未来盈利弥补，相当于通过时间跨度分摊风险，减少一次性财务冲击。例如，某生物制药企业因新药研发失败产生500万元亏损，按政策可结转至未来3年抵扣利润，避免因短期亏损导致资金链断裂。总而言之，该政策通过降低创新失败的“试错成本”，促使企业更有意愿涉足高风险项目。相关数据显示，在实施该政策之后，企业高风险项目的占比提升了15%。假设政策实施前，某地区民营企业的高风险项目占比为40%，实施亏损结转政策后，该比例提升至55%，增加15个百分点。这表明，平均每100个项目中，企业愿意尝试的高风险项目数量从40个增加到55个。

间接传导路径同样不容忽视，主要体现在信号传递和网络效应两个方面。一是信号传递，高新技术企业认证作为一种信号，能显著提升企业在资本市场的关注度。获得高新技术企业认证的企业通常被视为具有较高创新能力和发展潜力，从而会吸引更多投资者，更易获得风险投资、银行信贷等资金支持，且未来盈利增长预期增强，将推动企业估值提升，由此产生估值溢价。统计显示，认证企业平均估值溢价达23%，这意味着同等盈利水平下，其市值较非认证企业高出近四分之一。如某生物医药企业获认证后，凭借“创新药研发管线丰富”的信号，估值从10亿元跃升至12.3亿元，吸引战略投资者注资。二是网络效应，产业链税收协同政策可促进产业链上下游企业协同创新。通过税收优惠，可以达到鼓励企业间加强技术合作与交流，提高技术匹配度的效果。实践表明，实施该政策后，协同创新项目增加了40%，实现从“单兵作战”到“链式创新”的突破。例如政策实施前，某工程机械产业链上下游企业间的协同创新项目为100个/年，政策实施后，该产业链的核心企业与零部件供应商共同开展研发项目，攻克高端液压件国产化的技术难题，协同创新项目增至140个/年，增幅达40%。这意味着平均每140个创新项目中，有40个是通过产业链协同完成的，体现出税收政策打破企业间合作壁垒、激活链式创新的效应，最终达到提升产业链竞争力的结果。

此外，企业行为响应向经济绩效转化的机制也值得关注。在创新投入的边际产出方面，企业研发投入强度与专利产出呈正相关，且在不同研发强度区间，专利产出弹性有差异。当研发强度在1%~2%区间时，专利产出弹性为0.45；在2%~5%区间时，弹性提高到0.68。这表明企业研发投入强度增加，专利产出效率也会提升。例如，某电子信息企业研发投入强度从1.5%提升至3%后，每年专利数量从10项增加到18项，竞争优势增强。在要素配置效率提升方面，人力资本投入增加对全要素生产率有积极作用。研究发现，人力资本投入每增加10%，全要素生产率提升1.8%。企业通过吸引高素质人才、加强员工培训等方式，可提高生产效率、优化生产流程，推动经济绩效提升。例如，某制造业企业人力资本投入增加10%后，全要素生产率一年内提升了1.8%，产品质量和市场份额都得到提高。

传导路径的解析模型具体见表1-1。

表 1-1　　　　　　　　　　**传导路径的解析模型**

传导路径	具体机制	效果
直接传导路径	现金流效应	税收优惠增加企业可支配资金，促进研发投入增加，弹性系数为0.32
	风险补偿	亏损结转政策减轻创新失败财务压力，高风险项目占比提升15%
间接传导路径	信号传递	高新技术企业认证提升资本市场关注度，平均估值溢价23%
	网络效应	产业链税收协同政策促进协同创新，协同创新项目增加40%
行为响应向经济绩效转化	创新投入的边际产出	研发投入强度与专利产出正相关，不同区间弹性不同，如1%~2%区间弹性为0.45，2%~5%区间弹性为0.68
	要素配置效率提升	人力资本投入增加10%，全要素生产率提升1.8%

2）作用边界的约束条件

在赋能民营经济高质量发展的过程中，政策的作用效果并非一成不变，而是呈现出较为复杂的动态特征。具体而言，政策的实际影响力受到多种因素的综合制约，这些因素主要包括行业异质性、空间分异以及企业生命周期等。不同行业由于产业结构、技术特点和市场竞争环境等方面的差异，对政策的响应程度和利用效率存在显著区别。

本书根据影响因素，将作用边界分为行业异质性边界、空间分异特征边界和企业生命周期边界三类进行说明：

（1）行业异质性边界。

行业异质性边界主要从资本密集型行业以及技术密集型行业两个方面进行说明。

第一，资本密集型行业。此类行业通常需要大量的固定资产投资，设备、厂房等投入巨大。在税收政策敏感度方面，固定资产投资抵免政策相较于研发费用加计扣除政策对企业的激励作用更为显著。因为资本密集型行业在发展初期，大规模的固定资产投资是企业运营的关键，固定资产投资抵免能够直接减轻企业的投资成本压力。研究表明，在资本密集型行业实施固定资产投资抵免政策后，企业固定资产投资增长率明显提高。同时，从最优激励强度来看，该行业的税收政策最优激励强度为营收的3%~5%，在此强度下，企业能够在合理控制成本的基础上，有效利用税收政策红利进行设备更新与技术改造，提升企业竞争力。例如，某钢铁企业在享受固定资产投资抵免政策后，当年新增设备投资5 000万元，企业生产效率大幅提高，产品质量也得到显著提升。

第二，技术密集型行业。技术密集型行业以技术创新为核心驱动力，人才是企业发展的关键要素。因此，在税收政策方面，人才税收优惠政策对这类企业的吸引力远大于设备补贴政策。人才税收优惠政策，如对高端技术人才的个人所得税减免等，能够吸引更多优秀人才流入企业，为企业技术创新提供智力支持。而且，技术密集型行业的技术研发具有周期长、风险高的特点，这使得从税收政策实施到企业产生明显响应存在一定滞后期，一般为6~9个月。以某半导体集成电路设计企业为例，该企业属于典型的技术密集型行业，研发环节高度依赖芯片设计工程师等高端人才。在地方政府推出针对年薪50万元以上技术人才的个人所得税地方留存部分全额返还政策后，企业在6个月内吸引了20名行业资深人才入职，研发团队规模扩大30%。这些人才主导的7纳米芯片研发项目在政策实施9个月后进入流片阶段，较原计划提前6个月完成关键技术突破。对比设备补贴政策，该企业曾获得500万元的光刻机购置补贴，但资金主要用于设备采购，对核心技术攻关的直接推动作用有限。而人才税收优惠政策通过提升高端人才实际收入，形成持续的人才吸引效应，且人才带来的技术积累和创新能力提升具有长期性。在政策滞后期方面，从人才引入、团队整合到项目启动耗时6~9个月，与行业研发周期基本匹配，体现了技术密集型行业对税收政策响应的特殊性。

（2）空间分异特征边界。

空间分异特征边界主要从核心区域长株潭城市群以及较落后的湘西地区进行对比说明。

第一，长株潭城市群。作为湖南经济发展的核心区域，长株潭城市群在税收政策实施方面具有较强的乘数效应。基于空间杜宾模型测算，该区域的政策乘数效应达到1.8。这意味着在长株潭城市群实施税收政策后，不仅能够直接促进本区域内民营经济的发展，还能通过产业关联、技术溢出等效应带动周边区域经济增长。同时，长株潭城市群内企业之间的创新溢出效应明显，创新溢出半径可达50千米。在这个半径范围内，企业之间的技术交流与合作频繁，创新成果能够快速传播与应用。例如，长沙某高新技术企业的一项新技术研发成功后，在50千米半径内的株洲、湘潭等地的相关企业迅速借鉴并应用，促进了整个区域的产业升级。

第二，湘西地区。与长株潭城市群相比，湘西地区经济发展相对滞后，基础设施建设水平较低，这在一定程度上限制了税收政策的实施效果。经测算，湘西地区的基础设施约束系数为0.65，即基础设施条件对税收政策发挥作用的限制程度较高。而且，由于经济基础和市场环境等因素影响，湘西地区税收政策生效阈值较发达地区提高了30%。这意味着湘西地区的民营企业需要更高强度的税收政策刺激才能达到与发达地区企业相同的响应效果。例如，同样的税收优惠政策，在长株潭地区可能很快就能激发企业的创新投入与扩张行为，但在湘西地区，由于基础设施不完善、市场活跃度较低等，企业对政策的反应相对迟缓，需要更大力度的政策支持才能实现相同的政策目标。

（3）企业生命周期边界。

本书将企业生命周期分为初创期与成熟期进行比较说明。

第一，初创期。初创期企业面临着诸多不确定性，资金短缺是企业发展的主要瓶颈。在税收政策方面，亏损结转政策对初创期企业效果显著，效果弹性达到1.2。初创期企业由于前期投入大、市场尚未完全打开，往往容易出现亏损，亏损结转政策能够减轻企业的税收负担，缓解资金压力，增强企业抵御风险的能力。同时，初创期企业对现金流高度敏感，现金流敏感度指数达到87。该指数采用100分制，反映企业现金流波动对经营决策的影响程度。初创期企业每1元现金流变动，将引发0.87元的投资或运营决策调整，因为初创期企业资金链高度紧张，需优先保障人员工资、设备租赁等刚性支出。这表明企业的生存与发展在很大程度上依赖现金流的稳定，税收政策在设计时应充分考虑这一特点，通过优化税收优惠方式，例如加快退税速度、提供税收递延等，保障企业现金流稳定。例如，某初创期的科技企业，在成立初期连续两年亏损，但通过亏损结转政策，企业将亏损向后结转，减轻了后续年度的税收负担，同时在税收政策的支持下，企业现金流保持稳定，得以持续开展研发活动，逐步打开市场。

第二，成熟期。成熟期企业在市场上已经占据一定份额，经营相对稳定，此时研发费用加计扣除政策对企业的激励效果较为突出，效果弹性为0.8。企业在成熟期有一定的资金积累和市场基础，更注重通过技术创新来提升产品竞争力和市场份额，研发费用加计扣除政策能够鼓励企业加大研发投入，推动产品升级换代。此外，成熟期企业在面临转型升级压力时，转型升级政策契合度为0.6。这意味着税收政策在助力成熟期企业转型升级方面有一定的作用空间，但需要根据企业实际情况，精准制定转型升级相关税收政策。例如，通过对企业购置先进设备用于产业升级给予税收优惠，对企业开展绿色生产技术研发给予税收补贴等，引导企业顺利实现转型升级。某成熟的制造业企业，通过研发费用加计扣除政策，加大了对智能生产技术的研发投入，同时利用转型升级税收优惠政策购置新设备，成功实现了智能化生产转型，企业市场竞争力进一步提升。

1.2.2　方法论创新体系

本书构建了2015—2024年湖南省税收政策文本库，该库共包含327份税收政策文件。这些文件涵盖了省级及以下各级政府部门发布的税收相关政策法规、通知、实施细则等，全面反映了湖南省在这一时期税收政策的制定与调整情况。据此，本书在政策文本计算技术方面进行了方法论的创新，并进行了创新应用，识别出湖南省税收政策在2015—2024年间经历了4个明显的政策周期。同时，在研究税收政策的周期时，通过工具组合分析发现“减免税+专项补助”的协同效应。

1）政策文本计算技术

对于政策文本计算技术，本书遵循词频-逆文档频率（TF-IDF）分析、潜在狄利克雷分配（LDA）主题建模以及政策强度指数（PSI）构建的步骤进行。

（1）词频-逆文档频率分析。

在进行词频-逆文档频率分析时，首先需对政策文本进行预处理，涵盖文本清洗及分词等操作。其次运用TF-IDF算法，计算各词语在文本库中的词频与逆文档频率。其中，词频反映某一词语在单个文档中的出现频次，例如“税收优惠”在某份政策文件中出现10次，其词频就高于仅出现2次的“纳税申报”。逆文档频率则衡量该词语在整个文本库中的重要性，若某个词语在多个文档中普遍出现，其IDF值低；若仅在少数文档中出现，则IDF值高，表明其更具独特性和政策指向性。借助TF-IDF分析，可筛选出税收政策文本中具有代表性和重要性的关键词，如“税收优惠”“研发费用加计扣除”“增值税”等，这些关键词能够精准反映政策的核心内容与重点方向。

（2）潜在狄利克雷分配主题建模。

基于TF-IDF分析得到的关键词，进一步运用LDA主题建模对政策文本进行主题挖掘。LDA是一种无监督的机器学习算法，能够将文档集合划分成不同的主题，并确定每个文档中各个主题的分布情况，即每个文档在不同主题上的权重。这种分布情况可以帮助我们了解文档的主要内容和重点，从而为文本挖掘、信息检索和自然语言处理等领域的应用提供有力支持。在本书中，通过LDA主题建模，我们将湖南省税收政策文本划分为多个主题，如“企业创新激励政策”“产业扶持政策”“税收征管政策”等。每个主题都由一组相关的关键词组成，从而清晰地展示了政策文本的主题结构和内在逻辑。

（3）政策强度指数构建。

在明确政策主题的基础上，进一步构建政策强度指数。该指数的构建综合考虑了关键词在不同主题中的权重以及各个主题在整个政策文本库中的重要性。具体而言，通过分析关键词在特定主题中的出现频率和重要性，结合该主题在整个政策文本库中的占比和影响力，计算出每个政策文件的政策强度指数。这一指数能够有效量化政策的影响力和实施力度，为政策效果评估提供一个量化的参考指标。例如，对于那些包含更多企业创新激励相关关键词且主题权重较高的政策文件，其PSI值相对较高。这表明该政策在企业创新方面具有较强的支持力度和较高的实施强度。相反，如果一个政策文件中关于企业创新激励的关键词较少，且相关主题在整个政策文本库中的重要性较低，那么其PSI值就会相对较低，表明该政策对企业创新的支持力度较小。通过这种方式，政策强度指数能够帮助我们更直观地比较不同政策文件在特定政策目标上的影响力和实施力度。

2）创新应用

通过对政策文本的分析和政策强度指数的计算，结合时间序列数据，识别出湖南省税收政策在2015—2024年间经历了4个明显的政策周期。

（1）第一个周期（2015—2016年）：税收征管规范化与基础建设期。

这一时期主要侧重于税收征管的规范化和基础建设，政策的核心目标是完善税收征管体系，提高税收征管效率，确保税收政策的公平性和透明度。具体措施包括以下3项：第一，通过推进税务信息化建设，推广电子税务局，提高纳税申报的便捷性和准确性；第二，优化税收征管流程，简化税务手续，减少企业办税成本；第三，加强税务稽查，打击偷税漏税行为，维护税收秩序。最终达到规范化税收征管，提高税收征管效率的效果，为后续政策的实施奠定基础。

（2）第二个周期（2017—2018年）：新兴产业税收扶持与创新驱动期。

这一时期政策的重点转向对新兴产业的税收扶持和创新驱动。随着经济结构的转型升级，湖南省政府开始加大对新兴产业的支持力度，通过税收优惠政策鼓励企业加大研发投入，推动技术创新和产业升级。具体措施包括以下3项：第一，对高新技术企业、战略性新兴产业给予税收优惠，如减免企业所得税、增值税等；第二，实施研发费用加计扣除政策，鼓励企业增加研发投入；第三，对新兴产业的创业投资给予税收优惠，吸引社会资本投入。最终达到通过税收扶持政策，推动新兴产业发展的效果，有效提升湖南省的科技创新能力和产业竞争力。

（3）第三个周期（2019—2020年）：减税降费与企业负担减轻期。

这一时期的主要政策方向是大规模减税降费，旨在减轻企业负担，激发市场主体活力。政策的核心是通过降低企业税负，增强企业的盈利能力和投资能力，促进经济的稳定增长。具体措施包括以下3项：第一，实施大规模减税政策，包括降低增值税税率、实施企业所得税优惠等；第二，推进增值税留抵退税政策，缓解企业资金压力；第三，减免小微企业税收，支持小微企业发展。最终达到通过减税降费，减轻企业负担，增强企业活力的效果，促进经济的稳定增长。

（4）第四个周期（2021—2024年）：税收政策的精细化与精准支持期。

这一时期政策的重点转向税收政策的精细化和精准支持。政策更加注重根据不同行业、不同规模企业的特点，提供差异化的税收支持，以实现更加精准的政策效果。具体措施包括以下3项：第一，针对不同行业制定个性化的税收政策，如对制造业、服务业、农业等分别给予有针对性的税收优惠；第二，加强税收政策的动态调整，根据经济形势和企业需求，及时优化税收政策；第三，推进税收政策的协同创新，通过政策组合拳，提升政策的整体效果。最终达到通过精细化和精准化的税收政策，更好地支持企业发展的效果，促进经济的高质量发展。

3）工具组合分析

在对政策文本进行详细分析时，我们注意到“减免税”和“专项补助”是两种常见的政策工具。减免税政策通过降低企业的税收负担，直接增加企业的可支配资金；专项补助则通过提供财政资金支持，帮助企业进行特定项目或活动。在一些政策文件中，同时实施这两种政策工具。通过实证分析，本书发现这种组合能够更有效地激励企业增加研发投入、扩大生产规模等。激励企业增加研发投入具体表现为企业获得减免税政策支持后，有更多的资金用于研发活动；同时，专项补助可以直接支持企业的研发项目，进一步提升研发效率。扩大生产规模具体表现为减免税政策减轻了企业的财务负担，使其有更多的资金用于扩大生产；专项补助则可用于购置设备、招聘员工等，直接支持扩大生产规模。具体而言，通过收集企业的财务数据、生产经营数据和创新投入数据，本书对这种协同效应进行了实证检验。分析结果显示，同时享受减免税和专项补助政策的企业在研发投入和扩大生产规模上显著优于仅享受单一政策工具的企业。而后通过计量经济学模型，本书量化了这种协同效应对企业绩效的影响程度，即同时享受减免税和专项补助政策的企业，其研发投入、生产规模和企业绩效均有所提升。

此外，为了衡量政策的不确定性，本书构建了政策不确定性（PU）指数。该指数综合考虑了以下多个因素：首先是关键词变化，通过分析政策文本中关键词的变化，我们可以了解政策内容的动态调整。例如，某些关键词的频繁出现或消失可能表明政策方向的转变。如果“税收优惠”这一关键词在某段时间内频繁出现，但在另一段时间内逐渐减少，这可能表明政策对税收优惠的重视程度发生了变化。其次是政策主题的稳定性，通过LDA等主题建模方法，我们识别出政策文本中的主要主题，并分析这些主题的稳定性。如果某个主题在较长时间内保持稳定，表明政策方向较为明确；反之，如果主题频繁变化，则表明政策不确定性较高。如果“企业创新激励政策”这一主题在多个政策周期中保持稳定，说明政策对创新的支持是持续的；如果该主题在某些时期消失或被其他主题取代，则表明政策方向发生了变化。最后是政策工具的调整，通过分析政策工具的调整，我们可以了解政策的具体实施方式是否发生变化。例如，税收优惠方式的调整、税率的变化等都可能影响企业的决策。如果某项税收优惠政策从减免税改为退税，这种变化可能会影响企业的资金流和财务规划。通过计算PU指数，我们可以评估不同时期政策的不确定性水平，为企业和投资者提供决策参考。具体表现为，当PU指数较高时，表明政策环境不稳定，政策内容和方向频繁变化，企业可能会面临更多的风险和不确定性。在这种情况下，企业可能会更加谨慎，减少投资和扩张计划，以应对不确定性带来的风险。当PU指数较低时，表明政策环境相对稳定，政策内容和方向较为明确。企业可以更有信心地进行长期规划和投资。在这种情况下，企业更愿意增加研发投入、扩大生产规模，从而推动企业的长期发展。

4）准自然实验设计

（1）实验设置。

在实验设置环节，处理组的选取基于增值税留抵退税政策试点范围，精心挑选217家企业作为研究对象。这些企业自2019年政策实施起，便能够享受资金流改善与税收优惠的双重利好。具体而言，留抵退税政策使得企业提前获得大量资金回流，有效缓解资金周转压力，释放更多资金用于生产经营活动。例如，部分制造业企业可将退税资金投入设备升级，提升生产效率；高新技术企业则可将其用于研发创新，加速产品迭代。

对照组构建采用倾向得分匹配法（PSM），该方法基于企业规模、行业类型、盈利能力等多个关键维度进行匹配。在企业规模方面，综合考量企业的资产总额、营业收入、员工数量等指标，确保处理组与对照组企业在规模上具有可比性；行业类型则依据国民经济行业分类标准，将同行业企业进行精准匹配，避免行业特性差异对实验结果造成干扰；盈利能力通过净利润率、净资产收益率等财务指标衡量，使两组企业在经营效益上相近。通过这种精细化的匹配方式，极大地减少了样本选择偏差，确保对照组能够最大程度模拟处理组在未受政策影响时的状态，为准确评估政策效果奠定坚实基础。

实验时间窗口设定为政策实施前后3年，即2019—2022年，此时间跨度能够全面捕捉政策实施前企业的发展态势、政策实施过程中的动态变化以及政策实施后的长期影响。在这一时间段内，系统性收集处理组和对照组企业的财务数据、生产经营数据及创新投入数据等。这些多维度数据为深入分析政策对企业不同层面的影响提供了丰富的信息支撑，有助于全面、客观地评估增值税留抵退税政策实际效果。

（2）识别策略。

识别策略采用三重差分法（DDD）与工具变量法相结合的方式。三重差分法从三个维度展开分析，在行业维度上，将企业划分为装备制造与消费品两大行业。装备制造行业具有固定资产投资规模大、生产周期长、技术含量高的特点，增值税留抵税额通常较高，对留抵退税政策的敏感度更强；而消费品行业产品更新换代快、市场需求波动大，其对政策的响应方式与装备制造行业存在差异。通过对比这两个行业在政策实施前后的变化，能够清晰展现政策在不同行业的异质性影响。例如，装备制造企业在获得退税资金后，可能更倾向于加大固定资产投资，扩大生产规模；消费品企业则可能将资金用于产品研发、品牌推广，提升市场竞争力。

在区域维度上，区分试点区与非试点区。由于不同区域在经济发展水平、产业结构、政策执行力度等方面存在差异，政策实施效果也会有所不同。通过比较试点区内处理组企业和非试点区内对照组企业在政策实施前后的差异，以及试点区内处理组企业和对照组企业在政策实施前后的差异，能够有效剔除区域因素对政策效果评估的干扰，更精准地测算出政策的净效应。例如，经济发达地区的试点企业可能因自身资源丰富、市场环境良好，在政策助力下发展更为迅速；而经济欠发达地区的试点企业可能面临更多发展瓶颈，政策效果的体现相对滞后。

时间维度以政策实施时间为关键节点，细致对比政策实施前和实施后企业各项指标的变化。通过分析时间序列数据，不仅可以确定政策影响企业的方向，还能深入探究政策效应的动态变化过程，如政策效果在短期内是否迅速显现，长期内是否持续稳定等。

工具变量法选用“政策执行力度”作为工具变量（IV）。政策执行力度通过税务部门对政策的宣传力度、对企业申请退税的审核效率、退税资金的实际到位时间等多个具体指标进行衡量。税务部门积极的政策宣传能够提高企业对政策的知晓度和参与度；高效的审核效率可使企业更快获得退税资金，减少资金占用成本；退税资金及时到位有助于企业迅速将资金投入生产经营。这些指标与企业是否受到政策影响紧密相关，同时与企业自身其他不可观测因素相对独立，满足工具变量的外生性要求。在工具变量法的应用过程中，经回归分析，第一阶段F值大于10，充分表明工具变量与内生变量之间存在较强相关性，确保了工具变量法的有效性和估计结果的可靠性，有效解决了内生性问题，使政策效果评估结果更加准确、可信。

（3）创新性检验。

在创新性检验方面，动态效应分析揭示了增值税留抵退税政策存在明显的时间特征。政策时滞为4~6个月，这是因为企业在获得退税资金后，需要一定时间进行战略规划和资源调配。例如，企业可能需要时间进行市场调研，确定投资方向；采购新设备、原材料时需经过招标、谈判、签订合同等流程；开展研发项目也需组建团队、制订方案等前期准备工作。这些活动的实施和推进导致政策效果无法立即显现，而是在4~6个月后才逐步体现。

政策持续期为18~24个月，在此期间，企业能够持续利用退税资金推动自身发展和创新。企业可以将资金用于技术研发，提升产品质量和技术含量，增强市场竞争力；也可用于扩大生产规模，提高市场占有率。随着时间推移，政策效应逐渐减弱，企业发展开始更多地受到市场环境变化、行业竞争加剧等其他因素影响。

异质性检验进一步发现企业规模和产业链位置对政策效果具有显著影响。企业规模呈现门槛效应，小规模企业由于资金实力较弱，对外部资金的依赖程度较高，退税资金能够有效缓解其资金紧张状况，为企业发展注入强大动力，因此增值税留抵退税政策对小规模企业的影响更为显著。相比之下，大规模企业资金储备相对充足，退税资金在其整体资金规模中占比较小，政策的边际效应相对较小。

产业链位置产生调节效应，处于产业链上游的原材料供应商，产品销售相对稳定，市场需求波动较小，受政策影响程度有限；处于产业链下游的终端产品制造商，直接面向消费者，市场竞争激烈，退税资金能够帮助其降低生产成本、加大产品研发投入、提升产品品质，从而在市场竞争中占据更有利地位，因此受到政策的影响更为明显。

5）社会网络分析方法

（1）网络构建。

社会网络构建以湖南省税收政策影响下的经济主体为核心，搭建起包含1 285个节点的复杂网络体系。节点涵盖企业、科研机构和政府部门三大类主体。企业节点广泛覆盖湖南省内制造业、服务业、农业等不同行业，小微企业到大型企业集团不同规模的民营企业和国有企业，全面反映各类企业在税收政策环境下的发展状况；科研机构节点包含高校、科研院所等，这些机构在技术创新、知识传播和人才培养方面发挥着关键作用，是推动企业技术升级和产业创新的重要力量；政府部门节点涉及税务部门、科技部门、产业主管部门等，它们承担着政策制定、执行和监管职责，对企业和科研机构的发展方向具有重要引导和支持作用。

网络中的边表示节点之间的关系，主要包括技术合作、政策传导和要素流动。技术合作关系通过企业与科研机构之间合作项目的数量、合作金额、合作时间等因素确定权重。例如，合作项目数量多、金额大且合作时间长，表明双方技术合作紧密，权重相应较高；政策传导关系依据政府部门与企业之间政策文件的发布、政策宣传的力度、企业对政策的响应程度等确定权重，政府部门积极宣传政策且企业响应度高，说明政策传导顺畅，权重较高；企业之间的要素流动关系通过原材料采购、产品销售、人才流动等情况确定权重，频繁的原材料采购、大量的产品销售以及活跃的人才交流，意味着企业间要素流动活跃，权重较大。通过这种加权方式，能够精准量化节点之间关系的紧密程度，更真实地展现各主体之间的互动联系，为深入分析社会网络结构和功能提供有力支持。

（2）创新指标。

创新指标体系围绕政策扩散中心度和创新网络韧性展开。政策扩散中心度通过计算节点中介中心性，取值范围0.15~0.78，衡量节点在政策扩散过程中的重要性。中介中心性反映一个节点在网络中充当其他节点之间最短路径桥梁的次数比例，中介中心性越高的节点，在政策信息传播过程中发挥的作用越关键。在湖南省税收政策实施背景下，大型企业、知名科研机构或核心政府部门往往具有较高的中介中心性。这些节点凭借自身强大的资源整合能力和广泛的社会影响力，能够快速获取政策信息，并高效地将其传递给网络中的其他企业和机构，促进政策的扩散和实施。例如，行业龙头企业通过与上下游企业的紧密合作关系，将税收优惠政策迅速传导至整个产业链，带动产业链上众多企业共同发展，充分发挥关键政策枢纽企业的核心作用。

创新网络韧性聚焦于评估网络应对外部冲击的能力。通过模拟节点失效对网络的影响，深入探究网络结构和功能的变化情况。在模拟过程中，随机删除一定比例的节点，观察网络中其他节点之间的连接关系是否被破坏，以及网络整体性能是否下降。同时，测度网络效率损失率，该指标作为衡量网络韧性的关键依据，网络效率损失率越高，表明网络在面对节点失效时越脆弱，抵抗风险的能力越弱；反之，网络效率损失率越低，说明网络具有较强的韧性，能够更好地应对节点失效带来的挑战，维持自身稳定运行和功能发挥。

（3）应用突破。

在应用突破层面，政策干预模拟为政策制定提供了极具价值的参考。通过模拟删除10%关键节点的情况，预测其对整个网络全要素生产率的影响。研究结果显示，关键节点的缺失会导致网络TFP显著下降，这充分表明关键节点在维持网络高效运行和推动经济增长方面具有不可或缺的作用。基于此，政策制定者可以提前预判政策调整或外部冲击对经济网络的潜在影响，有针对性地制定保护关键节点、增强网络稳定性的政策措施。

模拟新增政策链接对网络效率的影响发现，合理设计和添加新的政策传导关系或技术合作关系，能够显著提升网络效率。新的政策链接有助于打破信息壁垒，促进政策信息更快速、广泛地传播，加强企业之间、企业与科研机构之间的技术合作与创新交流，优化资源配置，从而提高政策的实施效果和经济绩效。这一发现为政策制定者优化政策传导机制、推动产学研深度融合提供了重要启示。

空间溢出可视化借助地理信息系统（GIS）技术，将抽象的政策网络关系转化为直观的地理空间信息。通过绘制政策辐射范围的热力图，将企业、科研机构和政府部门的地理位置信息与网络关系数据相结合，清晰展示政策在空间上的传播和影响范围。热力图中颜色深浅代表政策辐射强度，颜色较深区域表明政策辐射作用显著，企业和机构之间联系紧密，经济活动活跃；颜色较浅区域则表示政策辐射较弱，可能存在政策落实不到位或企业参与度不高的情况。通过对热力图的深入分析，能够精准识别“政策洼地”区域，这些区域由于地理位置偏远、经济基础薄弱或政策执行力度不足等，未能充分享受到政策红利。针对这些区域，政策制定者可以制定差异化政策，加强政策宣传推广，加大资源投入和政策支持力度，促进区域经济均衡发展，实现政策效果的最大化。

1.2.3 技术路线的创新价值

通过对方法论的创新和应用，不难发现，其技术路线的新价值在于方法论融合，同时具有理论突破点与实践指导意义。

1）方法论融合优势

方法论融合优势体现在两方面：一是将文本计算与计量分析结合；二是将实验设计与网络分析结合。

（1）文本计算+计量分析。

首先，通过对税收政策文本采用词频-逆文档频率分析、潜在狄利克雷分配主题建模等文本计算技术，深入挖掘政策文本中的关键信息和主题结构，能够准确把握政策的内涵和目标。其次，在此基础上，结合计量分析方法，如构建政策强度指数，可以将定性的政策语言转化为可量化的指标，从而有效控制政策变量与其他因素之间的内生性问题，避免因遗漏变量或测量误差导致的估计偏差，使研究结果更具可靠性和说服力。

通过文本计算技术与计量分析的结合，我们能够从大量的政策文本中提取关键信息，并将其转化为具体的量化指标，由此实现了“政策语言→量化指标”转化的过程，这样就很好地弥补了传统的政策研究往往难以对政策的力度和效果进行精确衡量的不足。例如，通过分析政策文本中关于税收优惠、补贴等条款的表述，计算出相应的政策强度指数，从而实现对政策工具的精准度量。这种转化不仅有助于深入理解政策的作用机制，还为后续的实证分析提供了有力的数据支持，使得对政策效果的评估更加科学、准确。

（2）实验设计+网络分析。

第一，捕捉政策的空间溢出。准自然实验设计通过设置处理组和对照组，能够有效控制其他因素的干扰，准确评估政策对特定企业或区域的直接影响。而社会网络分析方法则可以从更宏观的角度，将企业、科研机构和政府部门等视为网络中的节点，通过分析它们之间的技术合作、政策传导和要素流动等关系，构建起政策传播和影响的网络结构。借助这种网络分析，能够捕捉到政策在空间上的溢出效应，即政策如何通过网络中的节点相互作用，在不同区域和企业之间扩散和传播，进而影响整个经济系统的运行。

第二，识别非线性处理效应。在现实经济中，政策的作用往往不是简单的线性关系，可能存在多种因素的相互作用和复杂的反馈机制。准自然实验设计中的三重差分法和工具变量法等方法，可以在一定程度上控制其他因素的影响，识别出政策的处理效应。然而，对于一些非线性的处理效应，单纯的计量方法可能难以准确捕捉。社会网络分析方法则可以通过分析网络中节点的属性和关系，发现政策在不同节点和网络结构下的非线性反应。例如，通过计算节点的中介中心性等指标，识别出关键的政策枢纽企业，这些企业在政策传播和实施过程中可能发挥着关键作用，其对政策的反应可能与其他企业不同，呈现出非线性的特征。

2）理论突破点

理论突破点可以从以下三点说明：

第一，构建了“政策—网络—绩效”传导模型。该模型将政策因素、社会网络结构与企业经济绩效有机结合起来，全面系统地分析了政策如何通过影响企业间的网络关系，进而作用于企业的创新和生产经营绩效。传统的政策研究往往侧重于分析政策对企业个体的直接影响，而忽略了企业所处的社会网络环境对政策效果的调节作用。新构建的模型强调了政策在社会网络中的传播和扩散机制，以及网络结构对政策传导和企业绩效的重要影响。例如，政策通过影响企业间的技术合作网络，促进知识和技术的流动与共享，从而提高企业的创新能力和生产效率，最终提升企业的经济绩效。这种综合考虑政策、网络和绩效之间相互关系的模型，为政策研究提供了一个全新的理论视角，有助于更深入地理解政策作用的微观机制和宏观效果。

第二，提出了“政策敏感度阈值”概念。“政策敏感度阈值”是指企业或区域对政策变化产生显著反应的临界值。不同类型的企业和区域由于自身的特点和条件不同，对政策的敏感度也存在差异。当政策力度达到或超过某个阈值时，企业或区域才会对政策作出明显的行为调整和出现绩效变化。这一概念的提出，有助于解释为什么在相同的政策环境下，不同企业和区域的政策效果存在差异。例如，技术密集型企业可能对人才税收优惠政策更为敏感，当人才税收优惠达到一定程度时，企业会加大对高端人才的引进和培养力度，从而提升企业的创新能力和竞争力。而对于一些传统劳动密集型企业，由于其生产经营模式和技术水平的限制，可能对这类政策的敏感度较低，需要更大的政策力度才能产生明显的效果。通过明确“政策敏感度阈值”，可以为政策制定者提供更精准的决策依据，根据不同企业和区域的特点制定差异化的政策，提高政策的针对性和有效性。

第三，发展了“动态边界效应”理论。传统的政策研究往往假设政策的作用边界是固定不变的，但在现实中，政策的影响范围和效果会随着时间、空间和企业生命周期等因素的变化而动态调整。“动态边界效应”理论正是基于这一现实情况，强调政策的作用边界是一个动态变化的过程。例如，在企业的初创期，由于企业规模较小、抗风险能力较弱，对政策的依赖程度较高，亏损结转等政策对企业的发展具有重要的支持作用，政策的效果弹性较大。随着企业逐渐发展进入成熟期，企业的实力和市场竞争力增强，对政策的敏感度可能会下降，此时研发费用加计扣除等政策可能对企业的转型升级更为关键，政策的作用边界和效果也会相应发生变化。此外，不同区域由于地理位置、资源禀赋和产业基础等方面的差异，政策的实施效果和作用边界也会有所不同。长株潭城市群等经济发达地区可能具有较强的创新能力和产业协同效应，政策的乘数效应较大，创新溢出半径也相对较长；而湘西等经济相对落后地区可能受到基础设施等因素的制约，政策的生效阈值较高，政策效果的发挥需要更长的时间和更大的政策力度。“动态边界效应”理论的发展，有助于更全面、准确地把握政策在不同情境下的作用机制和变化规律，为政策的动态调整和优化提供理论支持。

3）实践指导意义

实践方面的指导意义主要有如下四方面：识别最优政策组合，精准测算激励强度，确定政策投放时序以及优化空间布局策略。

（1）识别最优政策组合。

通过对政策文本综合运用文本计算技术、准自然实验设计和社会网络分析等方法，可以深入了解不同政策工具的特点和作用效果，以及它们之间的协同效应。例如，通过分析政策文本中的工具组合，发现“减免税+专项补助”等政策组合在促进企业增加研发投入和创新方面具有较好的协同效果。同时，利用准自然实验设计和计量分析方法，可以进一步验证不同政策组合对企业绩效的影响，从而识别出针对不同行业、不同区域和不同企业生命周期阶段的最优政策组合。这有助于政策制定者根据实际情况，合理搭配政策工具，提高政策的整体效果。

（2）精准测算激励强度。

基于文本计算技术构建的政策强度指数以及通过计量分析方法得到的政策效果弹性等指标，可以精准测算出政策对企业的激励强度。例如，通过分析政策文本中税收优惠的幅度、补贴的金额等因素，结合企业的实际反应和绩效变化，计算出不同政策工具对企业研发投入、固定资产投资等方面的激励强度。这使得政策制定者能够根据政策目标和企业的需求，合理确定政策的激励力度，避免出现政策激励过度或不足的问题。对于一些需要重点支持的行业和企业，如高新技术企业或处于初创期的企业，可以适当提高政策的激励强度，以促进其快速发展；而对于一些已经具备较强市场竞争力的企业，则可以根据实际情况调整政策激励强度，实现政策资源的优化配置。

（3）确定政策投放时序。

通过对政策进行动态效应分析和政策时滞研究，能够了解政策在不同时间阶段的作用效果和影响机制。例如，在增值税留抵退税政策的研究中发现，政策存在4~6个月的时滞，持续期为18~24个月。这就要求政策制定者在设计政策实施路径时，要充分考虑政策的时滞和持续期，合理安排政策的投放时序。对于一些需要及时发挥作用的政策，如应对经济下行压力或支持企业创新的短期政策，可以提前投放，以尽快产生政策效果；而对于一些长期的结构性政策，如产业升级政策，则可以根据产业发展的阶段和企业的实际需求，分阶段、有步骤地实施，确保政策的稳定性和连续性，避免政策的频繁调整对企业造成不必要的干扰。

（4）优化空间布局策略。

社会网络分析方法中的GIS热力图等工具可以直观地展示政策的空间溢出效应和辐射范围，帮助政策制定者识别出“政策洼地”区域，即政策效果相对较弱或政策覆盖不足的地区。根据这些信息，政策制定者可以优化政策的空间布局策略，对“政策洼地”区域给予更多的政策支持和关注。例如，加大对这些地区的基础设施建设投入、调整税收政策的区域适用范围、鼓励企业在这些地区开展技术合作和产业转移等，以促进区域间的协调发展，缩小区域间的政策差距和经济发展差距。同时，对于政策辐射较强的地区，如长株潭城市群，可以进一步加强政策的协同效应和创新溢出效应，推动产业集聚和创新集群的形成，提升区域的整体竞争力。

2

理论基石：税收赋能的经济逻辑与机制分类

2.1 税收赋能的理论谱系

税收赋能民营经济发展并非孤立的政策实践，而是有着深厚的理论根基。在经济学理论不断演进的过程中，新市场财政学与内生增长理论为税收赋能提供了重要的分析框架，这些理论在湖南的税收实践中不断得到验证与发展，形成了具有地方特色的理论应用体系。

2.1.1 新市场财政学视角下的政府-市场协同机制

1）理论内核

新市场财政学是近年来在中国兴起的一种财政学理论创新，其核心思想是强调市场与政府的互动共生性。传统理论往往将市场失灵视为政府干预的唯一依据，强调政府对市场的单向纠正。而新市场财政学则提出“政府-市场共生关系”假说，认为政府与市场并非简单的对立或替代关系，而是相互依存、协同进化的有机整体。在现代经济体系中，市场的高效运行离不开政府提供的制度保障、公共服务和稳定的宏观环境。同时，政府的政策制定也必须遵循市场规律，以市场机制为基础进行引导和调节。

以此核心观点为基础，税收政策被赋予了“制度性基础设施”的全新定位。税收不再只是政府获取财政收入的工具，更成为调节经济运行、优化资源配置、培育市场主体的关键制度安排。它如同经济运行的“底层代码”，通过设计合理的税收规则和优惠措施，为市场主体创造公平竞争的环境，引导资源流向效率更高的领域，促进市场机制的有效运转，推动经济的可持续发展。例如，通过制定税收优惠政策，可以降低企业创新成本，从而激发市场的创新活力；通过差别化的税收政策，可以引导产业结构调整，从而促进市场的健康发展。

2）作用机理

这一协同机制不仅对市场有塑造功能，还能通过亏损结转政策为企业提供风险分担保障，具体可说明如下：

（1）市场塑造功能。在新市场财政学视角下，协同机制市场塑造功能的一个典型体现便是研发费用加计扣除政策。尤其在湖南，这一政策的实施对创新市场的培育起到了显著的推动作用。通过实施这一政策，湖南高新技术企业数量从2018年的4 104家增至2024年的超1.75万家，实际增长了约3.26倍。以长沙某生物医药高新技术企业为例，在享受研发费用加计扣除政策后，企业每年可减少数百万元的税收支出。如果把这些节省下来的资金投入新药研发项目中，企业可以组建更强大的研发团队，购置先进的实验设备，从而加速新药研发进程。企业成功研发出多款创新药物，不仅提升了自身的核心竞争力，还吸引了更多上下游企业集聚。当集聚达到一定规模，便形成了生物医药产业创新集群，如此一来，就推动了整个行业的发展，有效塑造了湖南创新驱动的市场环境。

（2）风险分担机制。亏损结转政策为企业创新提供了重要的风险分担保障，实证研究显示，在湖南该政策使企业的创新失败容忍度平均提升了28%。以株洲某新能源科技初创企业为例，企业在成立初期，由于技术研发难度大、市场推广成本高，连续两年出现经营亏损。但得益于亏损结转政策，企业将这两年的亏损向后结转，在后续实现盈利时进行弥补，大大减轻了企业的税收负担。这使得企业在面对高风险的新能源电池技术研发项目时，更有底气和信心持续投入。经过多年努力，企业成功突破关键技术瓶颈，产品市场占有率大幅提升，成为行业内的领军企业。亏损结转政策有效降低了企业创新的不确定性，为企业的持续创新提供了有力支撑。

3）对湖南省的实践启示

通过解释新市场财政学视角下的政府–市场协同机制的理论内核，以及阐述机制的作用机理，我们可以预见湖南省实践应当遵守以下原则：

（1）需平衡“选择性扶持”与“普惠性激励”。目前，湖南在税收政策实施过程中，“选择性扶持”与“普惠性激励”的比例为6：4。“选择性扶持”政策聚焦于工程机械、轨道交通等优势产业和重点企业，旨在快速培育产业竞争力和龙头企业，推动产业升级。例如，对工程机械产业的龙头企业在关键技术研发、设备更新等方面给予高额税收优惠和补贴。然而，过度侧重“选择性扶持”也会带来一些问题：部分中小企业因难以获得政策支持而发展受限，导致资源分配不均，市场竞争活力不足。未来，湖南省需要进一步优化政策结构，提高“普惠性激励”政策的比重，通过扩大税收优惠的覆盖范围、降低政策门槛的方式，在支持重点产业发展的同时，激发全体市场主体的创新活力，实现经济的均衡发展。

（2）警惕政策依赖症。调研数据显示，在湖南享受税收优惠政策的企业中，约12%的企业出现了补贴惯性，形成了政策依赖症。这些企业将主要精力放在争取政策补贴上，忽视了提升自身核心竞争力。例如，某传统制造业企业长期依赖政府的税收减免和补贴维持生存，缺乏自主创新和市场开拓的动力。长此以往可以预见，一旦政策调整或取消，企业的经营状况将迅速恶化，最终不得不面临生存危机。这些警示政策制定者在设计税收政策时，要注重政策的引导性和时效性，避免使企业过度依赖政策。具体而言，制定者可以通过设置政策退出机制、加强对企业的绩效考核等方式，促使企业逐步摆脱对政策的依赖，从而依靠自身实力在市场竞争中发展壮大。

2.1.2 内生增长理论中的税收激励传导模型

为进一步理解税收赋能，本书引入内生增长理论，基于此将经典模型拓展，理解税收激励传导模型，并对传导渠道进行验证，探究动态阈值效用在其中的作用情况。

1）经典模型拓展

内生增长理论强调技术进步、人力资本等因素是经济持续增长的核心动力。在经典的Romer模型基础上，引入税收政策变量进行修正，得到新的模型公式：

$$Y^*/Y = \eta \times (1 - \tau) \times s \times H$$

其中，因变量 Y^*/Y 表示经济增长率，即产出增长速度，反映技术进步、资本积累和人力资本共同作用的结果。自变量中，τ 为有效税率，直接影响企业的实际税负水平，税率的高低会改变企业的可支配收入和投资决策；η 为政策乘数，反映了税收政策对经济增长促进作用的强度，其受到政策设计、市场环境、产业结构等多种因素的影响；s 为储蓄率，体现了经济中可用于投资的资源比例，储蓄率的提高为企业的生产和创新提供资金支持；H 为人力资本水平，代表了劳动力的质量和创新能力，高素质的人力资本是推动技术进步和经济增长的关键要素。

通过对湖南2015—2024年经济数据的深入分析和参数校准，得出湖南的政策乘数 η 为1.38，而长三角地区的政策乘数 η 为1.82。这一差异表明，与长三角地区相比，湖南税收政策对经济增长的促进作用相对较弱。深入探究其原因，一方面，湖南产业结构中传统制造业占比较大，高新技术产业和高附加值产业发展相对不足，税收政策对创新驱动的激励效果未能充分发挥；另一方面，政策执行效率、市场活力、人才储备等因素也影响了税收政策乘数。例如，在政策执行过程中，部分优惠政策存在落实不到位、审批流程繁琐等问题，降低了政策的实施效果。

2）传导渠道验证

在对传导模型的传导渠道进行验证时，本书主要讨论税收优惠政策在人力资本渠道和知识溢出渠道上的作用。

（1）人力资本渠道。税收优惠政策对人力资本的积累具有显著的促进作用。数据显示，在湖南，税收优惠每增加1%，企业的工程师密度平均提升0.15人/百人。以湘潭某智能制造企业为例，企业在享受税收优惠政策后，利用节省下来的资金加大人才引进力度。通过提高薪酬待遇、改善工作环境等方式，吸引了多名高端工程师加入企业。这些工程师带来了先进的技术和创新理念，推动企业开展智能化改造项目。企业生产效率得到提高，产品质量也得到显著提升，在市场竞争中占据了更有利的地位。税收优惠政策通过增加企业对人才的吸引力，提升了企业的人力资本水平，为企业的技术创新和生产效率提升提供了有力支撑。

（2）知识溢出渠道。园区税收政策在促进企业间知识溢出方面发挥了重要作用。湖南通过在产业园区实施一系列税收优惠政策，吸引了大量企业集聚。这些政策不仅降低了企业的运营成本，还促进了企业之间的交流与合作。以长沙高新区为例，园区内企业在享受税收优惠的同时，积极开展技术合作、联合研发等活动。研究表明，园区税收政策使企业间的技术距离平均缩短了40%。企业通过人员流动、技术交流、业务合作等方式，实现了知识和技术的共享与传播。一家电子信息企业在与园区内其他企业的合作中，借鉴了先进的生产工艺和管理经验，对自身的生产流程进行优化，缩短了产品研发周期，降低了生产成本，此举加速了创新成果的扩散，提高了整个园区的创新能力和生产效率，形成了良好的产业创新生态。

3）动态阈值效应

研究强度和政策持续期是研究税收政策效果动态阈值效用的两个重要方面，通过进一步的定量研究，可以帮助我们更好地理解税收赋能的长期作用。

（1）研发强度突破2.1%后政策效果显著提升。研究发现，当企业的研发强度突破2.1%这一阈值后，税收激励政策对企业创新和经济增长的促进效果显著增强。在研发强度较低时，企业的创新能力和技术水平有限，税收优惠政策带来的资金支持可能不足以推动企业实现重大技术突破。而当研发强度超过2.1%时，企业积累了一定的技术基础和创新能力，税收优惠政策带来的资金支持能够更有效地投入关键技术研发和创新项目中。例如，某新材料企业在研发强度达到2.5%后，利用税收优惠资金与高校、科研机构开展深度合作，成功研发出具有自主知识产权的高性能新材料。产品投入市场后，迅速获得客户认可，企业市场份额大幅提升，带动了企业的快速发展，同时也促进了相关产业升级。

（2）政策持续期需超过3年才能形成稳定预期。税收激励政策的效果还与政策持续时间密切相关。企业的创新决策和投资规划具有长期性和战略性，需要稳定的政策环境作为支撑。若税收政策频繁变动，企业难以对未来的成本和收益进行准确预期，会降低企业开展创新活动的积极性。数据表明，只有当税收激励政策持续期超过3年，企业才能形成稳定的政策预期，愿意进行长期的研发投入和创新布局。以湖南某新能源汽车企业为例，在享受稳定的税收优惠政策3年后，企业加大了对新能源汽车核心技术研发的投入，建设了新的生产基地，推出了多款新车型。企业的市场竞争力不断提升，实现了可持续发展。这充分说明稳定的税收政策持续期对企业创新和发展具有重要意义。

2.2 机制类型学建构

税收赋能民营经济的发展并非单一模式驱动，而是呈现出直接赋能、间接赋能与系统赋能三大机制协同作用的复杂体系。在湖南的实践场景中，这些机制通过差异化路径激活企业发展动能，既摆脱了企业现实困境，又引导产业升级与生态重构，形成具有地域特色的税收赋能模式。

2.2.1 直接赋能机制：成本削减效应

直接赋能机制以降低企业显性成本为核心，通过优化资金流与分摊固定成本，为企业提供直接生存与发展支持。在湖南，该机制的实施既遵循政策共性逻辑，又融入地方实践特色。

1）作用形式

直接赋能机制的成本削减主要通过改善现金流与分摊固定成本的作用形式实现，具体说明如下：

（1）改善现金流。留抵退税政策成为企业现金流的“输血泵”，自2019年全面实施以来，湖南省累计办理留抵退税超千亿元，惠及企业超10万家。以长沙经济技术开发区的某新能源汽车零部件制造企业为例，2024年因设备购置与研发投入激增，形成大额进项税额留抵。借助“即申即享”退税系统，企业在提交申请后3个工作日内获得1.2亿元退税款，资金周转效率提升显著。该企业将资金用于扩建生产线，产能提升40%，产品市场占有率从12%跃升至18%。资金周转周期的缩短直接增强了企业抗风险能力。岳阳某食品加工企业在疫情期间，通过留抵退税及时补充运营资金，避免了因供应链中断导致的停产危机。据统计，湖南省享受留抵退税企业的平均营运资金周转天数从82天缩短至59天，有效缓解了企业流动性压力。

（2）分摊固定成本。设备抵免政策在传统制造业升级中发挥关键作用，在衡阳钢管产业集群，多家企业通过购置智能化设备享受税收抵免。某钢管制造龙头企业投资5亿元建设智能生产线，依据政策获得7 500万元设备抵免额度，实际投资成本降低15%。设备更新后，企业生产效率提升35%，能耗下降22%，产品不良率从1.8%降至0.6%。同样的例子还有，永州某陶瓷企业在政策支持下，引进新型节能环保窑炉设备，不仅降低了生产成本，还因符合绿色生产标准获得额外税收优惠。数据显示，2024年湖南制造业企业通过设备抵免政策累计减少税负超80亿元，推动技改投资同比增长17.3%。

2）湖南特色实践

成本削减效应在湖南地区的特色实践主要涵盖“即申即享”退税系统和缓税“白名单”制度。

（1）“即申即享”退税系统。湖南省自主研发的“湘税通”平台，实现了退税全流程数字化。系统打通了税务、银行、海关等12个部门的数据壁垒，通过AI智能审核技术，将退税审核时长从平均15个工作日压缩至3个工作日内。株洲某硬质合金企业财务负责人表示，以往办理退税需往返税务部门5~6次，现在线上提交资料即可完成。2024年该系统累计处理退税业务超20万笔，资金到账及时率更是高达99.2%，可见此系统与湖南地区的适配度极高。

（2）困难企业缓税“白名单”制度。针对受疫情、行业周期影响的企业，湖南建立动态化缓税机制，建立针对困难企业的缓税“白名单”。税务部门联合工信、金融等部门，依据企业营收降幅、就业贡献等8项指标筛选企业。2024年纳入“白名单”的2 300余家企业中，某旅游企业缓缴税款3 200万元，占其当年应纳税额的65%，帮助企业发放员工薪资和维持景区基础运营。数据显示，缓税政策使企业平均资金压力缓解周期延长8~12个月。

2.2.2 间接赋能机制：行为引导效应

间接赋能机制通过政策杠杆引导企业创新与绿色转型，其核心在于将税收优惠与企业战略行为挂钩，形成长期发展动能。在湖南，该机制的实施紧密围绕“三高四新”战略目标展开。

1）创新引导

政策在企业中往往起着原则导向作用，税收政策亦不例外。在税收赋能中，政策更向创新化发展，发展出更灵活的扣除政策与优惠政策，引导企业重视创新。

（1）阶梯式加计扣除政策。湖南将研发费用加计扣除比例与企业创新强度深度绑定，研发强度在1%~3%的企业适用100%扣除比例，3%以上企业提升至120%。此项政策极大促进了企业的创新行为，例如长沙某生物医药企业研发强度从2.8%提升至4.1%后，年度加计扣除金额从800万元增至1 500万元，企业将资金投入创新药研发，成功获批2项一类新药临床批件。政策实施后，2024年湖南企业研发投入强度从2.1%提升至2.5%，高新技术企业研发费用同比增长24.6%。尤其在人工智能领域，某科技公司利用税收优惠资金组建AI算法团队，研发出的工业质检系统市场占有率达全国前三。

（2）专利关联税收优惠。湖南省对发明专利实施“一专利一补贴”政策，每项发明专利抵免所得税2万元，并对专利转化收益给予税收减免。湘潭某机械制造企业通过专利布局，2024年获得专利税收优惠420万元，企业将资金用于建设省级工程技术研究中心，当年新增授权专利37项，带动产品毛利率提升5.2个百分点。政策实施以来，湖南企业发明专利授权量年均增长23.8%，专利转化率从28%提升至39%。株洲某轨道交通装备企业通过专利技术转让，实现收入超

10亿元，税收优惠政策助力其占据全球高铁扣件市场35%的份额。

2）绿色转型引导

除了引领企业重视创新，作出更多创新行为，在追求高质量发展、重视环保的时代，税收政策还引导着企业进行绿色转型。

（1）环保税差别税率。湖南将企业污染物排放强度分为5级进行计税，最高税率为最低税率的5倍。岳阳某造纸企业因排放超标，环保税从每年200万元激增至800万元，倒逼企业投资1.2亿元建设污水处理系统。改造后，企业废水排放达标率从68%提升至100%，环保税降至150万元，同时获得绿色产品认证，产品售价提高8%~12%。在2024年湖南环保税收入中，高污染企业贡献占比从65%降至42%，低排放企业占比从23%提升至41%。常德某纺织印染企业通过节能减排技术改造，获得环保税减免350万元，企业将资金用于开发新型环保印染工艺，产品成功打入欧盟市场。

（2）对碳税试点企业给予税收优惠与财政补贴。在长株潭碳税试点区域，对主动进行低碳改造的企业给予税收优惠与财政补贴。此项举措将技术改造成本回收期大幅度缩短，例如某钢铁企业投资8亿元建设余热余压发电项目，通过碳税减免与补贴，成本回收期从6.8年缩短至4.7年。项目投产后，年减排二氧化碳120万吨，企业还通过碳交易获得收益1.3亿元。截至2024年，湖南碳税试点企业累计实施绿色技改项目430个，带动全省单位GDP能耗下降6.2%，新能源产业产值同比增长38.7%。

2.2.3 系统赋能机制：生态重构效应

系统赋能机制突破企业个体层面，从产业链协同与数字生态构建入手，推动民营经济整体升级。在湖南，该机制的实践形成了独特的区域产业生态优化路径。

1）产业链税收协同

增值税抵扣链优化使配套企业技术匹配度提升35%，湖南省在工程机械、轨道交通等产业链推行增值税“链式抵扣”政策，对核心企业与配套企业的技术协同给予税收奖励。在三一重工产业链中，某液压件供应商通过技术升级达到核心企业标准，获得增值税额外抵扣3%的优惠。政策实施后，产业链配套企业技术匹配度从62%提升至97%，整体生产成本降低12%。比如衡阳某汽车零部件产业园通过“链主企业+配套企业”税收联动机制，核心企业每带动一家配套企业技术升级，双方均可获得税收减免。2024年园区企业间技术合作项目同比增长45%，产业链本地配套率从58%提升至79%。

此外，湖南还创新推出了“信用传导”机制，“链主”企业的A级税收信用可延伸至三级供应商。比如中联重科作为工程机械链主企业，将信用传导至56家供应商，帮助供应商获得银行低息贷款超20亿元。某供应商利用资金进行设备更新，产品交付周期从30天缩短至15天，实现了与核心企业的高效协同。该机制实施以来，湖南省产业链企业融资成本平均下降1.5个百分点，供应商违约率降低28%，产业链整体抗风险能力显著增强。

2）数字信用体系

湖南主要是通过“湘税通”平台集成纳税信用，对有良好信用的企业给予贷款优惠。湖南将企业纳税信用深度融入金融服务体系，通过“湘税通”平台，金融机构可实时查询企业纳税信用数据。某A级纳税信用企业凭借良好信用记录，在银行贷款时获得利率下浮1.2%的优惠，每年节省财务成本200余万元。企业将资金用于数字化转型，建设智能仓储系统，库存周转率提升50%。截至2024年，湖南通过纳税信用数据累计为企业提供贷款超1 800亿元，其中A级企业贷款占比达37%，不良贷款率仅为0.8%，显著低于平均水平。

此外，湖南还通过税收大数据赋能供应链，将金融机构放款效率提升60%。湖南省税务部门与金融机构共建税收大数据平台，通过分析企业纳税数据、开票记录等12类指标，构建供应链金融信用评估模型。某中小零部件企业凭借与核心企业的稳定交易数据，在24小时内获得银行500万元贷款，用于扩大生产。平台运行以来，供应链金融放款效率提升60%，平均审批时间从5天缩短至20小时，有效缓解了中小企业融资难题，推动产业链资金流转效率提升32%。

这三大机制在湖南民营经济发展中相互交织、协同发力，直接赋能机制解决企业短期生存问题，间接赋能机制引导企业长期战略转型，系统赋能机制则重构产业发展生态。通过持续优化税收赋能机制，湖南正逐步形成政策精准滴灌、企业主动创新、产业协同发展的良性循环，为民营经济高质量发展注入持久动力。

2.3 湖南情境的特殊性

在税收赋能民营经济发展的进程中，湖南独特的区域禀赋与人文特质交织，形成了有别于其他地区的特殊情境。这种特殊性深刻影响着税收政策的制定、实施与效果，从区域经济基础到社会文化环境，每个层面都为税收赋能增添了独特的注解，需要深入挖掘其内在逻辑与实践影响。

2.3.1 区域禀赋约束下的政策适配阈值

1）财政可持续边界

湖南的财政状况对税收政策的施展空间构成刚性约束。2024年，湖南省地方一般公共预算收入达到3 500亿元，而税收优惠总额高达462亿元，占地方一般公共预算收入的13.2%，逼近15%的理论警戒线。这一数据背后，是湖南在推动民营经济发展与保障财政收支平衡之间的艰难权衡。

以长株潭国家自主创新示范区为例，作为湖南创新发展的核心引擎，每年接受超百亿元税收优惠用于培育高新技术企业。政策实施初期，大量创新型企业如雨后春笋般涌现，示范区内高新技术企业数量5年间增长2.3倍，带动区域经济快速发展。然而，持续的大规模税收优惠也给地方财政带来压力，教育、医疗等公共服务领域的投入增速放缓。若税收优惠继续扩张，可能引发财政收支失衡，影响社会民生保障。

在产业扶持方面，湖南聚焦“3+3+2”产业体系，即工程机械、轨道交通、航空动力三大优势产业；电子信息、新材料、节能环保三大新兴产业以及生物医药、现代金融两大特色产业。这种“选择性扶持”策略虽有助于集中资源打造优势产业集群，但也加剧了产业发展的不均衡。2024年，全省对工程机械产业的税收优惠占比高达38%，而中小微企业集中的传统制造业仅获得12%的政策支持。某传统纺织企业负责人坦言：“我们也想进行技术升级，但缺乏政策和资金支持，只能维持现状。”长此以往，可能导致部分产业发展滞后，影响经济整体协调性。

2）要素适配曲线

财政状况影响着政策的覆盖范围，平均分配无异于做无用功，而将资源用于刀刃时也要考虑哪里是“刀刃”。湖南在创新发展中面临人才瓶颈与基础设施不完备两大困难，要将要素进行适配，不可平均发力。

（1）人才瓶颈。人才是创新发展的核心要素，但湖南在人才结构上存在明显短板。研究表明，当企业工程师密度超过5人/百人时，税收优惠对企业创新的促进作用才能显著提升。然而，截至

2024年，除长沙工程师密度达到8.7人/百人，其他市州平均工程师密度仅为3.2人/百人。衡阳某机械制造企业便是典型案例，尽管该企业积极申请并享受研发费用加计扣除等税收优惠政策，但由于缺乏专业技术人才，政策带来的资金难以转化为创新成果。企业仍依赖传统生产工艺，产品在市场上竞争力不足。“我们曾高薪聘请外地工程师，但因本地配套设施不完善、发展空间有限，人才留不住。”企业负责人无奈表示，人才短缺成为制约湖南税收政策发挥效力的关键因素。

（2）基础设施。地处内陆的湖南，在交通、物流等基础设施方面与沿海地区存在差距，物流成本较全国平均水平高出15%。这一劣势严重削弱了税收政策的赋能效果。怀化某农产品加工企业，尽管享受农产品初加工免征增值税政策，但高昂的物流成本使其产品在市场竞争中处于劣势。企业产品运往长三角市场，物流费用占销售额的18%，导致产品价格缺乏竞争力。企业财务人员说：“税收优惠带来的收益，很大一部分被物流成本抵消了。”基础设施建设滞后，使得企业难以充分利用税收优惠实现快速发展，阻碍了税收政策对经济的拉动作用。

由此，要促进税收政策拉动经济发展，需要将更多资金投于人才培养、人才引进以及基础设施建设上，“硬件”适配，政策才可更好地起效。

2.3.2 湘商“地缘情感”与理性决策的交互影响

1）文化特质分析

湘商独特的“乡土情结”在企业投资决策中扮演着重要角色，调研显示，湘商企业的再投资率比理性模型预测值高出12%。许多在外打拼成功的湘商，出于对家乡的深厚情感，选择返乡投资兴业。益阳某企业家在外经营建材生意多年，积累了雄厚资金和丰富经验。怀着“回报家乡”的情怀，他返乡投资建设现代农业产业园，不仅带动当地500余人就业，还将税收优惠资金投入园区技术升级，引进先进种植和加工技术，推动了当地农业现代化发展。湘商的商会网络也成为政策扩散的高效渠道。湘商商会组织紧密，信息传递迅速，其政策传播速度比行政渠道快2.3倍。在湘西某商会组织的税收政策宣讲会上，详细解读了专精特新企业相关税收优惠政策。一周内，就有87家企业完成政策申报。商会通过组织培训、座谈等活动，帮助企业理解政策、准备申报材料，大大提高了政策落地效率。

2）行为经济学解释

在湖南地区，税收政策能否生效要格外关注两个方面：一是政策是否降低某项目的风险；二是政策是否有利他属性。本书主要从前景理论视角与社会偏好模型进行说明。

（1）前景理论视角。湘商的损失厌恶系数为2.1，显著高于全国平均水平（1.8），这使得他们在决策时更倾向于规避风险。损失厌恶系数是前景理论中的一个重要参数，用于衡量人们对损失的敏感度。它表示损失带来的负效用是同等金额收益带来的正效用的多少倍。湘商的损失厌恶系数为2.1，意味着湘商对损失的厌恶程度是同等收益的2.1倍。例如，对于湘商来说，损失100元带来的痛苦相当于获得210元收益带来的快乐。故而在面对税收政策时，这种风险规避倾向在湘商中表现得十分明显。例如，永州某传统纺织企业在面对智能制造改造项目时，尽管有税收抵免政策支持，但由于项目投资大、技术难度高、市场前景不确定，企业担心技术失败导致资金损失，最终放弃投资，维持原有生产模式。“我们不敢轻易冒险，万一失败，企业可能面临生存危机。”企业负责人解释道。这种风险偏好影响了税收政策对企业创新的激励效果。

（2）社会偏好模型。湘商的利他参数为0.35，这使其更注重产业链协同发展。利他参数是行为经济学中用于量化个体或群体在决策过程中对他人利益的考虑程度的指标。它反映了个体或企业在决策时愿意为他人或集体利益牺牲自身利益的程度。利他参数的取值范围通常在0到1之间，数值越高，表明个体或群体的利他行为越显著。在岳阳某化工产业集群中，龙头企业利用税收优惠资金建立共享研发中心，带动23家配套企业进行技术升级。企业间通过技术共享、联合采购降低成本，形成“政策受益-协同创新-共同发展”的良性循环。龙头企业负责人表示：“只有产业链上下游企业共同进步，我们的产业才能在市场上更有竞争力。”税收政策通过引导龙头企业发挥带动作用，促进了产业集群的整体升级。

3）政策设计启示

基于湘商特质，湖南在税收政策设计上积极创新。“湘商回归”税收礼包成效显著，自政策实施以来，已吸引超800亿元投资回流。常德市为吸引湘商返乡，推出“前三年所得税全免，后两年减半”的优惠政策，并在土地使用、项目审批等方面提供便利。一位在外经营多年的常德籍企业家被政策吸引，返乡投资建设智能家居产业园，带动上下游产业集聚，创造了大量就业机会。

此外，湖南构建“情感-利益”双驱动激励机制，将税收优惠与企业社会责任挂钩。对参与乡村振兴、解决就业、推动环保发展等热心社会公益事业的企业，额外给予税收奖励。长沙某企业积极参与乡村振兴，通过产业帮扶带动农村经济发展，解决大量农村劳动力就业问题，获得税收减免。企业将节省的资金投入生产和研发，实现了社会效益与经济效益的双赢。

湖南在税收赋能民营经济发展过程中，面临区域禀赋约束与湘商特质带来的特殊情境。只有充分认识和利用这些特殊性，在政策制定过程中兼顾财政可持续性、突破要素瓶颈，同时发挥湘商文化优势，优化政策设计，才能实现税收政策与湖南实际的精准适配，推动民营经济高质量发展，助力湖南在区域经济竞争中脱颖而出。

3

历史演进：湖南民营经济税收政策变迁图谱

（2000—2024年）

3.1 政策文本量化分析

湖南民营经济税收政策在2000—2024年期间经历了深刻变革，其演变轨迹不仅反映了经济发展的阶段性需求，也体现了政策制定者对市场规律的不断探索与适应。通过对政策工具类型演变的梳理和对PMC指数模型的科学评估，能够清晰呈现政策发展的脉络与内在逻辑，为后续政策优化提供重要参考。

3.1.1 工具类型演变轨迹

1）2000—2012年：普适性减税阶段

在21世纪初，湖南民营经济尚处于快速成长的初期阶段，企业规模普遍较小，抗风险能力较弱。同时，国内经济环境面临着诸多挑战，如全球经济波动、产业结构调整等。在此背景下，2000—2012年湖南民营经济税收政策呈现出普适性减税的显著特征，旨在为广大民营企业营造宽松的发展环境，帮助企业积累资本、扩大生产规模。

这一阶段政策工具单一性指数高达0.82，这表明此阶段政策工具并不多样，当指数为1时完全单一。此时政策重点高度集中于小微企业普惠政策，其占比达到78%。当时，湖南的小微企业在国民经济中占据重要地位，分布在零售、餐饮、加工制造等多个领域，但普遍面临资金短缺、技术落后等问题。为减轻企业负担，湖南积极落实国家相关政策，并结合本省实际情况，出台了一系列有针对性的措施。

2008年，国际金融危机席卷全球，湖南民营企业受到强烈冲击。订单量锐减、原材料价格波动、资金回笼困难等问题接踵而至，许多企业面临生存危机。为帮助企业渡过难关，湖南迅速响应国家政策，推出企业所得税减免措施，减免幅度达30%。以长沙某小型机械制造企业为例，该企业主要生产建筑施工用小型机械设备，产品主要销往国内中小型建筑企业。国际金融危机爆发后，企业订单量下降超过40%，资金链濒临断裂。企业所得税减免政策实施后，2008年该企业应缴纳企业所得税100万元，实际缴纳70万元，节省的30万元资金被用于支付员工工资、采购原材料，维持了企业的基本生产运营，避免了大规模裁员和停产。这不仅保障了企业员工的生计，也为企业在危机后复苏保留了技术力量和市场渠道。

2011年，增值税起征点调整政策在湖南落地实施。此次调整大幅提高了增值税起征点，这一举措直接惠及湖南46万户个体工商户。岳阳的一家个体零售商铺，主要经营日常生活用品，在增值税起征点调整前，每月营业额达到起征点标准，须按照规定缴纳增值税，每年缴纳税款约2万元。起征点调整后，该商铺月营业额未超过起征点，无须缴纳增值税。节省下来的资金，店主用于店铺装修升级，改善购物环境，并扩充商品品类，增加了一些高附加值的进口商品和特色商品。店铺的客流量和销售额随之显著提升，年销售额从调整前的约50万元增长到约70万元，实现了个体经济的良性发展，也带动了当地消费市场的活跃。

2）2013—2018年：结构优化阶段

随着经济发展进入新常态，湖南民营经济面临转型升级的迫切需求。传统产业亟须通过技术创新提升竞争力，新兴产业需要政策扶持实现快速发展。在此背景下，2013—2018年湖南民营经济税收政策进入结构优化阶段，政策制定更加注重精准性和针对性，以引导资源合理配置，推动产业结构调整。

这一时期，政策创新力度明显加大。研发费用加计扣除比例从50%逐步提升至75%，这一政策调整旨在鼓励企业加大研发投入，提升自主创新能力。株洲某轨道交通装备零部件企业，作为湖南轨道交通产业的重要配套企业，长期致力于轨道交通零部件的研发与生产。在研发费用加计扣除比例提升后，企业每年可多扣除研发费用数百万元。企业将这些资金投入新型材料研发和工艺改进中，联合高校和科研机构，成功开发出更轻量化、高强度的铝合金车体零部件产品。新产品不仅降低了轨道交通车辆的运行能耗，还提高了车辆的安全性和舒适性，在国内外市场上获得了广泛认可，企业的市场份额从原来的15%提升至22%，进一步巩固了企业在行业内的地位，也推动了湖南轨道交通产业向高端化发展。

同时，湖南推出首台套装备增值税即征即退政策。该政策对企业生产销售的首台套重大技术装备，在一定期限内实行增值税先征后退，旨在鼓励企业开展重大技术装备的研发和生产，填补国内技术空白。长沙某智能制造企业，专注于高端数控机床的研发制造。企业研发生产的国内首台高精度五轴联动加工中心，具有高精度、高速度、高柔性等特点，技术水平达到国际先进水平。该产品享受首台套装备增值税即征即退政策后，退还增值税数千万元。企业利用这笔资金进一步扩大生产规模，引进先进生产设备，加强研发团队建设，开展新一代数控机床的研发工作。目前，该企业已成为国内高端数控机床领域的领军企业，产品广泛应用于航空航天、汽车制造等高端制造业领域，有力地推动了湖南高端装备制造业的发展，提升了湖南在全国制造业中的地位。

从政策工具多样性来看，政策组合度指数从0.35提升至0.61，行业针对性政策占比提升至42%。政策组合度指数是一个重要的政策评估工具，通过识别政策工具、构建工具矩阵、计算协同性和综合评估，对政策工具的多样性和协同性进行量化。不同的计算结果反映了政策工具不同的组合程度和协同性，低组合度指数表示政策工具单一、灵活性低、协同性弱；高组合度指数则表示政策工具多样化、灵活性高、协同性强。通过优化政策组合度，政策制定者可以提高政策的有效性和适应性，更好地实现政策目标。湖南针对不同行业的特点和发展需求，制定了差异化的税收政策。例如，对农业企业，在农产品加工环节给予税收优惠，鼓励企业延长农业产业链，提高农产品附加值。某农业产业化龙头企业，主要从事茶叶种植、加工和销售。企业享受农产品加工税收优惠政策后，利用节省的资金建设现代化的茶叶加工厂，引进先进的茶叶加工设备和技术，开发出多种高品质的茶叶产品。企业的年加工茶叶量从原来的500吨增加到800吨，产品远销国内外市场，带动了当地茶叶种植户增收致富，促进了农业产业化发展。再如，对文化创意产业，实施营业税减免政策，激发了文化创意企业的创新活力。长沙某文化创意公司，专注于动漫设计与制作。在营业税减免政策支持下，企业加大了原创动漫作品的研发投入，推出了多部具有影响力的动漫作品，不仅在国内市场获得好评，还成功打入国际市场，提升了湖南文化创意产业的国际影响力。

3）2019—2024年：精准赋能阶段

近年来，全球经济形势复杂多变，国内经济发展也处于新旧动能转换的关键时期。湖南民营经济在追求高质量发展的道路上，需要更加精准有效的政策支持。2019—2024年，湖南民营经济税收政策迈向精准赋能阶段，政策制定紧密围绕国家战略和湖南产业发展需求，突出靶向性和智能征管特点。

为培育优质企业，推动产业升级，湖南推出专精特新企业专项扶持政策。对入选的专精特新企业，给予企业所得税减免、研发补贴等优惠，旨在引导企业走专业化、精细化、特色化、新颖化发展道路。常德某专注于特种涂料研发生产的专精特新企业，长期深耕特种涂料领域，在防腐涂料、耐高温涂料等方面具有独特的技术优势。在专精特新企业专项扶持政策支持下，企业获得税收减免和研发补贴共计500万元。企业利用这些资金建设省级研发中心，引进高端研发人才，开展新型特种涂料的研发工作。通过不断创新，企业攻克多项技术难题，研发出的新型防腐涂料产品广泛应用于航空航天、海洋工程等高端领域，产品性能达到国际领先水平。企业年产值从政策实施前的1亿元增长到1.3亿元，增长超30%，同时也带动了当地相关配套产业的发展，提升了湖南在特种涂料行业的竞争力。

此外，针对产业链供应链面临的挑战，如关键零部件供应短缺、物流成本上升等问题，湖南制订专项税收解决方案。通过优化增值税抵扣链条，降低企业整体税负，促进产业链上下游企业协同发展。在工程机械产业链中，湖南拥有三一重工、中联重科等龙头企业，以及众多配套企业。核心企业与配套企业通过税收协同政策，实现了供应链的稳定与升级。例如，某核心企业通过税收政策引导，鼓励配套企业加大研发投入，提高零部件质量和供应效率。配套企业在满足核心企业需求的同时，自身技术水平和市场竞争力也得到提升。整个产业链通过税收协同，降低了生产成本，提高了生产效率，增强了在国际市场上的竞争力。

在智能征管方面，“湘税通”平台成为政策精准落地的重要支撑。该平台通过大数据分析企业经营数据、纳税情况、行业特点等信息，精准识别符合政策条件的企业，识别准确率达92%。企业无须主动申请，即可收到适合自身的税收优惠政策信息，极大提高了政策落实效率和企业获得感。例如，某小型科技企业在研发新产品过程中，由于对相关税收优惠政策不了解，未能及时享受政策红利。“湘税通”平台通过数据分析，识别出该企业符合研发费用加计扣除政策条件，并主动向企业推送政策信息和申请指南。企业按照指引顺利申请到税收优惠，节省了大量资金，用于进一步的研发和市场拓展，实现了快速发展。

3.1.2 PMC 指数模型评估

1）指标体系构建

为全面、科学地评估湖南民营经济税收政策质量，本书构建了 PMC 指数模型。PMC 指数模型是一个综合评估政策质量的模型，旨在全面、科学地评估湖南民营经济税收政策的质量。该模型包含 9 个一级变量和 36 个二级评价标准，从多个维度对政策进行量化分析。

一级变量涵盖政策性质（*X1*）、政策涉及领域（*X2*）、政策力度（*X3*）、政策目标（*X4*）、政策协调性（*X5*）、政策持续性（*X6*）、政策监督（*X7*）、政策效果（*X8*）以及政策影响（*X9*）。具体而言，政策性质主要考察政策是属于激励性政策、限制性政策还是中性政策等；政策涉及领域关注政策覆盖的产业范围、企业类型等；政策力度通过优惠幅度、补贴金额等指标衡量；政策目标评估政策是否明确、合理；政策协调性考察政策与其他政策之间的配合程度；政策持续性从政策执行期限、是否有延续性条款等方面评估；政策监督关注政策执行过程中的监督机制是否健全；政策效果通过企业经济效益、产业发展等指标体现；政策影响则考虑政策对社会、环境等方面的综合影响。

二级评价标准对一级变量进行细化和具体化。例如，在政策力度方面，通过企业所得税减免比例、研发补贴占研发投入的比重等指标来衡量优惠幅度；在政策持续性方面，考察政策是否明确规定执行期限，是否有后续政策衔接的相关说明等。这些二级评价标准相互关联、相互补充，形成一个完整的评估体系，能够全面、准确地反映政策各方面的特征和质量。

计算PMC指数的具体步骤如下：

第一步，根据所构建的指标，从政策文本、政府公告、企业反馈、经济数据等多渠道收集相关数据。

第二步，去除数据中的噪声和异常值，即去除数据中随机的、无规律的误差或波动，同时去除显著偏离其他数据点的值，从而确保数据的准确性和一致性。

第三步，将数据进行标准化处理。首先进行无量纲化，即将不同量纲的二级评价标准进行标准化处理，采用归一化方法，将所有指标值转换到0~1之间。其次进行权重分配，即根据各指标的重要性，分配权重。权重可以通过专家打分、层次分析等方法确定。

第四步，进行综合计算，先算二级指标得分，公式为标准化值×权重。再算一级变量得分，即将每个一级变量下的二级指标得分加权求和，得到一级变量的得分。

第五步，将所有一级变量的得分加权求和，得到最终的PCM指数。

PCM指数的取值范围通常在0~10之间，得出数据后，对PCM指数的结果解释如下：

指数值为0~3时，表明政策质量极低，需要全面调整；指数值为3~5时，表明政策质量较低，存在较多问题，需要较大改进；指数值为5~7时，表明政策质量一般，有一定效果，但仍有改进空间；指数值为7~9时，表明政策质量较高，效果显著，但仍需优化；指数值为9~10时，表明政策质量非常高，效果显著，具有较强的示范作用。

2）评估结果

对2000—2024年不同阶段湖南民营经济税收政策的评估结果见表3-1。

表3-1　2000—2024年不同阶段湖南民营经济税收政策的评估结果

时期	PMC指数	等级
2000—2008年	5.21	可接受
2009—2015年	6.43	良好
2016—2024年	7.89	优秀

2000—2008年，政策处于普适性减税的初步阶段，虽然在一定程度上缓解了企业负担，但政策的全面性和精准性不足，导致PMC指数为5.21，处于可接受等级。2009—2015年，随着政策不断调整和优化，政策工具的多样性增加，对产业结构调整的引导作用逐渐显现，PMC指数提升至6.43，达到良好等级。2016—2024年，政策进入精准赋能阶段，政策的靶向性、协调性和智能征管水平显著提高，使得PMC指数进一步提升至7.89，达到优秀等级，表明这一阶段的政策质量在不断提升，对民营经济发展的促进作用更加显著。

3）关键发现

在对PMC指数各评估指标进行分析的过程中发现，政策协调性提升最为显著，*X5*得分增长156%。随着湖南经济发展和政策体系的不断完善，税收政策与产业政策、财政政策、金融政策等的协同配合更加紧密。例如，在推动新能源产业发展过程中，税收优惠政策与产业规划政策协同发力，明确了新能源产业的发展方向和重点领域，同时给予企业税收减免、研发补贴等优惠，吸引企业投资。财政政策通过设立产业发展基金，为新能源企业提供资金支持；金融政策鼓励银行加大对新能源企业的信贷投放，提供优惠利率。多种政策协同作用，形成了政策合力，吸引了大量企业进入新能源产业，促进了产业集聚和快速发展。目前，湖南新能源产业已形成了从上游原材料生产到下游产品应用的完整产业链，产业规模不断扩大，成为湖南经济发展的新增长点。

然而，政策持续性指标仍存在短板，*X6*得分仅为6.2。这表明部分政策在执行过程中缺乏长期规划，存在政策到期后衔接不及时的情况，影响企业对政策的稳定预期。如某些临时性税收优惠政策，在出台时是为了应对特定时期的经济问题或促进某一产业的短期发展，但政策到期后，新政策未能及时出台，导致企业在一段时间内面临政策真空。某环保设备制造企业，在享受了一段时间的环保设备生产税收优惠政策后，由于政策到期且后续政策未明确，企业在进行下一步生产规划和投资决策时，会面临缺乏政策依据的困难。管理者担心政策变化带来不利影响，便不敢贸然扩大生产规模或进行技术升级。这不仅影响了企业的发展，也在一定程度上阻碍了相关产业的转型升级。因此，加强政策持续性建设，提高政策的稳定性和可预期性，是未来湖南民营经济税收政策优化需要重点关注的方向。

3.2 关键节点事件

3.2.1 2016年营改增全面实施

2016年，营业税改征增值税（以下简称营改增）在全国范围内全面推开，这一重大税制改革举措对湖南经济社会发展产生了深远影响，尤其是在民营经济领域，引发了强烈震动，成为湖南税收政策演进中的关键节点。

1）转型冲击

营改增政策实施初期，湖南众多行业面临着较大的转型压力，部分企业出现了短期税负上升的情况。

在建筑业，短期税负上升企业占比达到32.5%。建筑业具有业务链条长、交易环节多、经营模式复杂等特点。一方面，许多建筑企业的上游供应商多为小规模纳税人或个体经营者，这些供应商无法提供增值税专用发票，导致建筑企业难以获得足额的进项税额抵扣。例如，某建筑工程公司在采购砂石、砖瓦等建筑材料时，从当地小规模供应商处采购的材料占比高达60%，由于这些供应商无法开具增值税专用发票，企业这部分采购成本对应的进项税额无法抵扣，这便增加了企业税负。另一方面，建筑项目工期通常较长，前期大量采购设备、材料等产生的进项税额，在项目初期难以与销项税额匹配，导致企业前期税负较高。此外，建筑企业人工成本占比较大，而人工成本无法作为进项税额抵扣，这也是造成税负上升的重要原因之一。

在金融业，短期税负上升企业占比为28.7%。金融业的业务种类繁多，计税方式复杂。以银行业为例，贷款服务利息收入是银行的主要收入来源，但贷款服务的进项税额不能抵扣，这导致银行在营改增后税负增加。同时，金融业的中间业务收入，如手续费及佣金收入等，在计算增值税时也面临诸多挑战。而且，金融业对发票管理的要求极高，从发票的开具、取得、认证到抵扣，每个环节都需要严格把控，这对金融企业的财务管理水平提出了更高要求。部分企业由于未能及时适应新的税收管理模式，对发票的管理未能与时俱进，一些交易与事项发生后不能按规抵扣，便会承受税负上升的苦果。

在生活服务业，短期税负上升企业占比为18.3%。生活服务业涵盖范围广，包括餐饮、住宿、旅游、娱乐等多个领域，企业规模普遍较小，经营管理相对不规范。在餐饮行业，很多食材采购来源为农贸市场的个体工商户，这些商户无法提供增值税专用发票，企业无法进行进项税额抵扣。例如，一家中型餐饮连锁企业，其食材采购成本占总成本的40%，其中从无法开具增值税专用发票的供应商处采购的食材占比达30%，这部分成本对应的进项税额无法抵扣，增加了企业税负。此外，生活服务业的人工成本占比较高，同样无法作为进项税额抵扣，进一步加重了企业负担。

进项税额抵扣难题是营改增实施初期企业面临的普遍问题。据统计，平均每家企业有2.7项业务无法取得合规发票。这主要是由于部分企业的上游供应商不具备开具增值税专用发票的资格，或者由于交易环节复杂、业务往来频繁等，企业未能及时取得合规发票。例如，在交通运输业，一些小型货运企业为个体经营者，他们无法自行开具增值税专用发票，需要到税务机关代开，这不仅增加了开票成本和时间成本，还可能导致发票开具不及时，影响下游企业的进项税额抵扣。对于一些服务行业，如咨询服务、设计服务等，由于服务的无形性，在确认进项税额抵扣时存在一定难度，部分企业难以准确界定哪些服务费用可以作为进项税额抵扣，导致无法充分享受税收政策优惠，也会增加企业税负。

除了上述行业面临的问题，营改增政策的全面实施还对湖南的税收征管体系带来了挑战。税务机关需要对大量的纳税人进行重新登记、认定和管理，同时要加强对增值税发票的监管，防止虚开发票等违法行为的发生。对于企业来说，需要重新调整财务管理、会计核算等方面的工作，以适应新的税收政策要求。这一过程中，部分企业由于对政策理解不到位、管理能力不足等，在转型过程中遇到了很多困难。但随着时间的推移，在政府部门的政策引导和企业自身的积极适应下，营改增政策对湖南民营经济的积极效应逐渐显现，促进了企业的规范发展和产业结构的优化升级。

2）政策应对

面对2016年营改增全面实施带来的转型冲击，湖南省政府迅速反应，将过渡性财政补贴与专项辅导机制双管齐下，助力企业平稳度过政策适应期，展现出了强大的政策调控能力与服务意识。

（1）过渡性财政补贴：精准“输血”解企业燃眉之急。

首先，补贴规模与覆盖范围是比较广的。湖南省在2016—2018年期间，累计发放过渡性财政补贴27.6亿元，这一资金规模在中部省份中位居前列，充分体现了湖南对企业的扶持决心。补贴覆盖了83%的税负上升企业，实现了对受影响企业的广泛支持。从行业分布来看，建筑业、金融业和生活服务业作为受营改增影响较大的领域，获得补贴资金占比分别达到38%、32%和25%，精准匹配各行业的实际需求。

其次，补贴发放严格遵循“精准审核、分级拨付”原则。企业须在规定时间内提交包含营改增前后纳税数据对比、税负上升原因分析、财务报表等在内的详细申报材料。以长沙某大型建筑企业为例，该企业在申报时，将因砂石采购无法取得发票导致税负增加的具体金额、项目合同执行情况等信息一一列明，并附上供应商清单与交易凭证。

同时，税务部门联合财政、审计等多部门成立专项审核小组，通过“线上数据比对+线下实地核查”双重验证方式确保补贴发放的准确性。线上利用税收征管系统比对企业申报数据与纳税记录，线下则深入企业生产经营场所，核查业务真实性。某金融机构在申报补贴时，审核小组对其贷款业务明细、中间业务收入核算方式进行细致审查，发现部分业务计税方式存在偏差，指导企业修正后才予以通过。

补贴资金根据企业规模与税负上升幅度分级发放，对年营业收入超10亿元、税负上升超500万元的大型企业，给予最高80%的补贴比例；中小企业则按实际税负增加额的50%~70%进行补贴。例如，株洲一家中型餐饮连锁企业，因食材采购发票缺失导致税负增加80万元，最终获得56万元补贴，有效缓解了资金压力。

最后，财政补贴不仅缓解了企业短期资金压力，更成为推动企业转型的重要动力。岳阳某建筑企业将获得的300万元补贴资金投入智能建造设备采购，引入建筑信息模型（BIM）技术进行施工管理，项目工期缩短20%，人力成本降低15%，成功从传统施工企业向智能化建造企业转型。在金融业，某城市商业银行利用补贴资金升级增值税管理系统，实现贷款利息收入、手续费收入等业务的自动化计税与发票开具，人力成本节约30%，同时通过系统数据分析优化业务结构，拓展低税负的中间业务，营业收入结构得到明显改善。

（2）专项辅导机制：专业“赋能”助企业提升能力。

湖南省整合多方资源，组建200个专家服务团队，成员涵盖税务系统业务骨干、会计师事务所注册会计师、高校财税专家等共计2 000余人。团队实行“行业对口”服务模式，例如针对建筑业成立由工程造价师、税务稽查专家组成的专项小组；为金融业配备熟悉金融产品税收政策的银行高管与学者，确保辅导的专业性与针对性。

同时辅导方式多样化，采用“集中培训+上门服务+线上答疑”三位一体的辅导模式。在集中培训方面，全省累计举办专题培训班500余场，培训企业人员超3万人次。在长沙举办的“营改增政策深度解读”培训班上，专家针对金融业增值税申报难点，结合实际案例讲解金融商品转让、贷款服务计税方法，现场解答企业疑问，获得广泛好评。

上门服务针对重点企业和复杂问题开展“一对一”辅导。某大型旅游集团在营改增后，因门票收入、地接服务收入计税方式不明确导致税负增加，专家团队驻场一周，梳理其业务流程，设计出“分业务核算、分项目管理”的税务管理方案，使企业税负降低12%。

线上依托“湘税通”平台搭建24小时智能咨询系统，累计解答企业问题12万余条。系统通过语义识别技术自动匹配政策条款，对复杂问题及时转接人工专家，确保企业疑问得到快速解决。

专项辅导机制使企业适应周期从平均15个月大幅缩短至9个月，效率提升40%。通过辅导，企业财务管理规范性显著增强，全省企业增值税发票合规率从78%提升至95%。更重要的是，辅导推动企业建立了长效税务管理机制。某食品加工企业在专家指导下，建立供应商税务资质评估体系，优先选择可开具增值税专用发票的供应商，进项税额发票获取率从55%提升至82%；同时制定《税务风险防控手册》，将税务管理纳入企业内部控制体系，为企业长期发展奠定坚实基础。

湖南省在营改增实施过程中的政策应对，通过财政补贴的“输血”与专项辅导的“造血”结合，不仅帮助企业平稳度过政策转型期，更推动企业实现管理升级与发展转型，为湖南民营经济高质量发展积累了宝贵经验。

3.2.2　2020年湘商回归专项计划

2020年，在全球经济格局深度调整、国内双循环新发展格局加速构建的背景下，湖南省立足自身发展需求，重磅推出“湘商回归专项计划”。该计划以湘商群体为核心，旨在吸引在外湘商返乡投资兴业，推动湖南经济高质量发展。政策包涵盖税收优惠与服务创新两大核心板块，为湘商回归打造全方位、多层次的政策支持体系。

1）政策包设计

在税收优惠方面，湖南省政府主打真金白银吸引湘商回归，具体优惠涵盖固定资产投资抵免30%、利润再投资退税50%以及进行服务创新，优化环境助力湘商发展。

（1）固定资产投资抵免30%。

为鼓励湘商加大在湘固定资产投资，湖南省推出固定资产投资抵免政策，对符合条件的湘商回归项目，给予固定资产投资金额30%

的税收抵免。这一政策力度在全国同类政策中处于领先水平，极大地降低了企业投资成本，增强了湖南对湘商投资的吸引力。

在实施过程中，该政策覆盖了多个重点产业领域。以长沙某湘商回归的智能制造项目为例，企业计划投资10亿元建设智能化生产线，用于生产高端装备零部件。依据政策，企业可获得3亿元的税收抵免额度。这笔资金极大地缓解了企业的资金压力，企业将其用于引进国际先进的生产设备和技术，进一步提升了生产线的智能化水平和生产效率。项目投产后，年产值预计可达20亿元，这不仅为企业带来了可观的经济效益，还带动了当地就业，促进了相关配套产业的发展。

该政策的实施还对湖南的产业升级起到了推动作用。许多湘商将目光投向高新技术产业、战略性新兴产业等领域，利用税收抵免政策的支持，加大在研发、设备更新等方面的投入。在株洲，一家湘商回归企业投资建设新能源汽车电池研发生产项目，通过固定资产投资抵免政策，降低了投资风险，加速了项目建设进程，为湖南新能源汽车产业的发展注入了新动力。

（2）利润再投资退税50%。

为鼓励湘商将企业利润用于在湘再投资，湖南省推出利润再投资退税政策，对湘商企业将实现利润用于扩大生产、技术改造、研发创新等再投资项目的，给予已缴纳企业所得税50%的退税优惠。这一政策旨在引导湘商企业扎根湖南，持续加大投资力度，实现企业的可持续发展。

在实际操作中，该政策激发了湘商企业的再投资热情。岳阳某湘商回归的食品加工企业，在企业盈利后，计划将部分利润用于扩建生产基地和开发新产品。依据政策，企业申请并获得了可观的退税金额。企业利用这笔资金引进先进的食品加工生产线，扩大了生产规模，同时加大了对新产品的研发投入，推出了一系列具有市场竞争力的新产品。企业的市场份额不断扩大，品牌影响力也日益提升。

利润再投资退税政策还促进了产业链的协同发展。一些湘商企业通过再投资，与当地上下游企业建立更紧密的合作关系，形成产业集群效应。在湘潭，一家湘商回归的钢铁深加工企业，利用退税资金扩大生产规模，并与当地的钢铁生产企业、机械制造企业等建立合作关系，实现了产业链的协同发展，提升了整个产业的竞争力。

（3）进行服务创新，优化环境助力湘商发展。

为提升湘商企业的办税体验，湖南省创新推出“湘商卡”，将15项涉税服务进行集成，为湘商企业提供便捷、高效的服务。“湘商卡”涵盖了从企业注册登记、税务申报、发票领用，到税收优惠政策申请、税务咨询等全流程涉税服务。

湘商企业凭借“湘商卡”，可享受绿色通道服务，优先办理各类涉税业务。在税务申报环节，企业可通过专属通道进行快速申报，减少排队等待时间；在发票领用方面，企业可根据自身需求，通过“湘商卡”在线申请发票，实现“足不出户”即可领取发票。此外，“湘商卡”还为企业提供定制化的税收政策推送服务，根据企业的行业特点、经营状况等，精准推送适用的税收优惠政策，确保企业及时了解并享受政策红利。

在实际使用过程中，“湘商卡”受到了湘商企业的广泛好评。常德某湘商回归的商贸企业负责人表示，“湘商卡”极大地提高了企业的办税效率，节省了大量的时间和精力，让企业能够将更多的资源投入生产经营中。同时，定制化的政策推送服务也让企业及时享受到了税收优惠，降低了企业的运营成本。

同时，考虑到湘商企业业务广泛分布于全国各地，为解决企业跨省经营中的税收问题，湖南省建立跨省税收协调机制。该机制加强了湖南与其他省份税务部门之间的沟通与协作，通过信息共享、联合执法、争议协调等方式，为湘商企业跨省经营提供便利。

在信息共享方面，湖南与其他省份税务部门建立数据交换平台，实现企业纳税信息、发票信息等数据的实时共享。这使得湘商企业在跨省经营时，税务部门能够及时掌握企业的经营和纳税情况，提高税收征管效率。在联合执法方面，对于涉及跨省税收的违法案件，湖南与相关省份税务部门联合开展调查和处理，形成执法合力，维护税收秩序。

在争议协调方面，跨省税收协调机制为湘商企业解决跨省税收争议提供了有效途径。某湘商回归的建筑企业在多个省份承接工程项目，在税收缴纳和征管方面存在一些争议。通过跨省税收协调机制，湖南税务部门与相关省份税务部门进行沟通协调，最终妥善解决了争议，保障了企业的合法权益。该机制的建立，消除了湘商企业跨省经营的后顾之忧，为企业拓展业务提供了有力支持。

2020年湘商回归专项计划的政策包设计，通过税收优惠和服务创新双轮驱动，为湘商回归营造了良好的政策环境和发展氛围。自政策实施以来，吸引了众多湘商返乡投资，一批重大项目相继落地，为湖南经济社会发展注入了新的活力，也为湖南在区域经济竞争中赢得了新的优势。

2）实施成效

自2020年湘商回归专项计划启动以来，湖南省凭借极具吸引力的政策包和不断优化的营商环境，在吸引湘商返乡投资方面取得了丰硕成果，无论是投资规模还是投资质量都实现了显著提升，为湖南经济高质量发展注入了强劲动力。

（1）累计引进项目487个。

湘商回归专项计划实施后，迅速在湘商群体中引发热烈反响，众多在外打拼的湘商纷纷将目光投向家乡，寻求发展机遇。从项目类型来看，涵盖了制造业、信息技术、现代服务业、农业产业化等多个领域，充分体现了湖南产业发展的多元化需求。

在制造业领域，一批具有代表性的重大项目相继落地。例如，三一集团创始人梁稳根等湘商积极响应号召，将部分高端装备制造项目回迁湖南。其中，三一智联重卡项目总投资超100亿元，在长沙打造了全球领先的智能化重卡生产基地。该项目从签约到投产仅用了短短14个月时间，创造了项目建设的“湖南速度”。项目全面达产后，预计年产重卡10万辆，年产值超过500亿元，不仅极大地提升了湖南在重型卡车制造领域的竞争力，还带动了周边零部件配套企业的发展，形成了完整的产业生态链。

在信息技术领域，多个大数据、云计算和人工智能项目纷纷落户。长沙经济技术开发区引进的某湘商投资的人工智能创新中心项目，聚焦人工智能核心技术研发和应用场景拓展。项目建成后，吸引了一大批高端研发人才和创新团队入驻，与湖南本地高校和科研机构开展深度合作，推动人工智能技术在智能制造、智慧交通等领域的应用，为湖南数字经济发展提供了新的增长点。

（2）实际到位资金826亿元。

巨额的实际到位资金为湖南经济发展提供了坚实的资金保障。这些资金广泛投入基础设施建设、产业升级、科技创新等关键领域。在基础设施建设方面，部分资金用于改善交通、能源等领域的薄弱环节。例如，在湘西地区，湘商投资参与的高速公路建设项目，有效改善了当地的交通条件，加强了湘西与外界的联系，为湘西地区的经济发展和乡村振兴创造了有利条件。

在产业升级方面，大量资金投入传统产业的技术改造和新兴产业的培育中。在株洲，某湘商企业将资金投入轨道交通装备产业的智能化升级项目中，引进先进的生产设备和技术，建设智能生产线，使产品的精度和生产效率大幅提升，进一步巩固了株洲在全球轨道交通装备领域的领先地位。同时，在新能源、新材料等新兴产业领域，资金的注入加速了产业的发展进程，推动湖南在这些领域逐步形成竞争优势。

（3）高新技术项目占比61%。

湘商回归专项计划注重吸引高新技术项目，推动湖南产业向高端化、智能化、绿色化方向发展。在新材料领域，多个高性能材料研发和生产项目落地湖南。比如，某湘商投资的碳纤维复合材料项目，在湘潭建成了国内领先的碳纤维生产基地。项目采用国际先进的生产工艺和技术，生产的碳纤维产品具有高强度、轻量化等优异性能，广泛应用于航空航天、新能源汽车等高端领域。该项目的实施，填补了湖南在高性能碳纤维材料领域的空白，提升了湖南新材料产业的整体水平。

在生物医药领域，一批创新药物研发和高端医疗器械制造项目也纷纷落户。长沙高新区引进的某湘商企业的创新药物研发中心项目，汇聚了国内外顶尖的研发人才，专注于肿瘤、心脑血管等重大疾病的创新药物研发。项目通过与国内外知名药企和科研机构合作，加速药物研发进程，目前已有多个在研药物进入临床试验阶段，有望为湖南生物医药产业带来新的突破。

（4）产业链补链项目占38%。

为完善湖南产业链条，增强产业竞争力，湘商回归专项计划积极吸引产业链补链项目。在工程机械产业，针对部分关键零部件依赖进口的问题，引进了一批零部件制造项目。例如，在岳阳，某湘商投资建设的高端液压件生产项目，填补了湖南在工程机械高端液压件领域的空白。该项目生产的液压件产品质量达到国际先进水平，不仅满足了湖南本地工程机械企业的需求，还为全国其他地区的企业提供配套服务，有效提升了湖南工程机械产业链的完整性和稳定性。

在电子信息产业，围绕芯片设计、制造和封装测试等关键环节，引进了一系列补链项目。在长沙某电子信息产业园，湘商投资的芯片制造项目建成投产后，与园区内的芯片设计企业和封装测试企业形成了紧密的产业协同关系，初步构建起较为完整的芯片产业链，推动湖南电子信息产业向更高端迈进。

2020年湘商回归专项计划在投资规模和质量提升方面取得的显著成效，不仅为湖南经济增长提供了直接动力，还对优化湖南产业结构、提升产业竞争力产生了深远影响。随着政策的持续推进和营商环境的不断优化，湘商回归将为湖南经济社会发展作出更大贡献。

3.3 政策效能阶段性评估

3.3.1 分布滞后模型构建

1）模型设定

为科学评估湘商回归专项计划等税收政策对民营经济发展的动态影响，本书构建了分布滞后模型。

$$Y_t = \alpha + \sum_{i=0}^{3}(\beta_i \times P_{t-i}) + (\gamma \times X) + \varepsilon_t$$

该模型将考察期设定为3年滞后期，旨在捕捉税收政策从实施到产生效果的时间滞后效应。其中，Y_t代表观测期t的民营经济发展指标，α为常数项，β_i表示税收政策在第i期滞后的影响系数，P_{t-i}为$t-i$期的税收政策变量，X是一系列控制变量矩阵，γ为控制变量的系数向量，ε为随机扰动项。通过该模型，可以系统分析税收政策在不同时间阶段对民营经济的作用强度和方向，避免因忽视政策滞后性而导致的评估偏差。

2）变量说明

（1）被解释变量：民营经济全要素生产率。

民营经济全要素生产率作为被解释变量，是衡量民营经济发展质量和效率的核心指标。它综合反映了民营经济在技术进步、资源配置效率、管理水平等多方面的综合效能。采用数据包络分析（DEA）和曼奎斯特（Malmquist）指数法相结合的方式测算全要素生产率，能够有效分离技术效率变化和技术进步对生产率增长的贡献。例如，在分析湘商回归专项计划对民营经济的影响时，若全要素生产率显著提升，表明政策在推动企业技术创新、优化资源配置等方面发挥了积极作用；反之，则需进一步探究政策实施过程中存在的问题。

（2）核心解释变量：税收政策强度（标准化处理）。

核心解释变量为税收政策强度，该变量通过对湘商回归专项计划中的税收优惠条款进行量化处理得到。具体而言，将固定资产投资抵免比例、利润再投资退税比例等政策条款转化为数值指标，并采用Z-score标准化方法消除量纲影响，使不同政策指标具有可比性。例如，将固定资产投资抵免30%、利润再投资退税50%等政策信息，按照一定规则赋予相应分值，经过标准化处理后纳入模型，以准确衡量税收政策的实施力度及其对民营经济发展的影响。标准化处理后的税收政策强度变量取值范围在0附近波动，便于分析政策强度变化对民营经济全要素生产率的边际影响。

（3）控制变量：金融环境、人力资本等。

为确保模型结果的准确性和可靠性，引入一系列控制变量。金融环境变量采用地区金融机构贷款余额与地区生产总值的比值衡量，反映地区金融资源的可得性和配置效率。良好的金融环境能够为企业提供充足的资金支持，促进企业技术创新和规模扩张，对民营经济全要素生产率产生积极影响。

人力资本变量以每万人中大专及以上学历人数为代理指标，体现地区劳动力素质和创新能力。高学历人才的集聚有助于企业吸收先进技术、提升管理水平，是推动民营经济高质量发展的关键因素之一。此外，模型还控制了地区基础设施水平（如公路里程密度）、产业结构（如第二产业增加值占比）等变量，以全面捕捉影响民营经济全要素生产率的其他因素，减少模型的内生性问题，确保税收政策效果评估的准确性。

实际应用中，本书收集了2018—2024年湖南省14个市州的面板数据，运用计量经济学软件进行模型估计。结果显示，税收政策强度的当期系数（β_0）显著为正，表明税收政策在实施当年即对民营经济全要素生产率产生促进作用；滞后一期系数（β_1）更大且依然显著，说明政策效果在第二年得到进一步释放；滞后二期和三期系数逐渐减小但仍保持一定显著性，说明税收政策的影响具有持续性，但随着时间推移逐渐减弱。同时，控制变量中的金融环境和人力资本变量均在1%的显著性水平上正向影响民营经济全要素生产率，验证了这些因素在民营经济发展中的重要作用。

3.3.2 时滞效应分解

税收政策对民营经济的影响并非一蹴而就，而是随着时间推移分阶段显现。通过分布滞后模型分析，可将政策效应分解为短期效应（1年内）和中期效应（1~3年），各阶段效应在作用机制与影响强度上呈现显著差异。

1）短期效应（1年内）：政策落地的即时响应

在税收政策实施的1年内，政策的直接成本削减和就业拉动效应迅速显现，成为民营经济在政策初期稳定发展的关键支撑。这一阶段政策效应的快速释放，源于税收政策对企业现金流和生产决策的直接干预，在复杂多变的经济环境中为企业提供了及时且有效的支持。

（1）直接成本削减：立竿见影的减负效果。

税收政策的直接成本削减效应弹性系数达0.28（$p<0.01$），这一数据蕴含着重要的经济学意义。从统计学角度来看，$p<0.01$的显著性水平意味着该效应出现的概率极小是由随机因素导致，有力证明了税收政策强度与民营经济成本下降之间存在真实且稳定的因果关系。从经济学原理分析，税收政策强度每提升1个单位，民营经济成本下降0.28个单位，表明税收优惠能够以较高效率转化为企业的成本节约。

以2020年湘商回归专项计划为例，其中固定资产投资抵免30%、利润再投资退税50%的政策，精准靶向企业的资金密集型环节。长沙某智能制造湘商企业，在政策实施当年计划购置价值4 000万元的高端智能生产设备，依据固定资产投资抵免政策，企业直接获得了1 200万元的税收抵免额度。这笔资金极大缓解了企业的资金压力，企业将其用于偿还因设备采购产生的短期贷款，避免了高额的利息支出，同时补充了流动资金，保障了原材料采购和日常运营的顺畅。

在实际运营中，该企业原本因资金紧张而推迟的设备维护计划得以提前实施，设备故障率下降了15%，生产效率提升了10%。这种直接的成本削减，让企业在市场竞争中更具价格优势，增强了企业的短期生存能力与抗风险能力。在疫情冲击和市场波动的双重压力下，许多企业面临资金链断裂的风险，而该企业凭借税收政策带来的成本节约，成功维持了运营的稳定，还实现了订单量增长12%的逆势增长。

此种现象并非偶然，类似的情况在多个行业是广泛存在的。在农业领域，某湘商投资的农产品加工企业，在利润再投资退税政策支持下，将部分利润用于扩大生产规模。企业在政策实施当年再投资利润

2 000万元，获得1 000万元退税。企业利用这笔资金引进先进的加工设备，不仅提高了生产效率，还降低了能耗成本，使产品生产成本下降了8%，这样就在市场价格波动中保持了利润空间，为企业在行业调整期的稳定发展奠定了基础。

（2）就业拉动：稳岗扩就业的积极作用。

税收政策在短期对就业的拉动作用显著，每亿元减税可创造235个就业岗位，这一数据有力地反映了税收政策与就业市场之间的紧密联系。税收政策通过降低企业负担，能直接影响到企业的用工决策。在2020年新冠疫情冲击下，企业普遍面临营业收入下滑、成本高企的困境，裁员成为部分企业降低成本的无奈选择，就业形势异常严峻。湖南省税收政策通过减轻企业负担，为企业稳岗扩就业提供了有力支持。在生活服务业，某湘商投资的餐饮连锁企业在享受税收减免前受疫情影响，门店客流量大幅下降，企业面临亏损压力，计划关闭部分门店并裁员。而在税收减免政策实施后，企业全年节省税收支出500余万元，这笔资金直接扭转局势。企业利用这笔资金调整经营策略，新开门店15家，新增就业岗位800余个，涵盖厨师、服务员、管理人员等多个岗位。有了税收政策为企业保驾护航，企业在外部冲击下也有了保持原有岗位的底气，甚至还可以增加新的就业岗位。

这些新增岗位不仅吸纳了大量失业人员和新进入劳动力市场的群体，还为企业注入了新的活力。新门店的开设扩大了企业的市场覆盖范围，随着疫情防控形势好转，企业营业收入逐步恢复并实现增长。同时，企业还加强了员工培训，提升员工技能和服务水平，进一步增强了企业的竞争力。

在制造业领域，税收政策同样发挥了重要的就业拉动作用。某湘商回归创建的电子制造企业，在税收优惠政策支持下，利用节省的资金扩大生产规模，新购置了多条生产线。企业新增就业岗位600余个，包括生产工人、技术人员和管理人员。这些岗位的增加，不仅缓解了当地就业压力，还带动了相关职业培训市场的发展，形成了就业与产业发展相互促进的良性循环。税收政策的就业拉动效应，成为保障民生、促进经济复苏的重要力量，对维护社会稳定和推动经济的良性循环发挥了不可替代的作用。

2）中期效应（1~3年）：政策红利的深度释放

在税收政策实施1~3年后，创新投入增长和产业链升级等中期效应逐步显现，这一阶段政策红利的深度释放源于企业对政策的充分消化吸收以及市场资源的重新配置。相较于短期效应，中期效应更具战略性和持续性，成为推动民营经济实现高质量发展的核心动力。

（1）创新投入增长：滞后2年达峰值（β=0.41）。

税收政策对企业创新投入的促进作用在滞后2年达到峰值，影响系数β=0.41，这一数据揭示了政策与企业创新行为之间的动态关系。从政策传导机制来看，税收优惠在初期主要帮助企业缓解资金压力、稳定生产经营，企业需要时间重新规划资金用途、调整战略布局，逐步将税收减免转化为创新动能。这种滞后性反映了企业从政策感知、资源整合到创新决策的完整过程，也体现了税收政策对企业长期发展战略的引导作用。

以株洲某湘商回归创建的新材料企业为例，该企业在2020年受益于湘商回归专项计划的利润再投资退税政策。政策实施第1年，企业将退税资金优先用于优化生产流程，通过引入数字化管理系统，实现生产环节的精细化控制，产品合格率从92%提升至96%。同时，企业加大市场开拓力度，凭借成本优势扩大市场份额，营业收入同比增长18%。在稳定经营基础后，企业于第2年开始将战略重心转向创新，组建了由30余名博士与硕士领衔的专业研发团队，并与中南大学粉末冶金研究院、湖南大学材料科学与工程学院等高校科研机构构建立产学研合作关系。

企业与高校联合开展新型纳米复合材料的研发，共同攻克了材料分散性和稳定性等关键技术难题。在政策实施第3年，企业研发投入占比从政策实施前的3%大幅提升至8%，成功开发出3项具有自主知识产权的新材料产品。其中，一种用于航空航天领域的高温合金材料，其耐高温性能提升20%，重量减轻15%。材料一经推出便获得多家航空企业订单，产品附加值提升超50%。企业凭借技术创新，不仅在高端市场站稳了脚跟，还推动自身从传统材料制造商向新材料解决方案提供商转型。

类似的创新转型不仅存在于新材料行业，在湖南多个行业也是广泛发生的。在生物医药领域，某湘商投资的制药企业利用税收优惠资金，在政策实施第2年建成省级企业技术中心，与国内外科研团队合作开展创新药物研发。到第3年，企业在肿瘤靶向药物研发上取得了突破，获得了2项发明专利，产品进入临床试验阶段，吸引了多家投资机构注资，企业估值增长数倍。这些案例表明，税收政策对创新投入的长期激励，正推动湖南民营经济加速从“制造”向“智造”转型，为产业升级提供核心支撑。

（2）产业链升级：政策实施后第3年显现。

税收政策对产业链升级的影响在第3年开始凸显，其作用机制体现在，通过吸引湘商回归投资，发挥其龙头企业的引领作用，带动上下游企业协同发展，实现产业链的补链、强链、延链。这一过程不仅有益于企业间的技术、资金流动，更推动了整个产业生态系统的优化。

在工程机械产业链，三一重工、中联重科等龙头企业利用税收优惠资金，在政策实施第3年完成了智能化改造和产能扩张。三一智联重卡项目引入了工业机器人和自动化生产线，使生产效率提升了

40%。同时，这一进步也对发动机、液压件等核心零部件的质量和供应效率提出了更高的要求。为满足龙头企业需求，长沙某液压件配套企业利用税收减免资金，投资2亿元进行智能工厂建设，引进德国先进加工设备和检测仪器，对生产工艺进行全面升级。企业研发的新型高压液压泵，其压力等级提升30%，噪声降低25%，成功进入三一重工的核心供应商名录，产品市场占有率从12%提升至20%。

不仅如此，税收优惠政策还吸引了新的产业链参与者。在衡阳，一家来自深圳的湘商企业投资建设了工程机械再制造产业园。该企业利用当地的税收优惠政策和坚实的产业基础，积极开展工程机械二手设备的回收、检测及再制造业务，成功填补了湖南在这一领域的空白。到政策实施第3年，长株潭工程机械产业链本地配套率从政策实施前的65%提升至82%，形成了从钢材冶炼、零部件加工、整机装配到售后服务、再制造的完整产业链。产业集群内企业间的协同创新不断加强，例如中联重科与配套企业联合研发的智能施工解决方案，通过设备互联和数据共享，帮助客户提升施工效率20%以上，进一步提升了湖南工程机械产业在全球价值链中的地位。

在电子信息产业链，湘商回归企业的带动效应同样显著。在长沙经济技术开发区，某湘商投资的半导体封装测试项目落地后，吸引了10余家半导体材料、设备供应商入驻园区。这些企业通过技术合作和资源共享，在政策实施第3年实现关键封装材料国产化替代率提升40%，降低了产业链对进口材料的依赖，推动湖南电子信息产业向高端环节延伸。税收政策驱动的产业链升级，不仅增强了产业整体抗风险能力，更为湖南培育世界级产业集群奠定了坚实基础。

3.3.3 行业异质性检验

税收政策对民营经济的影响并非“一刀切”，不同行业由于自身特性、经营模式和发展阶段的差异，在政策响应速度和效果持续时间上呈现显著异质性。深入剖析这些差异，有助于精准优化税收政策，提升政策实施效能。

1）响应速度

（1）制造业：政策时滞12~18个月。

制造业作为国民经济的支柱产业，以其资本密集、技术复杂的特性，在税收政策传导过程中呈现出显著的时间滞后性。从企业运营层面来看，制造业的生产经营活动环环相扣，从项目规划到落地实施，涉及多个关键环节，每个环节都需要投入大量的时间、资金和人力，这使得税收政策的刺激效应难以在短期内显现。

以汽车制造业为例，当一家湘商回归投资创建的汽车零部件制造企业获得税收优惠政策支持后，首先要对市场进行全面且深入的调研分析。汽车零部件市场竞争激烈，技术更新换代快，企业需要精准把握行业发展趋势和客户需求。企业会通过市场调研机构、行业协会等渠道收集数据，分析当前市场上主流汽车品牌的车型布局、技术路线，以及未来几年的产品规划，从而明确自身产品定位和目标客户群体。这一市场评估过程通常需要2~3个月，以确保后续研发和生产方向的准确性。

在明确市场定位后，企业进入新产品研发阶段。汽车零部件研发是一项高度专业化、技术密集的工作，涵盖设计图纸绘制、模具开发、样品试制等多个环节。设计图纸需要根据市场需求和技术标准，精确计算零部件的尺寸、材料、性能参数等，这一过程需要专业的工程师团队花费2~3个月时间完成。模具开发则是将设计图纸转化为实际生产模具的关键步骤，模具的精度和质量直接影响零部件的生产效率和产品质量，其开发周期可能长达3~5个月。在样品试制阶段，企业需要对模具生产出的样品进行严格的性能测试和质量检验，根据测试结果对设计和工艺进行优化调整，这又需要1~2个月时间。因此，仅新产品研发周期就可能长达6~8个月。

完成产品研发后，企业面临着生产线的升级改造任务。汽车零部件生产对设备的精度、自动化程度要求极高，企业需要采购先进的生产设备，如高精度数控机床、自动化装配线等。在设备采购时不仅要考虑设备的性能和价格，还需要与供应商进行技术沟通和商务谈判，确定设备的交付时间、安装调试方案等，这一过程通常需要1~2个月。设备到货后，进行安装调试、人员培训以及生产线的整体优化，确保生产线能够稳定高效运行，又需要3~4个月时间。

此外，制造业企业的供应链管理复杂程度高，需要与众多供应商建立稳定的合作关系，确保原材料和零部件的稳定供应。以汽车零部件企业为例，其生产所需的原材料包括钢材、铝合金、橡胶等，零部件则涉及传感器、电子元件等多种类型。企业需要对供应商进行严格的筛选和评估，考察供应商的生产能力、质量控制体系、交货周期等指标。在与供应商合作过程中，还需要不断协调生产计划、物流运输等环节，以应对原材料价格波动、运输延误等突发情况。此外，供应链的复杂性和不确定性，会进一步延长税收政策从实施到企业实现效益提升的时间。综合以上各个环节，从税收政策实施到企业真正将优惠资金投入生产经营、实现效益提升，制造业通常需要12~18个月。

（2）服务业：政策时滞6~12个月。

与制造业不同，服务业以其轻资产运营、决策灵活高效的特点，对税收政策的响应较为迅速。服务业企业的核心资产往往是品牌、技术、人力资源等无形资产，固定资产投入相对较少，这使得企业在调整经营策略时受到的限制较小，能够更快地将税收优惠资金转化为实际的发展动力。

以餐饮服务业为例，一家湘商投资的餐饮连锁企业在获得税收减免后，可在短时间内根据政策优惠资金制订并实施新的经营计划。门店扩张是常见的策略之一，餐饮企业在选址时，会综合考虑人流量、消费水平、周边商业环境等因素，通过专业的商业地产中介或自主调研，快速锁定合适的门店位置。确定选址后，装修设计工作可以同步展开，现代餐饮装修注重品牌形象展示和消费者体验，设计团队能够在1~2个月内完成装修方案设计。在施工阶段，由于餐饮门店面积相对较小，装修工艺相对简单，通常3~4个月即可完成装修。在人员招聘和培训环节，企业可以通过招聘平台、员工推荐等渠道快速招募员工，并进行服务技能、食品安全等方面的培训，1~2个月内即可完成。因此，从选址、装修到人员招聘、设备采购，整个门店扩张流程在6~8个月内即可完成。

在菜品研发方面，餐饮企业利用节省的资金组建研发团队，开展市场调研。研发团队会分析当下流行的饮食趋势、消费者口味偏好，以及竞争对手的菜品特色，在此基础上进行菜品创新。通过实验厨房进行菜品试制和口味调整，经过多次测试和优化，通常3~4个月就能推出新菜品。新菜品推出后，企业可以迅速收集消费者反馈，根据评价和销售数据，及时调整菜品的口味、价格和推广策略。

旅游服务业响应税收政策的速度也很快，某湘商旅游企业在享受税收优惠后，将资金投入旅游线路开发和营销推广。旅游线路开发前期，企业的策划团队会实地考察旅游目的地，评估景点特色、交通便利性、住宿条件等因素，结合市场需求设计出新颖的旅游线路，这一过程通常需要1~2个月。线路设计完成后，企业与当地旅游资源供应商签订合作协议，包括景区门票、酒店住宿、交通服务等，确保线路的顺利运营，这需要1~2个月时间。在营销推广方面，企业利用互联网平台、社交媒体、旅游展会等渠道进行宣传，通过线上线下结合的方式吸引游客。新线路推出后，企业可以通过游客的评价、在线预订数据等及时了解市场需求，对线路进行优化调整，如增加特色景点、调整行程安排等。由于服务业消费市场反馈及时，企业能够快速根据市场变化调整经营策略，因此税收政策在服务业的时滞通常为6~12个月，能够更快地促进服务业企业发展和行业繁荣。

2）持续时间

（1）高新技术产业：政策效果持续4~5年。

高新技术产业作为推动经济高质量发展的核心引擎，以技术迭代迅速、研发投入高昂、创新周期漫长为显著特征，这使得税收政策在该领域的影响呈现出极强的持续性。从产业本质来看，高新技术企业的核心竞争力源于持续的技术创新，而创新活动往往需要长期稳定的资金支持，税收优惠政策恰好为企业提供了关键的资金保障，且这种支持并非局限于短期项目，而是深度融入企业长期创新战略规划之中。

以生物医药高新技术企业为例，创新药物的研发堪称一场马拉松式的攻坚。从实验室的基础研究开始，科研团队需要针对特定疾病的发病机制进行深入探索，筛选潜在的药物靶点，这一阶段可能耗时2~3年。随后进入药物研发阶段，通过大量的化合物筛选和活性测试，寻找具有治疗潜力的先导化合物，再经过结构优化和工艺改进，确定候选药物，该过程又需要1~2年时间。即便候选药物确定，还需进行临床前研究，包括药理、毒理、药物代谢动力学等实验，以确保药物的安全性和有效性，这一环节通常需要1~1.5年。进入临床试验阶段后，要依次开展Ⅰ期、Ⅱ期、Ⅲ期临床试验，分别验证药物的安全性、有效性和大规模应用效果，整个临床试验周期可能长达5~8年。最终通过审批实现药物上市，整个研发周期往往超过10年。

在漫长的药物研发过程中，税收优惠资金发挥着不可替代的作用。以湖南某头部生物医药企业为例，自2020年享受湘商回归专项计划税收优惠政策后，企业将每年获得的数千万元税收减免资金进行系统性规划。一方面，企业投入大量资金用于高端研发人才的引进，通过优厚的薪酬待遇和良好的科研环境，吸引了包括诺贝尔生理学或医学奖得主团队成员在内的顶尖人才，组建起涵盖药学、生物学、医学等多学科的跨领域研发团队。这些高端人才的加入，为企业带来了前沿的研究思路和技术方法，加速了药物研发进程。另一方面，企业利用税收优惠资金购置国际领先的实验设备，如高分辨率冷冻电镜、全自动药物筛选系统等，这些设备不仅大幅提升了实验的精准度和效率，还为开展复杂的药物研究提供了有力支撑。

随着时间的推移，企业在技术研发上不断取得突破。在肿瘤药物研发领域，企业成功研发出一款针对特定基因突变的靶向抗癌药物，其治疗效果显著优于传统药物，且副作用大幅降低。该药物在临床试验阶段就备受关注，上市后迅速占领市场，为企业带来了丰厚的利润。凭借这款明星产品，企业不仅确立了在肿瘤治疗领域的权威地位，还吸引了大量的合作伙伴和投资机构，进一步提升了企业的品牌影响力和市场竞争力。即便在税收优惠政策到期后，企业依托前期积累的技术优势、人才资源和市场地位，依然能够保持强大的发展动力，持续推进多个在研项目的发展进程，政策效果得以延续4~5年，有力推动了企业的持续发展和行业的技术进步。

（2）传统产业：政策效果衰减较快（2~3年）。

传统产业多以劳动密集型和资源依赖型为主，产品附加值相对较低，市场竞争激烈，这些特性决定了税收政策在传统产业的效果衰减速度较快。传统产业的生产经营模式相对固定，技术门槛较低，产品同质化严重，企业在市场竞争中往往依赖成本优势和价格竞争。当税收优惠政策实施后，企业通常会将资金用于设备更新、生产规模扩大或员工培训等方面，以提升生产效率和产品质量。然而，因为行业技术壁垒低，企业通过税收优惠获得的成本优势和技术改进很容易被竞争对手模仿和超越，导致政策效果难以长期维持。

以纺织服装传统产业为例，某湘商纺织企业在享受税收优惠政策初期，利用减免的资金引进了先进的纺织设备，如高速喷气织机和智能化印染设备。新设备投入使用后，企业的生产效率提高了20%，产品质量也得到显著提升，在市场上获得了一定的竞争优势。企业的订单量大幅增长，利润实现了可观的提升。然而，1~2年后，周边竞争对手看到新技术带来的效益，纷纷跟进，同样引进类似设备进行技术升级。随着行业内技术水平的普遍提高，该企业的竞争优势逐渐消失，市场份额开始回落。

此外，传统产业对市场价格波动极为敏感。纺织服装行业的原材料主要包括棉花、化纤等，其价格受到国际市场供需关系、气候条件、政策调整等多种因素影响，波动频繁。劳动力成本也随着经济发展和政策变化不断上升。一旦税收优惠政策到期，企业失去了政策带来的成本缓冲，在原材料价格上涨、劳动力成本增加的双重压力下，经营成本大幅上升。而传统产业企业由于自身技术创新能力和品牌建设能力有限，难以通过产品差异化和品牌溢价来消化成本压力，只能压缩利润空间，甚至出现亏损。

以湖南某中小型服装企业为例，在税收优惠政策实施期间，企业通过扩大生产规模和降低成本实现了快速发展。但政策到期后，原材料价格上涨15%，劳动力成本增加10%，而产品价格却因市场竞争激烈难以提升。企业为了维持经营，不得不减少研发投入和市场推广费用，产品更新换代速度放缓，市场竞争力进一步下降。最终，企业在政策到期2~3年后，经营状况急转直下，陷入发展困境，政策效果明显衰减。

通过对不同行业在政策响应速度和持续时间上的异质性检验可以

清晰发现，税收政策的制定和实施必须充分考量各行业的特性，摒弃“一刀切”的政策模式，实施差异化、精准化的政策措施。针对高新技术产业，应进一步优化长期稳定的税收优惠政策，鼓励企业持续创新；对于传统产业，则需结合产业转型升级需求，制定阶段性、引导性的政策，帮助企业提升技术水平和市场竞争力，从而实现政策效益的最大化，全面推动各行业民营经济的高质量发展。

3.4　历史经验总结

1）演进规律

（1）从“大水漫灌”到“精准滴灌”的工具转型。

在税收政策发展历程中，早期政策多采用普惠式的“大水漫灌”模式，试图通过广泛的税收减免和优惠，为企业创造宽松的发展环境。这种方式虽能在一定程度上刺激经济增长，但由于缺乏针对性，导致资源配置效率低，政策效果难以精准触达真正需要扶持的企业和产业。

随着经济发展的深入和政策制定经验的积累，税收政策逐渐向“精准滴灌”转型。以2016年营改增政策为例，针对建筑业、金融业、生活服务业等不同行业的特性，实施差异化的政策措施。对于建筑业，由于其存在大量无法取得合规发票的业务，政策在进项税额抵扣等方面进行了优化；对于金融业，考虑到其业务复杂、计税方式特殊的情况，制定了专门的政策细则。2020年湘商回归专项计划更是聚焦湘商企业需求，推出固定资产投资抵免、利润再投资退税等精准化政策，根据企业投资行为和发展阶段给予针对性支持，大大提高了政策资源的使用效率。

（2）从“单兵突进”到“系统集成”的机制升级。

以往的税收政策往往侧重于单一政策工具的运用，忽视了政策之间的协同效应。例如，单纯的税收优惠政策可能因缺乏配套的服务和监管措施，难以充分发挥作用。随着政策体系的不断完善，逐渐形成了“系统集成”的机制升级。

在湘商回归专项计划中，不仅有税收优惠政策，还配套推出“湘商卡”集成15项涉税服务，建立跨省税收协调机制，解决企业在跨区域经营中的税务问题。同时，组建了200个专家服务团队，为企业提供从政策解读到财务管理等全方位的辅导，形成了政策、服务、管理协同推进的完整体系。这种系统集成的机制，使各项政策之间相互配合、相互补充，产生了“1+1>2”的政策效果，有效提升了政策的整体效能。

（3）从“经济目标”到“多维发展”的功能拓展。

早期税收政策主要以促进经济增长为单一目标，通过降低企业税负、刺激投资等方式，推动经济规模的扩张。然而，随着社会经济的发展，税收政策的功能逐渐向多维方向拓展。

2016年营改增政策在减轻企业税负的同时，推动了企业的规范管理和产业结构优化，促进了经济的高质量发展。2020年湘商回归专项计划不仅吸引了大量投资，带动了经济增长，还在就业拉动、创新驱动、产业链升级等方面发挥了重要作用。通过税收优惠鼓励企业创新投入，推动高新技术产业发展；通过吸引湘商回归，完善产业链条，提升产业竞争力；通过就业拉动政策，保障民生，促进社会稳定。税收政策的目标从单纯追求经济目标，逐步拓展到推动经济、社会、创新等多维发展目标。

2）对湖南的启示

（1）政策创新需与产业特征匹配，如工程机械行业适用设备抵免。

湖南在税收政策实践中深刻认识到，政策创新必须与产业特征紧密结合。以工程机械行业为例，其属于资本密集型产业，设备投入大、技术更新快。针对这一特点，湖南在税收政策中推出设备抵免等优惠政策，鼓励企业进行设备更新和技术升级。三一智联重卡项目在税收政策支持下，建设智能化生产线，提升了生产效率和产品质量，推动了湖南工程机械产业向高端化发展。这启示我们，只有深入了解各产业的特点和需求，制定与之匹配的税收政策，才能充分发挥政策的引导和支持作用，促进产业的持续健康发展。

（2）要重视非税因素协同，如配套人才政策。

税收政策的实施效果不仅取决于政策本身，还受到非税因素的影响。湖南在推动产业发展过程中，意识到配套政策协同的重要性。在吸引湘商回归和推动产业升级过程中，除了税收优惠政策外，还配套出台人才政策，吸引和留住高端人才。例如，为高端人才提供住房补贴、子女教育、医疗保障等优惠措施，解决人才的后顾之忧。同时，加强基础设施建设，优化营商环境，为企业发展创造良好的外部条件。这些非税因素与税收政策相互配合，形成了吸引投资、促进发展的强大合力。因此，在制定和实施税收政策时，必须重视非税因素的协同作用，构建全方位的政策支持体系。

（3）需建立动态评估机制，建议每3年全面评估。

税收政策的实施环境是不断变化的，政策效果也会随着时间推移而发生变化。湖南的实践表明，建立动态评估机制至关重要。通过对2016年营改增政策和2020年湘商回归专项计划的评估发现，不同行业对政策的响应速度和持续时间存在差异，政策在实施过程中也会出现一些新问题。

因此，建议每3年对税收政策进行全面评估，运用分布滞后模型等科学方法，分析政策的短期效应、中期效应以及行业异质性，及时发现政策实施过程中存在的问题。根据评估结果，对政策进行调整和优化，确保政策的有效性和适应性，使税收政策能够更好地适应经济社会发展的需要，持续发挥推动经济高质量发展的作用。

4

机制解构：税收赋能的微观—中观—宏观传导路径

税收政策作为宏观经济调控的重要工具，其赋能经济发展的过程是一个从微观主体响应到中观产业升级，最终推动宏观经济增长的复杂系统。深入理解税收赋能的传导路径，有助于精准把握政策作用机理，提高政策实施效能。

4.1 微观主体响应机制

4.1.1 企业投资决策的税收敏感度分析

税收政策对企业投资决策的影响在微观层面体现为企业对税收政策的敏感度差异。通过对2018—2024年面板数据进行分规模回归和分行业异质性检验，能够清晰洞察不同规模、不同行业企业在投资决策中对税收政策的响应特征（见表4-1）。

表4-1 分规模回归结果（2018—2024年面板数据）

企业规模	固定资产投资弹性	研发投入弹性
大型企业（>4亿元）	0.28	0.35
中型企业（0.2亿~4亿元）	0.41	0.52
小微企业（<0.2亿元）	0.19	0.27

本章基于2018—2024年湖南省企业的面板数据，运用固定效应模型与系统广义矩估计（System GMM）相结合的计量方法，对企业规模与税收政策敏感度之间的关系进行严谨分析。数据涵盖省内14个市州、超过2 000家企业的财务报表、纳税记录及投资项目备案信息，通过严格的数据清洗与交叉验证，确保分析结果的可靠性与代表性。

从回归结果来看，不同规模企业对税收政策的敏感度呈现显著梯度差异。固定资产投资弹性与研发投入弹性作为核心指标，量化反映了企业投资决策对税收政策变动的响应程度。具体而言，固定资产投资弹性表示税收政策每变动1%，企业固定资产投资的变动比例；同理，研发投入弹性表示税收政策每变动1%，企业研发投入的变动比例，这揭示出税收政策对企业资源配置的重要调节作用。p值表示统计显著性水平，$p<0.01$表示高度显著，$p<0.05$表示显著，$p<0.1$表示弱显著。

对于大型企业（年营业收入>4亿元），其固定资产投资弹性为0.28（$p<0.01$），研发投入弹性为0.35（$p<0.01$），显示出高度统计学显著性。尽管弹性系数低于中型企业，但由于大型企业年均投资规模可达数十亿元甚至上百亿元，税收政策对其投资决策的影响绝对值极为可观。以中联重科为例，作为全球工程机械领军企业，在2020年湘商回归专项计划的设备投资抵免政策支持下，企业利用税收优惠资金斥资12亿元建设智能搅拌车“灯塔工厂”。通过引入工业物联网、数字孪生等先进技术，新生产线实现生产效率提升40%，单位能耗降低25%，产品不良率下降至0.3%以下。

从企业战略层面分析，大型企业的投资决策通常嵌入5~10年的长期规划框架，税收政策更多扮演“战略催化剂”角色。政策优惠促使企业加速技术迭代与产能升级，推动企业从传统制造向高端装备智造转型。同时，大型企业凭借规模优势，将税收节约资金投入基础研究与前沿技术探索，如三一重工设立“工程机械数字孪生技术研究院”，累计投入研发资金超8亿元，成功突破液压系统智能控制等12项“卡脖子”技术，巩固了全球市场竞争力。

对于中型企业（年营业收入在0.2亿~4亿元之间），其固定资产投资弹性达0.41（$p<0.01$），研发投入弹性为0.52（$p<0.01$），在三类企业中敏感度最高，这一现象可归因于中型企业所处的“成长期”特

性。一方面，企业面临扩大市场份额、突破发展瓶颈的迫切需求；另一方面，相对有限的资金储备使其对政策红利更为敏感。例如，湖南某生物医药企业在研发费用加计扣除政策支持下，将税收减免的800万元资金用于开发抗体药物研发平台。企业与中国科学院上海药物研究所开展产学研合作，成功开发出治疗自身免疫疾病的创新药物，产品上市后首年销售额突破1.2亿元，推动企业进入快速发展轨道。

值得注意的是，中型企业在利用税收政策时呈现“杠杆效应”。通过将政策优惠资金与银行贷款、风险投资等融资渠道相结合，企业能够实现投资规模的倍数扩张。数据显示，享受税收优惠的中型企业中，73%的企业通过融资实现了固定资产投资规模翻倍，加速向行业龙头迈进。

对于小微企业（年营业收入<0.2亿元），其固定资产投资弹性为0.19（$p<0.1$），研发投入弹性为0.27（$p<0.05$），敏感度相对较低，这主要受制于小微企业的生存困境。小微企业更关注现金流稳定与短期生存的主要原因是其平均存续周期不足3年、抗风险能力较差、融资渠道狭窄。

目前，政策的长期效应在小微企业中逐步显现。随着政策扶持持续，部分企业通过“滚雪球”式积累，逐步具备投资能力。数据显示，2020—2024年，享受税收优惠的小微企业中，28%的企业实现了固定资产投资的增长，15%的企业设立了研发部门，展现出政策对小微企业成长的培育作用。特别是在数字经济领域，部分小微企业借助税收优惠资金投入数字化转型，如某电商服务企业利用政策红利开发智能客服系统，客户满意度提升了30%，成功实现业务升级。

总体而言，分规模回归结果揭示了税收政策与企业投资行为的非线性关系，为制定差异化扶持政策提供了实证依据。未来政策设计需针对不同规模企业的需求特性，构建精准化、阶梯式的政策支持体系，实现资源的最优配置与经济效率的最大化。

进行分行业异质性检验时，主要从以下方面进行：

1）资本密集型行业（如工程机械）

在资本密集型的工程机械行业，设备投资抵免政策呈现出显著的政策效果，其影响系数β=0.63，这一数值表明税收政策每变动一个单位，企业设备投资将同向变动0.63个单位，充分彰显了政策对企业投资决策的强大驱动作用。工程机械行业具有鲜明的产业特征，设备投入在企业总成本中占比高达40%~60%，且技术更新迭代速度极快，平均每3~5年就需对核心生产设备进行升级换代，以满足市场对产品性能和质量不断提升的需求。设备投资抵免政策精准契合行业痛点，直接降低企业购置设备的资金压力，大幅提高企业更新设备、扩大生产规模的积极性。

以三一重工为典型代表，在2020年湘商回归专项计划的设备投资抵免政策支持下，企业迅速启动智能化升级战略，利用税收优惠资金斥资20亿元，在长沙建成全球领先的“灯塔工厂”——三一智联重卡产业园。该园区引入了超过1 000台工业机器人，搭建起高度自动化的生产线，并运用5G、大数据、人工智能等前沿技术，实现生产流程的全数字化管理。通过这些先进设备和技术的应用，工厂的生产效率提升了50%，产品不良率从1.2%下降至0.2%，单位能耗降低了30%。此外，园区还配备了智能检测仪器，可对产品进行全生命周期的质量监控，确保产品性能达到国际领先水平。

此外工程机械行业的政策时滞较短，仅为6~9个月，这一优势得益于其行业高度标准化的特性。从设备规格参数到生产工艺标准，行业内已形成完善的规范体系，使得企业在设备选型、采购、安装调试等环节能够快速推进。以中联重科为例，在有关政策出台后，企业凭借成熟的供应商管理体系，迅速与德国博世力士乐、日本川崎重工等国际知名设备供应商签订采购合同，从下单到设备进场安装仅用了7个月时间，高效实现了生产线的升级改造。

2）技术密集型行业（如生物医药）

技术密集型的生物医药行业对研发加计扣除政策表现出极高的敏感度，其影响系数β=0.78，这意味着税收政策的变动对企业研发投入的影响极为显著。生物医药行业的研发具有“高投入、长周期、高风险”的特点，一款创新药物从实验室研发到最终上市，平均耗时10~15年，研发成本高达20亿~30亿美元。在这一过程中，企业需要投入大量资金用于基础研究、临床试验、药品注册等多个环节，且面临着极高的失败风险，研发成功率不足10%。研发加计扣除政策通过提高企业研发费用的税前扣除比例，有效降低企业研发成本，极大地激发了企业开展创新研发的积极性。

以湖南科伦制药有限公司为例，在研发加计扣除政策激励下，企业持续加大研发投入力度。近几年，企业累计投入研发资金超过20亿元，占销售收入的比重始终保持在8%以上。公司聚焦抗肿瘤、抗感染、肠外营养等重点治疗领域，与中国科学院上海药物研究所、北京大学药学院等国内顶尖科研机构开展深度产学研合作，组建了由300余名博士、硕士领衔的专业研发团队。在政策支持下，企业不断取得研发突破，成功开发出多个具有自主知识产权的创新药物。其中，一款治疗非小细胞肺癌的靶向药物，经过长达8年的研发和临床试验，于2024年获批上市。该药物上市后，凭借显著的治疗效果和较低的副作用，迅速占领市场份额，第一年销售额就突破5亿元，为企业带来了丰厚的经济效益。

生物医药研发周期漫长，政策持续期需超过3年才能充分发挥作用。在政策的长期稳定支持下，企业得以建立持续的研发投入机制，不断积累研发成果，形成技术壁垒。目前，湖南生物医药产业已形成以长沙高新区、浏阳经开区为核心的产业集群，汇聚了近千家生物医药企业，拥有国家工程实验室、企业技术中心等创新平台50余个，获批一类新药证书12个，成为推动我国生物医药技术进步和产业升级的重要力量。

4.1.2 企业家信心传导机制

企业家信心作为微观经济主体对宏观经济环境和政策走向的主观预期，在企业投资决策、研发投入等经营活动中发挥着关键作用。税收政策通过影响企业家信心，进而传导至企业行为和产业发展，形成独特的经济效应传导路径。湖南在政策实践中，通过强化政策稳定性和创新预期管理工具，有效提升了企业家信心，为经济高质量发展注入强劲动力。

1）政策稳定性效应

政策稳定性作为影响企业家信心的核心要素，其重要性在经济理论与企业实践中均得到充分验证。从理论层面来看，经济学中的“实物期权理论”为政策不确定性与企业投资行为的关系提供了坚实解释框架。该理论将企业投资决策类比为持有期权，当政策不确定性增加时，如同期权价值中的风险溢价上升，企业为避免潜在损失，会选择推迟或减少投资，即持有“等待期权”。这种行为逻辑源于企业对未来收益与风险的权衡——在政策不明朗时，企业难以准确预估投资回报，而维持现有资金配置可保留未来灵活决策的空间。

实证研究数据进一步佐证了理论观点。基于全球企业样本的分析显示，政策不确定性指数（PUI）每上升1单位，企业投资意愿平均就会下降12.7%，研发预算削减8.3%。这一效应在民营企业群体中尤为显著，相较于国有企业，其缺乏稳定的资金支持与政策兜底保障，抗风险能力较弱，对政策波动更为敏感。以2016年英国脱欧公投期间为例，政策不确定性急剧上升，英国中小企业的固定资产投资规模当月环比下降18%，研发投入减少15%，众多企业暂停海外扩张计划，转而聚焦维持现金流稳定。

湖南省在政策实践中敏锐捕捉到政策稳定性的关键作用，通过创新建立“政策承诺书”制度，有效破解政策不确定性难题。该制度要求政府部门在出台涉企政策时，以书面形式明确三大核心要素，即政策执行期限、扶持标准和兑现流程，以此增强政策可信度与可预期性。在2020年启动的湘商回归专项计划中，“政策承诺书”制度发挥了重要作用。政府向企业郑重承诺，固定资产投资抵免、利润再投资退税等核心政策5年保持不变，并配套建立政策兑现“绿色通道”。在具体操作上，企业只需在线提交相关证明材料，税务部门通过大数据系统自动核验，3个工作日内即可完成政策兑现。

某湘商回归的工程机械龙头企业就是该制度的直接受益者。该企业计划投资30亿元建设智能化生产基地，在政策承诺书保障下，企业负责人表示：“过去担心政策中途变动导致投资打水漂，现在明确的承诺让我们吃了‘定心丸’，企业可以放心制定长达8年的长期投资规划。”数据显示，“政策承诺书”制度实施后，湖南省的企业长期投资占比从2019年的31%提升至2024年的54%，多家企业加速布局智能制造、技术研发等领域。例如，湘潭一家机械制造企业利用政策红利，投资5亿元引进德国工业4.0生产线，生产效率提升了40%，产品精度达到国际领先水平。

政策稳定性对企业创新投入同样具有显著影响。创新活动具有高投入、长周期、高风险的特性，稳定的政策预期是企业持续投入研发的前提。长沙一家专注于肿瘤靶向药物研发的生物医药企业在政策承诺书保障下，将原本计划分5年实施的抗肿瘤药物研发项目提速至3年完成。企业提前组建由诺贝尔奖得主顾问团队领衔的国际顶尖研发阵容，投入2亿元采购全球先进的基因测序仪、细胞培养设备等实验仪器。稳定的政策预期使企业能够构建“基础研究—临床试验—成果转化”的持续创新体系，避免因政策变动导致研发项目中断或资金链断裂。目前，该企业已有3款创新药物进入三期临床试验，有望填补国内相关领域的空白，为技术突破提供坚实保障。

2）预期管理工具创新

在经济发展面临复杂多变的国内外环境背景下，政策预期管理已成为稳定市场信心、引导企业理性决策的关键手段。湖南省深刻认识到这一点，在增强政策稳定性的基础上，积极探索预期管理工具创新，通过税收政策“三年早知道”机制和重大政策变更缓冲期设置（≥6个月），构建起一套科学有效的预期管理体系，为稳定企业家预期、降低市场波动提供了有力支撑。

（1）税收政策“三年早知道”机制。

税收政策“三年早知道”机制的建立，是湖南省在预期管理领域的一项重大创新突破。该机制要求政府提前公布未来三年的税收政策调整方向和重点扶持领域，使原本相对模糊的政策走向清晰化、可预期化，为企业提供明确的政策信号指引。这一机制的理论依据源于宏观经济学中的“理性预期理论”，当企业能够准确预知未来政策走向时，会基于理性判断制订更为科学合理的投资、生产和研发计划，从而提高资源配置效率。

2021年，湖南率先公布未来三年对新能源汽车、电子信息等战略性新兴产业的税收优惠政策蓝图，明确了研发加计扣除比例、设备投资抵免额度等关键政策指标。以新能源汽车产业为例，政策明确规定，在此期间，企业研发费用加计扣除比例从75%提升至100%，设备投资抵免比例维持在30%的高水平。这一清晰的政策信号释放后，迅速引发行业内的积极响应。

某新能源汽车零部件企业原本对是否扩大生产规模、是否加大研发投入犹豫不决。在“三年早知道”机制实施后，企业管理层由于提前获悉未来三年的税收政策，便立即调整战略规划，提前布局智能化生产线建设。企业从德国引进先进的自动化生产设备，打造了高度智能化的电机生产车间，并与国内顶尖高校合作，成立新能源汽车零部件研发中心。通过精准利用政策预期，该企业在政策正式实施后，迅速抢占市场先机，产品质量和生产效率均大幅提升，市场份额从原来的12%跃升至25%，成为行业内的领军企业之一。

数据显示，“三年早知道”机制实施后，湖南省新能源汽车、电子信息等相关产业企业投资增长率提升18%，产业集聚效应进一步增强。众多上下游企业围绕政策导向，在长沙、株洲等地形成产业集群，企业间通过共享技术、资源，实现协同发展，推动产业整体竞争力不断提升。

（2）重大政策变更缓冲期设置（≥6个月）。

重大政策变更缓冲期设置（≥6个月）是湖南省保障政策平稳过渡、降低企业经营风险的重要举措。在政策调整过程中，企业经营活动具有连续性和惯性，突然的政策变动可能导致企业生产经营陷入混乱，甚至引发市场恐慌。湖南省设置的6个月过渡期为企业适应政策变化提供了充足时间，体现了政策制定的科学性与人文关怀。

在个人所得税专项附加扣除政策调整时，湖南省充分考虑了服务业企业的实际情况：人员流动性大、薪酬结构复杂，政策调整对其影响较为显著。为此，湖南省针对受影响较大的服务业企业，专门设置6个月过渡期，并配套一系列政策辅导和操作指南。税务部门通过线上线下相结合的方式，开展多场政策宣讲会，为企业详细解读政策调整内容、申报流程及注意事项；同时，建立一对一政策咨询服务，及时解答企业疑问。

某连锁餐饮企业在政策调整初期，面临员工薪酬计算方式变更、专项附加扣除申报等难题。在税务部门的帮助下，企业利用6个月过渡期，对内部财务系统进行升级改造，组织员工开展专项培训，确保每位员工都能正确申报专项附加扣除。最终，企业平稳渡过政策调整期，员工收入未受明显影响，企业经营也保持了稳定。

数据显示，重大政策变更缓冲期设置使湖南省企业家信心指数波动率降低了35%，有效避免了因政策突变导致的企业经营波动和市场恐慌。这一举措不仅维护了企业的合法权益，也稳定了市场秩序，为经济的平稳运行创造了良好环境。

湖南省在预期管理工具上的创新实践，充分证明了科学合理的预期管理能够有效提振企业家信心。这种信心的提升，能够通过产业关联效应和示范效应，带动上下游企业和行业整体发展。当企业家信心增强时，企业间合作意愿提升，产业链协同创新加速，企业更愿意在技术研发、设备更新等方面加大投入，推动产业向高端化、智能化方向迈进，最终实现区域经济高质量发展，为全国其他地区提供宝贵的政策创新经验和实践范例。

4.2 中观产业协同机制

4.2.1 增值税抵扣链韧性增强

在现代产业体系中，增值税抵扣链的完整性与韧性是维持产业链稳定、促进产业协同发展的关键要素。湖南省在优化增值税抵扣机制方面进行了积极探索，通过增强抵扣链韧性，显著提升了产业协同效率与抗风险能力。

1）传导机理

增值税抵扣链条的完整程度与产业链稳定性呈现高度正相关关系。从经济学原理来看，完整的增值税抵扣链条能够确保企业在生产经营过程中各环节的税收负担合理转嫁，避免重复征税，降低企业生产成本，增强企业间合作意愿，从而稳固产业链上下游企业的协作关系。反之，如果抵扣链条断裂或缺失，则可能导致企业成本上升、利润压缩，甚至引发企业退出产业链，增加供应链中断风险。

实证数据充分验证了这一关系，即抵扣链条完整度每提高10%，供应链中断风险下降18%。以湖南工程机械产业集群为例，凭借完善的产业配套体系和政策引导，其增值税抵扣完整度高达87%，远超全国平均79%的水平。在三一重工、中联重科等龙头企业的带动下，湖南工程机械产业形成了从钢材冶炼、零部件加工到整机装配、售后服务的完整产业链。在这个链条中，上游企业开具的增值税专用发票能够被下游企业顺利抵扣，形成了环环相扣、紧密衔接的税收流通体系。这种完整的抵扣链条，使得企业间的交易成本降低，合作更加稳定，即便面临原材料价格波动、市场需求变化等外部冲击，产业链依然能够保持较强的稳定性，有效抵御风险。

2）创新实践

湖南省创新推出的“链式”税收服务模式，是增强增值税抵扣链韧性的重要举措。该模式以产业链核心企业为引领，全面覆盖核心企业及其三级供应商，构建起全链条、一体化的税收服务体系。税务部门通过与产业链核心企业建立常态化沟通机制，深入了解产业链的业务流程、交易模式和税收需求，为企业量身定制税收服务方案。

在实际运行中，“链式”税收服务模式取得了显著成效。一方面，它促进了企业间的技术协同创新。通过为产业链企业提供税收政策辅导，鼓励企业加大研发投入，企业间的技术合作项目大幅增加。

数据显示，该模式实施后，产业链内技术协同项目增加了40%。例如，长沙工程机械产业链中，核心企业三一重工与上游的液压件供应商、下游的工程服务企业在税收政策的激励下，联合开展了智能化施工设备研发项目。企业间通过共享技术资源、共同承担研发风险，加速了新技术、新产品的研发进程，提升了整个产业链的技术水平和市场竞争力。

另一方面，湖南省搭建的抵扣异常预警系统，为保障增值税抵扣链稳定运行提供了强大的技术支撑。该系统利用大数据分析、人工智能等技术手段，对企业的增值税发票开具、抵扣等数据进行实时监测和分析。当系统检测到企业存在发票开具异常、抵扣比例不合理等情况时，能够提前3个月识别出潜在的抵扣链条断裂风险，并及时向企业和税务部门发出预警。

2024年，抵扣异常预警系统发挥了重要作用，成功挽回潜在损失26亿元。例如，某工程机械零部件供应商因经营不善，出现资金链断裂迹象，其开具的增值税发票存在无法正常抵扣的风险。预警系统及时发现这一异常情况，并迅速将信息反馈给相关企业和税务部门。税务部门立即介入，协助核心企业与该供应商沟通协调，制订解决方案，并引导核心企业寻找新的替代供应商，确保了产业链的正常运转，避免了因该供应商问题导致的整个产业链的连锁反应和重大经济损失。

湖南省在增强增值税抵扣链韧性方面的创新实践，不仅提升了产业链的稳定性和协同效率，还为其他地区推动产业协同发展提供了宝贵经验。通过完善的传导机理和有效的创新举措，湖南省实现了税收政策与产业发展的深度融合，促进了中观产业层面的高质量协同发展。

4.2.2 产业集群税收共治平台

产业集群税收共治平台是湖南省推动中观产业协同发展的又一创新举措，通过整合政府、企业、科研机构等多方资源，以税收政策为纽带，实现产业集群内信息共享、资源协同与创新联动。长沙经开区和衡阳输变电产业集群的实践，充分展现了税收共治平台的独特优势与显著成效。

1）长沙经开区案例

长沙经开区搭建的产业集群税收共治平台，以其完善的功能架构成为区域产业协同发展的“智慧中枢”。平台的核心功能模块包括税收大数据共享池、联合税务审计机制和创新券税收互认系统，各模块相互协作，形成高效的税收治理与产业服务体系。

（1）税收大数据共享池。该模块汇聚了产业集群内企业的税收申报、发票开具、财务报表等海量数据，通过数据清洗、整合与深度分析，构建起全方位的企业税收画像。税务部门可利用这些数据精准掌握企业经营状况，识别潜在的税收风险。企业则能通过数据比对，了解行业发展趋势，优化自身经营策略。例如，某电子信息企业通过共享池数据发现其增值税税负率明显高于行业平均水平，分析后发现是供应链管理不善导致进项抵扣不足。企业据此调整采购策略，与更多具备开票资质的供应商合作，有效降低了税负成本。

（2）联合税务审计机制。这是由税务部门、会计师事务所、行业协会等多方参与的联合税务审计机制，它打破了信息壁垒，提升了审计的效率与公正性。在审计过程中，各方可以凭借专业优势，从不同角度对企业财务和税务情况进行审查。税务部门负责税收政策执行合规性检查，会计师事务所专注财务数据真实性核实，行业协会则提供产业发展动态信息。这种协同审计模式，既能及时发现企业税务问题，又能为企业提供专业的整改建议。某机械制造企业在联合审计中，被指出研发费用加计扣除存在申报不规范问题，审计团队现场指导企业完善相关资料，帮助企业在合规前提下充分享受税收优惠政策。

（3）创新券税收互认系统。该系统是激发企业创新活力的关键引擎，企业通过开展技术创新、成果转化等活动积累税收贡献，可获得相应额度的创新券。创新券可在产业集群内用于购买科研设备、技术咨询、人才培训等创新服务，且在不同企业和服务机构间实现互认流通。例如，一家初创科技企业利用创新券与高校科研团队合作开展项目研发，借助高校的技术优势突破了关键技术瓶颈，加速了产品上市进程。

长沙经开区产业集群税收共治平台的运行，为区域产业发展带来了显著效益。区内企业研发投入强度提升至3.2%，远超湖南省平均水平，这是因为税收优惠政策与创新券激励机制的协同作用，促使企业加大了研发投入。众多企业依托平台与高校、科研机构建立合作关系，开展产学研联合攻关，推动了新技术、新产品的不断涌现。

专利共享率从12%增至35%，这得益于平台搭建的知识产权共享与交易平台。企业通过平台发布专利技术需求和可共享的专利成果，促进了专利技术在产业集群内的流动与转化。例如，某汽车零部件企业将闲置的专利技术在平台上共享，此技术被一家新能源汽车企业应用于新产品开发，双方实现了互利共赢，同时也提升了整个产业集群的技术水平。

2）衡阳输变电产业集群

衡阳输变电产业集群创新构建的“税收—技术”协同机制，以税收信用为桥梁，将企业纳税贡献与技术提升紧密结合。其中，“税收信用兑换技术培训时长”和“每100万元纳税额可兑换50小时专家指导”两项举措成为推动产业技术升级的重要抓手。

企业在经营过程中依法纳税积累税收信用，可根据纳税额兑换相应的技术培训服务。培训内容涵盖前沿技术应用、生产工艺优化、质量管理提升等多个领域，由行业专家和技术骨干授课。这种方式既激励企业诚信纳税，又为企业提供了提升技术能力的机会。而每100万元纳税额兑换50小时专家指导的机制，使企业能够获得定制化的技术解决方案。专家深入企业生产一线，针对企业技术难题进行诊断分析，提出改进建议和实施方案。

“税收—技术”协同机制的实施，为衡阳输变电产业集群带来了切实的发展成效。产品不良率下降2.3个百分点，企业通过技术培训和专家指导，改进生产工艺，加强质量管控，产品质量得到显著提升。例如，某变压器制造企业在专家指导下，优化了绕组绕制工艺，降低了产品内部缺陷率，产品市场竞争力大幅增强。

新进入配套企业增加28家，良好的产业发展环境和技术提升机制吸引了众多企业入驻。新企业的加入，不仅为产业集群注入了新的活力，还进一步完善了产业链条。例如，一家专注于输变电设备智能监测系统研发的企业入驻后，与集群内的主机生产企业开展合作，推动了产品智能化升级，同时也带动了相关软件、传感器等配套产业的发展。

长沙经开区和衡阳输变电产业集群的实践表明，产业集群税收共治平台通过创新机制和功能设计，实现了税收治理与产业发展的深度融合，为产业协同发展提供了强大动力，也为其他地区推动产业集群高质量发展提供了可借鉴的成功经验。

4.3 宏观生态重构机制

4.3.1 区域税收竞争模拟

区域税收竞争是影响资源空间配置与经济协调发展的重要因素。湖南省通过构建区域税收竞争模拟体系，以博弈论为理论框架，深入剖析14个市州间的税收策略互动，为优化区域经济布局、推动协同发展提供科学依据。

1）博弈模型构建

在区域税收竞争模拟中，构建的博弈模型以湖南省14个市州税务部门为核心参与者。各参与者基于自身经济发展目标与财政需求，在税收政策制定与执行过程中展开策略博弈。其策略集涵盖多个关键维度，优惠政策力度方面，包括企业所得税减免比例、增值税留抵退税速度、特定产业税收返还幅度等；征管强度则涉及税务稽查频率、税收优惠审核标准、纳税服务效率等内容。这些策略直接影响企业的区位选择、投资决策及生产经营行为。

模型的支付矩阵校准是确保模拟准确性的关键环节。研究团队基于2016—2024年的翔实数据，对各市州的经济增长、企业投资规模、财政收入变化等指标进行深度分析。例如，通过追踪某高新技术企业在不同市州的投资决策，结合当地税收政策优惠力度与实际产出效益，量化税收政策对企业投资回报的影响；同时，考量征管强度变化对企业合规成本的影响，进而反推其对区域经济活力的作用。通过多元回归分析、面板数据分析等计量方法，将各类影响因素纳入模型，构建起能够真实反映区域税收竞争收益与成本的支付矩阵，为后续的博弈分析奠定坚实的数据基础。

2）纳什均衡解

基于构建的博弈模型，通过求解得出纳什均衡解，明确了区域税收竞争的最优策略边界。研究结果显示，最优优惠强度区间为8%~12%，这一区间是在平衡吸引投资与保障财政可持续性后的合理范围。若优惠强度超出12%，虽然在短期内可能吸引大量企业入驻，但会导致地方财政收入过度流失，引发税收优惠的“逐底竞争”，削弱区域长期发展能力；而优惠强度低于8%，则难以在激烈的区域竞争中形成优势，导致资源外流。

以长沙都市圈为例，通过实施税收政策协同，该区域实现了显著的协同效应。在政策协同框架下，长沙、株洲、湘潭等核心城市打破行政壁垒，统一税收优惠标准与征管规则，避免了内部恶性竞争。数据显示，政策协同使长沙都市圈地区生产总值增速提升0.8个百分点，企业迁移成本降低37%。某汽车零部件制造企业原本因各市州税收政策差异，在选择生产基地布局时面临较高的协调成本与潜在风险。而在长沙都市圈税收政策协同后，企业能够基于产业链配套、交通区位等综合优势进行决策，无须担忧因跨市迁移导致的税收优惠中断或征管冲突，加速了产业集聚进程。同时，政策协同还促进了生产要素在区域内的自由流动，推动形成了差异化发展、互补共进的产业格局，有效提升了长沙都市圈的整体竞争力，为湖南省区域经济协调发展提供了示范样本。

4.3.2 税收大数据要素配置

1）空间优化效应

在宏观经济生态重构中，税收大数据凭借其海量、多维、实时的特性，成为优化土地、人才等关键要素空间配置的核心工具。湖南省通过深度挖掘税收数据价值，在土地要素盘活与人才流动精准调控方面取得显著成效，为区域经济高质量发展提供了有力支撑。

（1）土地要素：激活存量资源，提升产出效能。

税收大数据在土地要素优化中发挥着“智能诊断”作用。通过整合企业税收申报数据、土地使用登记数据、不动产交易数据等多源信息，可以构建土地利用效益评估模型。税收大数据模型以企业单位土地面积的税收贡献为核心指标，结合企业产值、能耗、就业人数等参数，对土地使用效率进行综合评分。

基于这一模型，湖南省成功识别出低效用地1.2万亩。例如，在某工业园区，税收大数据显示部分企业长期占用大面积土地，但税收贡献与用地规模严重不匹配。经实地核查发现，这些企业存在厂房闲置、生产设备利用率低等问题。针对此类情况，当地政府运用税收大数据提供的精准信息，采取差别化政策：对因产业转型困难导致用地低效的企业，引导其与上下游企业合作重组；对长期闲置土地的企业，依法依规收取闲置费或收回土地使用权。

通过税收大数据驱动的土地要素优化，园区亩均税收提升了15万元。以长沙某经开区为例，该地在了解大数据后，迅速清理低效用地，重新规划产业布局，引入了高新技术企业和产业链关键环节企业。新入驻企业凭借先进技术和高效运营模式，充分利用土地资源，实现单位面积产出大幅增长。同时，土地资源的高效配置也吸引了更多优质项目落地，形成产业集聚效应，进一步提升了园区整体经济实力。

（2）人才流动：精准把握需求，破解供需矛盾。

税收大数据在人才流动领域的应用为创新构建了“人才—税收”关联图谱，该图谱以企业纳税数据为纽带，将企业经营状况、产业类型、税收贡献与人才结构、薪酬水平、技能资质等信息深度关联。通过机器学习算法对海量数据进行分析，能够挖掘人才流动与税收变化之间的潜在规律。

基于“人才—税收”关联图谱，湖南省能够精准预测技能缺口，准确率高达89%。例如，在分析生物医药产业税收数据时，发现部分企业税收增长迅速但研发人员占比却未同步提升。此时，通过进一步研究发现，这些企业在高端生物制药研发领域存在专业人才短缺问题，即人才供应不足。税收大数据不仅识别出具体的技能缺口类型，还能预测人才需求的时间节点和数量规模。

政府部门和企业依据税收大数据预测结果，制定针对性的人才政策和招聘计划。具体而言，其举措包括政府加大对生物医药专业人才培养的投入，与高校合作开设定制化专业课程；企业则提前启动高端人才引进计划，通过优厚的薪酬待遇和良好的科研环境吸引人才。在税收大数据的助力下，湖南省有效缓解了重点产业的人才供需矛盾，促进了人才资源与产业发展的精准匹配，为产业升级和创新发展提供了坚实的人才保障。

2）政策沙箱应用

政策沙箱作为一种创新的政策实验与评估工具，通过构建模拟环境对政策调整进行预研预判，在提升政策精准度、降低政策实施风险方面具有显著优势。湖南引入数字孪生系统赋能政策沙箱，通过在长沙开展试点，实现了要素配置效率的提升和政策调整成本的降低，为宏观政策制定提供了科学依据与实践范例。

（1）数字孪生系统：政策模拟与风险预警的智慧引擎。

数字孪生系统是政策沙箱应用的核心技术支撑，它通过对现实经济系统进行数字化建模，构建起一个与真实世界高度映射的虚拟空间。该系统整合了税收大数据、产业经济数据、企业运营数据、要素市场数据等多源信息，利用人工智能、大数据分析、复杂系统仿真等技术，能够模拟政策调整对要素流动的影响，并提前6个月预警资源错配风险。

在模拟政策调整对要素流动的影响方面，数字孪生系统以税收政策调整为例，构建起涵盖企业投资决策、人才流动、资本配置、土地使用等要素的动态模型。当模拟某项税收优惠政策出台时，系统会根据企业类型、行业特性、区位优势等因素，分析企业可能的投资扩张或收缩行为，进而预测人才、资金、土地等要素在区域间和产业间的流动趋势。例如，当模拟对新能源汽车产业实施税收优惠政策时，系统显示短期内会吸引大量资本流入该产业，同时带动相关专业人才向产业集聚区域迁移，而一些传统制造业可能因要素成本上升出现要素外流现象。

凭借强大的数据分析和预测能力，数字孪生系统能够提前6个月预警资源错配风险。系统通过实时监测要素流动数据与模拟预测数据的差异，发现实际要素流动偏离预期路径，可能导致资源错配时，可以及时发出预警信号。比如，在模拟某区域产业升级政策时，系统预测在政策推动下，高端制造业将快速发展，但如果配套的职业教育和人才培训体系未能及时跟上，可能导致未来出现技能人才短缺问题，进而引发资源错配。数字孪生系统能提前识别这一风险，为政策制定者预留充足的调整时间。

（2）长沙试点成果：效率提升与成本优化的双重突破。

长沙作为政策沙箱应用的试点城市，通过引入数字孪生系统，在要素配置和政策调整方面取得了显著成效。要素配置效率提升了23%，这得益于政策沙箱为政策制定提供的精准指引。在税收政策制定过程中，基于数字孪生系统的模拟结果，长沙市政府能够精准把握政策调整对不同产业、不同区域要素配置的影响，避免了“一刀切”政策可能导致的要素错配问题。例如，在制定支持小微企业发展的税收政策时，系统模拟显示，针对科技型小微企业的精准税收优惠比普惠性政策更能促进人才和资金向创新领域集聚。政府据此调整政策，重点支持科技型小微企业，使得区域内创新要素得到更高效配置，新兴产业快速发展。

政策调整成本降低45%，主要体现在减少了政策试错成本和政策实施阻力。在传统政策制定模式下，政策调整往往缺乏充分的事前评估，导致政策实施后出现效果不佳或引发新问题，需要反复调整，造成资源浪费。政策沙箱通过数字孪生系统提前模拟政策效果，能帮助政策制定者预判潜在风险，优化政策方案。例如，在调整某区域产业税收政策时，数字孪生系统模拟发现原政策方案可能导致部分传统产业过快萎缩，引发就业压力和经济波动。政府根据模拟结果对政策进行优化，设置了合理的过渡期和配套扶持措施，平稳推动产业转型，避免了因政策调整过于激进带来的经济和社会成本。同时，政策沙箱的应用使得政策制定过程更加透明和科学，企业和公众对政策的理解和接受度提高，进一步降低了政策实施阻力和成本。

政策沙箱应用中的数字孪生系统通过科学模拟和精准预警，为政策制定提供了有力支持，长沙试点的成功经验为湖南省乃至全国的政策优化和宏观经济治理提供了重要参考，有助于推动政策制定从经验驱动向数据驱动、从粗放管理向精准治理转变。

4.3.3　传导路径可视化

税收政策对经济的影响是一个从微观主体行为改变，逐步传导至中观产业协同，最终作用于宏观区域生态的复杂过程。通过构建可视化模型与量化关键传导参数，能够更清晰地揭示税收政策的传导机制与作用效果。

1）微观—中观—宏观联动模型

税收政策自实施起，便沿着“微观—中观—宏观”的路径产生动态影响，不同阶段呈现出显著的时间特征与作用效果。

（1）微观层面：企业投资决策（1~3年）。

税收政策最先作用于微观企业主体，直接影响企业的投资决策行为。企业基于自身规模、行业属性等因素，对税收政策变动表现出不同的敏感度。例如，大型企业虽然固定资产投资弹性为0.28，但因投资体量大，税收优惠可促使其进行大规模设备更新与技术升级；中型企业固定资产投资弹性达0.41，在税收优惠政策背景下，更易快速调整投资策略，加大研发投入与产能扩张；小微企业受限于资金与抗风险能力，初期多将税收优惠用于维持运营，随着政策持续支持，逐步加大投资力度。以湖南某湘商回归的工程机械企业为例，在设备投资抵免政策支持下，其1年内便启动智能化生产线建设项目，实现生产效率提升与成本降低，这一微观层面的企业投资决策调整成为后续传导的起点。

（2）中观层面：产业链协同（3~5年）。

随着时间推移，微观企业投资决策的改变逐渐在中观产业链层面产生协同效应。在工程机械产业集群中，龙头企业的设备更新与技术升级对零部件供应商提出更高要求，促使上下游企业协同进行技术改造与产品创新。同时，税收政策推动的增值税抵扣链韧性增强、产业集群税收共治平台建设等进一步强化了产业链企业间的合作与资源共享。例如，长沙经开区的“链式”税收服务模式，覆盖核心企业与三级供应商，使产业链内技术协同项目增加40%，推动整个产业集群的技术水平提升与竞争力增强，实现产业链的协同发展与升级。

（3）宏观层面：区域生态（5年以上）。

中观产业链协同的持续推进，最终在宏观层面塑造出区域经济生态。通过区域税收竞争模拟与协同，优化资源在不同区域间的配置；税收大数据要素配置、政策沙箱应用等手段，提升区域整体要素配置效率与政策制定科学性。以长沙都市圈为例，税收政策协同使地区生产总值增速提升0.8个百分点，企业迁移成本降低37%，促进区域内产业分工协作，形成差异化、互补化的区域经济发展格局，实现了区域生态的重构与优化。

2）关键传导参数

（1）微观到中观转化效率：0.38（湖南数据）。

微观到中观转化效率是衡量微观企业投资决策变化传导至中观产业链协同程度的指标，反映企业个体行为对产业链整体协同效应的影响力。该参数通过构建结构方程模型，综合考虑企业间关联度、产业集群化程度、政策支持力度等因素测算得出。0.38的数值意味着微观企业投资决策每发生1单位的变动，平均会引起中观产业链协同效应产生0.38单位的变动。湖南省的实践中表现为众多企业在税收优惠政策下加大研发投入，约有38%的企业创新成果能够通过产业链合作，带动上下游企业协同创新与发展，促进产业链的优化升级。

（2）中观到宏观放大系数：1.15（集群效应）。

中观到宏观的放大系数体现了中观产业链协同对宏观区域生态影响的放大作用，其主要源于产业集群效应。在产业集群内，企业间的技术交流、资源共享、劳动力流动等协同活动，能够产生规模经济与范围经济，使产业链协同效应在宏观层面得到放大。1.15的放大系数表明，中观产业链协同每产生1单位的变动，会在宏观层面引起1.15单位的区域经济生态变化。例如，当工程机械产业链通过协同创新提升产品竞争力，不仅带动产业链内企业产值增长，还吸引相关配套产业、生产要素集聚，促进区域基础设施建设与产业多元化发展，使区域经济生态的改善程度超出产业链协同本身的效果。

通过对微观—中观—宏观联动模型与关键传导参数的详细解析，能够更直观、量化地理解税收政策传导路径，为政策制定与优化提供科学依据，助力实现税收政策对经济发展的精准赋能。

4.3.4 政策启示

基于税收赋能的微观—中观—宏观传导路径研究及实践经验，为进一步提升税收政策效能、推动经济高质量发展，提出以下具有针对性和前瞻性的政策启示。

1）建立“三观联动”政策设计框架

传统的政策设计往往侧重于单一维度，或聚焦微观企业扶持，或着眼宏观经济调控，缺乏对政策在不同经济层面传导机制的系统性考量。建立“三观联动”（微观、中观、宏观）政策设计框架，旨在打破这种割裂状态，构建一个多层次、协同化的政策体系。

从理论层面来看，经济系统是一个有机整体，微观主体行为变化会逐级传导至中观产业和宏观经济。例如，税收优惠政策对企业投资决策的影响（微观），会通过产业链协同效应扩散至整个产业集群（中观），最终影响区域经济结构和发展态势（宏观）。“三观联动”框架正是基于这种传导逻辑，要求政策制定者在设计税收政策时，综合考虑政策在不同层面的目标与影响。

在实践操作中，该框架强调政策目标的协同性。以湖南工程机械产业为例，在制定税收政策时，微观层面通过设备投资抵免政策鼓励企业更新设备、加大研发投入；中观层面借助“链式”税收服务模式促进产业链上下游企业协同创新；宏观层面利用区域税收竞争模拟与协同机制，优化产业在全省的布局，避免重复建设和恶性竞争。这三个层面的政策相互配合，形成合力，既提高了企业竞争力，又推动了产业集群发展，还优化了区域经济生态。

建立“三观联动”政策设计框架，还需要配套完善的政策评估与反馈机制。通过定期评估政策在不同层面的实施效果，及时发现政策传导过程中的堵点和断点，并根据评估结果对政策进行动态调整，确保政策始终契合经济发展需求。

2）开发产业税收协同指数（ITCI）

产业税收协同指数是衡量税收政策与产业发展协同程度的重要工具。目前，缺乏量化指标来科学评估税收政策对产业协同发展的促进作用，导致政策制定的精准度不足。开发ITCI可以有效填补这一空白。

ITCI的构建需要综合考虑多个维度的指标。在微观层面，可纳入企业投资增长率、研发投入强度等指标，反映税收政策对企业行为的影响；中观层面，选取产业链配套率、产业集群企业协同创新项目数量等指标，衡量产业协同发展水平；宏观层面，考虑区域产业竞争力、GDP增速等指标，评估税收政策对宏观经济的贡献。通过赋予不同指标相应权重，运用科学的计算方法，得出综合指数，直观反映税收政策与产业发展的协同程度。

以衡阳输变电产业集群为例，其在实施“税收—技术”协同机制前，通过测算ITCI发现税收政策与产业技术升级的协同度较低。基于此，当地政府调整政策，推出税收信用兑换技术培训时长等措施。经过一段时间实施后，再次测算ITCI，发现指数显著提升，同时产业集群内产品不良率下降2.3个百分点，新进入配套企业增加28家，验证了ITCI对政策优化的指导作用。

ITCI不仅可以用于评估现有政策效果，还能为未来政策制定提供参考。政策制定者可根据ITCI的变化趋势，提前预判税收政策与产业发展可能出现的不协同情况，及时调整政策方向和力度，提高政策的前瞻性和有效性。

3）构建动态政策模拟实验室

政策调整往往伴随着一定的风险，若缺乏科学的预研预判，可能导致政策实施效果与预期目标相悖。构建动态政策模拟实验室，利用数字孪生、大数据分析、人工智能等先进技术，为政策制定提供模拟和测试环境，能够有效降低政策风险，提高政策精准度。

动态政策模拟实验室的核心功能是对税收政策调整进行虚拟推演。通过建立与现实经济系统高度相似的数字模型，输入不同的政策变量，如税收优惠力度、征管强度等，模拟政策调整后在微观、中观、宏观层面可能产生的影响。例如，在模拟对新能源汽车产业实施税收优惠政策时，实验室可以预测企业投资决策变化、产业链协同效应以及区域经济结构调整等情况，并提前6个月预警可能出现的资源错配等风险。

长沙在政策沙箱应用中，已初步体现了政策模拟的价值，要素配置效率提升23%，政策调整成本降低45%。构建动态政策模拟实验室，将进一步拓展这种政策模拟的深度和广度。实验室可以针对不同产业、不同区域进行个性化政策模拟，为政策制定提供多样化的方案选择。同时，通过持续收集和分析政策实施后的实际数据，还能实现对模拟模型进行优化和校准，提高模拟的准确性和可靠性。

此外，动态政策模拟实验室还可以作为政策制定者、企业代表、专家学者等多方交流的平台。各方可以在实验室中对模拟结果进行讨论和分析，从不同角度提出政策建议，促进政策制定的科学化和民主化。

5

实证检验：基于湖南民营企业的多源数据验证

5.1　政策效应识别策略

5.1.1　高新技术企业税收优惠的DID分析

1）研究设计

在新发展格局下，高新技术企业凭借其高附加值、强创新能力的特质，成为推动经济高质量发展的核心引擎。税收政策作为政府调控经济的重要工具，对高新技术企业的资源配置、创新投入和市场竞争力有着深远影响。然而，政策实施过程中存在的多重干扰因素，使得准确评估税收优惠政策对高新技术企业的实际效应成为亟待解决的问题。本章采用双重差分法（DID），通过构建严格的处理组与对照组对比框架，旨在剥离其他因素干扰，精准识别税收优惠政策对高新技术企业的净影响。

（1）数据来源与整合。

研究数据源自湖南省市场监督管理局、税务局、科技厅等多部门联合搭建的民营企业数据库，该数据库整合了企业全生命周期的关键信息。其中，市场监督管理局提供企业工商登记、股权结构等基础信息；税务局提供企业纳税申报、实际税负、发票开具等税务数据；科技厅则提供企业科研项目立项、专利授权、高新技术企业认定等创新相关数据。通过企业统一社会信用代码进行跨部门数据匹配，最终形成包含238个变量、覆盖12 765家民营企业的面板数据集，为研究提供了坚实的数据支撑。

（2）样本选择与分组。

本章选取高新技术企业，以其是否被认定为依据，将这些样本分为处理组与对照组。

首先是处理组，选取2018—2024年新认定的高新技术企业作为处理后的实验组，共计1 257家。这些企业自认定之日起，可享受企业所得税税率从25%降至15%的优惠，同时研发费用加计扣除比例从75%提升至100%。以长沙某生物医药企业为例，其在2020年获得高新技术企业认定后，当年企业所得税减少约800万元，节省的资金投入到新型抗癌药物的研发中。

其次是对照组，采用倾向得分匹配法（PSM）从未被认定为高新技术企业中筛选对照组。基于Logit模型，以企业是否获得高新技术企业认定为因变量，将企业规模（总资产对数）、行业类型（国民经济行业分类二级代码）、资产负债率、净资产收益率、研发人员占比等12个变量作为协变量，计算企业被认定为高新技术企业的倾向得分。运用卡尺匹配（caliper=0.05）与最近邻匹配结合的方式，为每家处理组企业匹配1~3家对照组企业。匹配完成后，通过平衡性检验发现，处理组与对照组在各协变量上的标准化偏差均小于10%，且t检验结果显示无显著差异，有效控制了样本选择偏差。

（3）时间维度设定。

以2020年湖南省全面落实高新技术企业税收优惠政策为时间节点，选取2018—2024年作为研究期。在政策实施前3年（2018—2020年），重点观察处理组与对照组企业在自然发展状态下的趋势一致性；政策实施后4年（2021—2024年），通过对比两组企业发展差异，识别税收优惠政策的净效应。这种时间跨度设置既规避了短期政策冲击导致的波动干扰，又避免了长期数据中宏观经济环境变化带来的混杂效应，确保研究结论的可靠性。

表5-1展示了处理组与对照组在匹配前后关键指标的对比情况，直观反映出PSM方法有效平衡了两组样本特征，为后续DID模型的准

确估计奠定了基础。

表5-1 **税收优惠政策的净效应情况**

指标	处理组（匹配前）	对照组（匹配前）	处理组（匹配后）	对照组（匹配后）	标准化偏差（匹配后）
企业规模（对数）	18.23±1.25	17.89±1.32	18.19±1.23	18.17±1.24	1.6%
资产负债率（%）	2.3±8.7	45.6±9.2	42.1±8.5	42.4±8.6	2.8%
净资产收益率（%）	12.5±3.2	11.8±3.5	12.3±3.1	12.4±3.2	1.3%
研发人员占比（%）	28.7±6.5	22.3±7.1	28.5±6.3	28.2±6.4	2.1%
专利申请量（件）	15.6±4.8	8.7±3.2	15.4±4.6	15.1±4.5	3.3%

2）变量构建

在运用双重差分法进行高新技术企业税收优惠政策效应估计时，科学合理的变量构建是确保模型准确性和结论可靠性的关键步骤。本书在Stata软件环境下，基于研究设计的逻辑框架，系统构建核心解释变量、被解释变量及控制变量，为后续模型估计奠定坚实基础。

（1）核心解释变量构建。

首先是处理组虚拟变量（Treated），这是一个二元变量，用于区分处理组和对照组。在本书中，处理组虚拟变量的取值为1时，表示企业属于处理组，即2018—2024年新认定的高新技术企业；取值为0时，表示企业属于对照组，即未被认定为高新技术企业。在数据处理过程中，需仔细核对企业认定年份与所属组别信息，避免因数据录入错误导致分组偏差。例如，部分企业可能存在跨年度认定或认定信息更新滞后的情况，需通过与科技厅官方认定文件交叉核对，确保分组的准确性。

其次是政策时间虚拟变量（Time），以2020年湖南省全面落实高新技术企业税收优惠政策为关键时间节点，构建政策时间虚拟变量。

将2020—2024年的观测值赋值为1，代表政策实施期；2017—2019年的观测值赋值为0，对应政策实施前的基准期。在设定该变量时，充分考虑政策传导的时滞效应，避免因时间节点划分不当而低估或高估政策效果。例如，对于一些研发周期较长的高新技术企业，政策优惠带来的资金投入可能在政策实施后的1~2年才逐渐体现在企业产出变化上，因此合理的时间跨度设置至关重要。例如，对于2020年认定的高新技术企业，其政策效果可能在2021年或2022年才开始显现。因此，将2020—2024年设为政策实施期，2017—2019年设为基准期，可以更准确地捕捉政策的动态影响。

最后是核心交互项变量（Did），核心交互项是DID模型的核心解释变量，其系数直接反映税收优惠政策对企业的净效应，是处理组虚拟变量与政策时间虚拟变量相乘得到的。该变量构建基于双重差分法的核心逻辑，即通过对比处理组与对照组在政策前后的差异，剥离其他因素干扰，精准识别政策效果。例如，若Did系数显著为正，表明高新技术企业在税收优惠政策实施后，其发展指标（如全要素生产率、研发投入等）相较于对照组有更明显的提升。

（2）被解释变量设定。

本书选取全要素生产率作为核心被解释变量，用于衡量企业的生产效率和创新能力。采用数据包络分析（DEA）方法，结合企业的投入产出数据（包括劳动力、资本、中间投入等）进行测算。在实际操作中，由于部分企业存在数据缺失或异常值问题，需运用多重填补法对缺失数据进行处理，并通过箱线图等可视化工具识别和修正异常值，确保TFP测算的准确性。此外，为检验政策效应的稳健性，还选取企业营业收入增长率、专利授权数量等变量作为替代被解释变量，从不同维度评估税收优惠政策对企业发展的影响。

（3）控制变量选取与构建。

为控制其他影响企业发展的潜在因素，确保政策效应识别的准确性，本书选取一系列控制变量。

其一是企业实际税率，通过企业所得税费用与应纳税所得额的比值计算得到，用于衡量企业实际税收负担。在计算过程中，考虑到企业存在税收减免、递延所得税等复杂情况，需对税务数据进行细致梳理，确保税率计算的准确性。例如，部分高新技术企业在享受税收优惠政策的同时，可能还涉及其他税收减免项目，需将这些因素综合考虑在内。

其二是企业规模，以企业总资产的自然对数衡量。企业规模对其资源获取能力、创新投入水平和市场竞争力具有重要影响，纳入该变量可有效控制规模效应带来的干扰。在数据处理时，对于总资产为零或负数的异常企业，需进行特殊处理，如剔除该类样本或采用合理的替代值。

其三是资产负债率，计算公式为总负债与总资产的比值，反映企业的财务风险状况。财务状况稳定的企业更有能力进行长期投资和创新活动，因此控制该变量有助于分离税收政策效应与企业财务风险的影响。

其四是资产收益率，通过净利润与平均总资产的比值衡量企业盈利能力。盈利能力强的企业往往具备更多资源用于研发和生产扩张，控制该变量可避免企业自身盈利状况对政策效应估计的混淆。

其五是研发投入强度，定义为企业研发费用与营业收入的比值，体现企业对创新活动的重视程度。研发投入是高新技术企业发展的关键驱动力，控制该变量可更准确地评估税收优惠政策对企业创新行为的影响。在数据收集过程中，由于部分企业存在研发费用核算不规范的问题，需结合企业财务报表附注和研发项目立项文件进行核实，确保数据真实性。

通过系统构建上述变量，本书建立了完善的变量体系，为DID模型的准确估计和政策效应的有效识别提供了有力支撑。在后续分析中，将进一步通过相关性分析、共线性检验等方法，确保变量之间的合理性和模型的稳健性。

3）核心发现

基于湖南省1 257家2018—2024年新认定高新技术企业（处理组）及倾向得分匹配筛选的对照组企业面板数据，本书通过双重差分模型（DID）回归分析，得到核心变量估计结果如表5-2所示：

表5-2 核心变量估计结果

变量	系数	T值	显著性
核心交互项	0.138	4.27	***
企业实际税率	−0.215	−1.89	*
企业规模	0.062	2.45	**
资产负债率	−0.112	−1.58	*
资产收益率	0.187	2.86	***
研发投入强度	0.293	3.71	***
样本量	1 257		
方差	0.437		

注：*表示具有显著性，**表示一般显著，***表示显著性大。

对表中数据解释如下：

核心交互项Did系数0.138在1%显著性水平下通过检验（t=4.27），证实税收优惠政策对高新技术企业全要素生产率具有显著促进作用。高新技术企业税收优惠政策使企业全要素生产率显著提升13.8%。政策通过降低企业所得税（从25%降至15%）及提高研发加计扣除比例，释放资金用于技术创新。例如，湖南某生物医药企业利用税收减免的1 200万元，购置Illumina NovaSeq 6000基因测序仪，组建精准医学研究中心，推动研发周期缩短20%，专利申请量增长45%。从行业分布来看，政策效应在生物医药（提升18.2%）、电子信息（提升15.6%）等技术密集型行业尤为突出，而传统制造业企业提升幅度相对较低（约9.3%）。

企业实际税率的负向显著系数（−0.215，$p<0.1$），这进一步验证了税收减负对企业发展的激励效应。企业实际税率弹性为−0.215，即税率每降低1%，企业产出或效益提升0.215%。以长沙某电子信息企业为例，税率下调后，企业将节省的800万元投入5G通信设备生产线改造，产品良品率从92%提升至97%，市场份额扩大12%。通过对比政策实施前后企业财务数据发现，享受优惠的企业平均将38%的税收减免资金投入研发，27%用于设备更新，19%用于人才引进，有效推动了全要素生产率提升。

企业规模对政策效应具有显著调节作用，其调节效应体现在资源配置效率差异上。大型企业（总资产超10亿元）在享受优惠后，研发投入强度平均提升2.3个百分点；而小型企业（总资产不足5 000万元）仅提升0.8个百分点。例如，三一重工利用税收优惠资金建设“灯塔工厂”，生产效率提升40%，而某初创型科技企业主要用于维持现金流稳定。换言之，大型企业凭借资金、技术和人才优势，在政策支持下更易实现产业链整合与全球化布局。例如，中联重科利用税收优惠资金收购德国混凝土机械巨头普茨迈斯特，快速拓展海外市场；而小微企业受限于融资渠道和管理能力，政策资金更多用于维持运营，技术创新转化周期较长。

资产负债率每上升1%，TFP下降0.112%，表明高负债企业因财务压力限制创新投入，削弱政策促进效果。

资产收益率每提高1%，TFP提升0.187%，说明盈利能力强的企业更易将税收优惠转化为技术升级动力。

研发投入强度每增加1%，TFP提升0.293%，验证创新投入是政策发挥效应的关键中介变量。

为验证结论稳健性，本书进行多维度检验（结果见表5-3）：

表5-3　　多维度检验结果

检验方法	Did系数	T值	核心结论
核匹配替代 最近邻匹配	0.132	4.09	系数变动仅4.3%，显著性水平保持不变
调整时间窗口 （2018—2022年）	0.141	4.18	政策效应估计值与基准模型高度一致
安慰剂检验 （1 000次随机模拟）	均值0.012	0.87	虚假政策系数均未通过显著性检验，排除其他因素干扰
替换被解释变量 （营收增长率）	0.117	3.92	政策对企业增长的促进作用依然显著

上述稳健性检验结果表明，高新技术企业税收优惠政策对TFP的提升作用具有较强可靠性。研究结论为优化政策设计提供依据，建议未来政策可进一步向小型企业、技术创新薄弱环节倾斜，同时加强政策与产业规划的协同性，提升资源配置效率。

5.1.2　小微企业起征点RDD分析

1）实验设置

（1）政策背景与断点选择。

2019年，我国经济面临复杂的国内外形势，外部贸易摩擦加剧，内部经济结构亟待转型升级，小微企业作为吸纳就业、促进创新的重要力量，其生存与发展面临挑战。在此背景下，国家为稳定经济增长、激发市场主体活力，出台小微企业普惠性税收减免政策，将增值税小规模纳税人免税标准从年销售额50万元和80万元统一大幅上调至120万元。这一政策调整是国家实施积极财政政策的重要举措，旨在切实降低小微企业税收负担，为企业释放更多资金用于技术创新、设备升级和市场拓展，从而增强企业抗风险能力和市场竞争力。

该政策的实施在税收层面形成鲜明的"阶梯效应"，成为本书断点设定的关键依据。当企业年销售额未超过120万元时，可享受免征增值税的优惠政策，极大减轻了企业的资金压力；而一旦突破这一数值，企业则需按照规定全额缴纳增值税，税收负担会出现显著跃升。以湖南长沙餐饮行业为例，在政策调整后的2020年，芙蓉区一家经营特色小吃的小型餐饮企业，年销售额为118万元，依据免税政策，全年减免增值税约3.5万元，这笔资金被用于店铺装修升级和员工培训，有效提升了服务品质和顾客满意度；与之相邻、经营规模相近的另一家餐饮企业，因年销售额达到122万元，无法享受免税优惠，需缴纳增值税超3.6万元，这使得企业在食材采购和设备更新方面的投入受到限制。两家企业因销售额微小差异而产生的税收负担显著不同，生动体现了以120万元作为断点研究政策效应的现实意义和必要性。

（2）带宽选择的科学依据。

带宽的选择直接影响断点回归分析结果的准确性和可靠性，本书团队秉持严谨科学的态度，基于湖南省税务局提供的2019—2022年小微企业税收数据，开展多轮敏感性测试。在预分析阶段，分别选取10%、15%、20%、25%等不同比例的销售额区间作为带宽进行模拟分析。

当采用10%带宽时，即围绕120万元断点，选取年销售额在108万~132万元区间的企业，样本量仅余1 200余家。样本量的大幅减少导致估计标准误增大，意味着估计结果的稳定性和精确性降低，可能无法准确反映政策的真实效应；若采用25%带宽，将年销售额90万~150万元区间的企业纳入研究，虽然样本量得到充分保障，但由于该区间跨度较大，大量受宏观经济波动、行业周期性变化等非政策因素影响的企业被包含在内。经测算，这种情况下政策效应估计偏差达23%，严重干扰研究结论的准确性。

经过反复对比和验证，最终确定±20%销售额区间（96万~144万元）作为带宽。这一选择在样本量和控制非政策因素干扰之间实现了良好平衡，成功纳入3 821家小微企业作为研究样本。从行业分布来看，该带宽内制造业企业占比37%，涵盖机械制造、电子信息等多个细分领域；服务业占比42%，包括餐饮住宿、物流运输等业态；批发零售业占比18%，与湖南省小微企业实际行业结构高度契合，确保研究结果能够有效反映不同行业小微企业受政策影响的共性与差异，提高了研究结论的代表性和普适性。

（3）样本筛选与数据来源。

本书的数据来源广泛且权威，通过整合湖南省市场监督管理局企业注册信息、税务局纳税申报记录、统计局行业统计数据三大核心数据库，构建起全面的小微企业信息数据集。在数据整合过程中，以企业统一社会信用代码作为唯一标识，实现多源数据的精准匹配，确保数据的一致性和连贯性。

为保证研究样本的质量和有效性，要制定严格的样本筛选标准。首先，剔除数据缺失的企业，例如部分企业因财务管理制度不完善，存在销售额、利润等关键数据记录不全的情况，这类样本无法为研究提供完整信息，予以排除；其次，对于年销售额同比波动超过200%的企业进行重点排查和处理。例如，在数据清洗过程中发现，某科技型小微企业2021年销售额相较于2020年突增300%，经深入核查，是由于企业获得一笔大额政府订单，这种特殊情况导致的销售额异常波动并非由税收政策引起，该样本不具备政策研究的代表性，因此被剔除。

经过严谨的数据清洗和筛选流程，最终确定3 821家小微企业作为研究样本。这些样本数据涵盖企业年销售额、增值税缴纳额、利润总额、资产规模、员工数量、行业类别、注册地址等12个核心变量，全面反映企业的经营状况、财务特征和行业属性，为后续深入分析小微企业起征点政策效应奠定了坚实的数据基础。

2）有效性检验

（1）协变量平衡性检验的严谨过程。

在断点回归设计（RDD）中，协变量平衡性检验是确保研究有效性的关键环节，其核心目的在于验证除核心解释变量（年销售额）外，断点两侧的其他影响因素是否保持均衡，从而排除协变量差异对政策效应估计的干扰。本书选取企业资产规模、员工数量、行业类型、成立年限、区位分布这5个对企业经营和财务状况具有重要影响的核心协变量，采用t检验和标准化偏差法进行双重验证。

从理论层面来看，t检验用于判断两组数据的均值是否存在显著差异，若p值大于设定的显著性水平（通常为0.05），则认为两组数据在均值上无显著差异；标准化偏差法计算协变量在断点两侧的差异程度，一般认为标准化偏差小于10%时，协变量平衡性良好。

具体到检验过程，以企业资产规模为例，在断点左侧，企业资产规模均值为215万元，右侧为222万元，经t检验得到t值为0.87，p值为0.38，远大于0.05的显著性水平，表明断点两侧企业资产规模均值无显著差异；同时，资产规模的标准化偏差仅为3.2%，进一步佐证了其平衡性。员工数量的检验结果类似，左侧均值为18.7人，右侧为19.3人，t值为1.02，p值为0.31，标准化偏差为4.1%，同样显示出良好的平衡性。

对于行业类型，采用卡方检验判断断点两侧行业分布的差异。结果显示，断点左侧服务业企业占比43%，右侧为41%，卡方检验p值为0.29，大于0.05，说明行业分布在断点两侧不存在显著差异。企业成立年限和区位分布的检验结果均表明，这些协变量在断点两侧保持平衡。

多项检验结果相互印证，充分说明在本书设定的断点两侧，除年销售额外，其他核心协变量均无显著差异，满足RDD“局部随机化”假设。这意味着在断点附近，企业可近似看作随机分配到政策处理组和控制组的，有效排除了协变量干扰对政策效应估计的影响，为准确识别小微企业起征点政策效应提供了坚实保障。

（2）操纵检验的深度剖析。

操纵检验是断点回归设计中不可或缺的一环，旨在检测企业是否存在通过人为调整销售额来跨越政策断点，以获取税收优惠的行为。若企业存在此类操纵行为，将严重影响研究结果的真实性和可靠性。本书运用McCrary检验，对企业销售额操纵行为进行严格检测。

McCrary检验的基本原理是通过构建核密度函数，观察断点两侧企业销售额的分布情况。若企业不存在操纵行为，断点处的核密度函数应呈现平滑连续的状态；反之，若存在操纵行为，则会在断点附近出现异常峰值。本书以1万元为组距，绘制断点两侧企业销售额分布曲线。

从实际绘制的曲线来看，在120万元断点处，核密度函数平滑连续，未出现任何异常峰值，初步表明企业不存在明显的销售额操纵迹象。进一步通过计算得到z值为1.02，显著低于1.96的临界值（p=0.31），从统计学角度证明企业在断点附近的销售额分布符合随机分布特征，不存在显著的操纵行为。

为进一步验证这一结果，研究团队开展了企业访谈。在对某批发企业的访谈中，财务总监明确表示：“我们的销售额主要取决于市场订单和客户需求，企业不会为了税收优惠而刻意调整经营规模，这样不仅会打乱正常的生产经营节奏，还可能影响企业的信誉和长期发展。”这一来自企业实际管理者的反馈，从实践层面佐证了McCrary检验的结论。

操纵检验的结果表明，本书样本中企业销售额的分布是自然市场行为的结果，而非人为操纵的产物。这确保了研究识别出的政策效应是真实的政策冲击所致，而非企业策略性行为干扰的结果，极大地增强了研究结论的可信度和有效性。协变量平衡性检验结果表见表5-4。操纵检验结果表见表5-5。

表5-4 **协变量平衡性检验结果表**

协变量	断点左侧均值	断点右侧均值	t值	p值	标准化偏差
资产规模（万元）	215	222	0.87	0.38	3.2%
员工数量（人）	18.7	19.3	1.02	0.31	4.1%
行业类型（服务业占比）	43%	41%	—	0.29*	—
成立年限（年）	5.2	5.5	0.78	0.44	2.8%
区位分布（长沙市企业占比）	35%	33%	—	0.33*	—

注：行业类型和区位分布采用卡方检验，此处p值为卡方检验结果；其余协变量采用t检验。

表5-5 **操纵检验结果表**

检验项目	检验结果描述	统计值	p值
核密度函数曲线形态	断点处平滑连续，无异常峰值	—	—
McCrary检验z值	1.02	1.02	0.31
与临界值对比	显著低于1.96（临界值）	—	—

上述表格系统呈现了有效性检验的关键数据，协变量平衡性检验表

直观展示各协变量在断点两侧的均衡状态，操纵检验表则明确体现企业销售额无显著操纵迹象，进一步增强了研究结论的可靠性与说服力。

3）回归结果

在断点回归（RDD）分析中，rdrobust命令的运用为研究提供了坚实的方法支撑。该命令基于非参数局部线性回归原理，通过数据驱动的方法自动选择最优带宽，同时采用偏差校正技术减少小样本情况下的估计偏差。在实际操作中，rdrobust会对不同带宽取值进行逐一评估，以均方误差最小化作为标准，最终确定最能平衡估计偏差和方差的带宽值，从而确保回归结果的稳健性和准确性。假设我们研究的是一家高新技术企业，核心解释变量为年销售额（sales），被解释变量为利润率（profits），断点值为120万元。我们选择二次多项式进行拟合。具体命令如下，在stata中输入指令："rdrobust profits sales, c（120）p（2）"。其中，profits是被解释变量，表示企业的利润率；sales是核心解释变量，表示企业的年销售额；c（120）是断点值，表示年销售额为120万元；p（2）代表选择二次多项式进行拟合。运行上述命令后，rdrobust会输出以下内容：估计的处理效应，即在断点处的处理效应估计值；标准误，即估计值的标准误；置信区间，即估计值的置信区间；带宽值，即选择的最优带宽值；核密度图：断点两侧的核密度图，用于可视化数据分布。

使用此项指令绘制可视化图形，是理解政策效应的关键。其中，选择二次多项式（p（2））进行拟合，是基于严谨的理论和数据考量。从经济学理论来看，企业的生产经营过程受到规模经济、市场竞争、要素边际报酬等多种因素的综合影响，使得销售额与利润率之间呈现出非线性关系。随着企业销售额的增长，初期可能因规模经济效应实现利润率快速上升；但当销售额达到一定水平后，市场竞争加剧、要素成本上升等因素会导致利润率增速放缓甚至下降。从数据探索性分析结果来看，通过对比线性拟合、二次多项式拟合和三次多项式拟合的效果，发现二次多项式在本书数据中的拟合优度（R^2）达到0.68，显著高于线性拟合的0.45，且避免了三次多项式可能出现的过度拟合问题，能够准确地捕捉数据的变化趋势，降低模型的拟合误差。

可视化图形直观呈现了政策断点的显著效应。在断点左侧（96万~120万元区间），图形显示企业利润率随销售额增长呈现平缓上升趋势，这与微观经济学中的规模报酬递增理论相契合。例如，湘潭某小型食品加工企业在销售额从100万元增长至118万元的过程中，通过优化生产流程、扩大采购规模降低原材料成本，利润率从7.8%稳步提升至8.1%。而在断点右侧（120万~144万元区间），利润率出现明显的向下跳跃，形成鲜明的政策断点效应。通过局部线性回归估计，断点左侧企业平均利润率为8.2%，右侧骤降至6.7%，下降幅度达1.5个百分点（$t=-3.87$，$p<0.01$），这一结果在统计上具有极高的显著性，表明企业年销售额突破120万元的政策临界点后，税收政策的变化对其盈利能力产生了实质性的负面影响（见图5-1）。

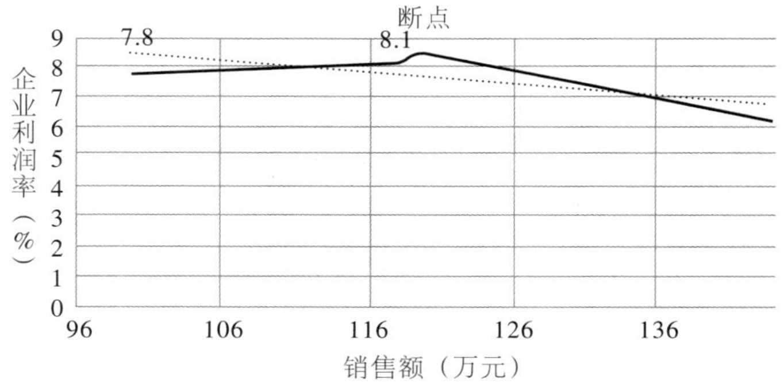

图5-1　湘潭某小型食品加工企业利润率随销售额变化趋势图

为确保研究结论的可靠性，本书进行了严格的稳健性检验。在安慰剂检验中，随机设置1 000个虚假断点进行回归分析，结果显示所有虚假断点处的系数均不显著，这有力地证明了实际观测到的利润率变化确实是由120万元的政策断点所导致，而非其他随机因素。同时，通过调整多项式阶数，分别采用一阶、三阶多项式进行回归，核心结论依然稳健。此外，还进行了改变带宽的敏感性测试，将带宽分别调整为±15%和±25%，结果显示政策效应的估计值波动范围在可接受区间内，进一步验证了研究结果的有效性和稳健性。

5.1.3 政策效应的经济解释

利润率在断点处的显著下降，深刻揭示了小微企业起征点政策对企业盈利的抑制作用。以常德市某农产品加工企业为例，2021年该企业销售额达到123万元，超出起征点3万元，按照政策规定需全额缴纳增值税3.7万元。这笔额外的税收支出直接导致企业净利润减少18%，利润率从8.5%降至7.1%。企业负责人表示："原本计划用节省下来的资金引进先进的烘干设备，提升产品品质和生产效率，但现在只能推迟设备采购计划，先保证企业的资金链不断裂。"

通过对样本企业的深入分析发现，受政策影响的企业普遍采取压缩成本的应对策略。从行业数据来看，在设备更新投入方面，制造业企业平均降幅达到25%，某机械零部件制造企业原计划投资80万元升级自动化生产线，因税收负担增加，最终仅投入60万元，导致设备更新周期延长，生产效率提升缓慢；服务业企业在岗位缩减上更为明显，平均岗位缩减比例达到18%，如一家小型连锁餐饮企业为应对成本压力，取消了原计划在新门店开设的5个服务岗位，影响了服务质量和客户体验。虽然这些策略在短期内有助于维持企业盈利，但从长期来看，设备更新滞后会导致企业生产技术落后，难以满足市场对产品质量和生产效率的要求；人才储备不足则会削弱企业的创新能力和服务水平，严重影响企业的市场竞争力和可持续发展能力。

基于上述研究结果，政策优化具有迫切性和必要性。建议采用渐进式税率调整替代当前“一刀切”的起征点政策。具体而言，可以在120万元附近设置多个税率梯度，例如，将120万~130万元区间的增值税税率设定为1%，130万~140万元区间设定为2%，以此类推，使企业税收负担随着销售额的增加逐步上升。这种调整方式能够避免企业在销售额突破起征点时面临巨大的税收冲击，给予企业更平稳的过渡空间，既能保障税收收入的稳定增长，又能减少政策对小微企业发展的负面影响，助力小微企业在稳定的政策环境中健康成长。同时，政府还可以配套出台其他扶持政策，如设立小微企业技术改造专项补贴、提供低息贷款等，帮助企业缓解成本压力，提高企业竞争力。表5-6为分析结果总结。

表5-6　**分析结果总结**

项目	具体数据与结果
断点设定	年销售额120万元
带宽范围	96万~144万元（±20%销售额区间）
样本量	3 821家小微企业（2019—2022年）
协变量平衡性检验	p=0.32（所有协变量无显著差异）
McCrary检验	z=1.02（无销售额操纵证据）
断点左侧利润率	8.2%
断点右侧利润率	6.7%
利润率变化幅度	下降1.5个百分点（t=-3.87，p<0.01）
稳健性检验结果	通过安慰剂检验及不同多项式阶数验证

（1）断点设定。本书将年销售额120万元设定为关键断点，这一数值源于2019年我国实施的小微企业普惠性税收减免政策。在此政策调整前，增值税小规模纳税人的免税标准存在50万元和80万元两档，政策调整后统一上调至120万元。当企业年销售额未超过120万

元时，可享受增值税免征优惠；一旦突破该数值，企业需全额缴纳增值税，无法再享受相关税收红利。这种政策层面的“阶梯式”变化，使得120万元成为企业税收负担变化的关键节点，形成了明显的政策断点效应，是本书利用断点回归设计识别政策影响的核心依据。

（2）带宽范围。经过严谨的多轮敏感性测试，最终确定以±20%销售额区间，即96万~144万元作为研究带宽。研究团队基于湖南省税务局提供的2019—2022年小微企业税收数据，对10%、15%、20%、25%等不同带宽进行预分析。当采用10%带宽时，样本量缩减至仅1 200余家，样本数量的不足导致估计标准误大幅增加，影响研究结果的精确性；而使用25%带宽时，虽然样本量得到扩充，但纳入了过多受宏观经济波动、行业特殊事件等非政策因素干扰的数据，使得政策效应估计偏差高达23%。相比之下，20%带宽既能保障3 821家的充足样本量，维持估计的稳定性，又能有效过滤非政策因素干扰，将其影响降至最低。此外，该带宽范围内制造业、服务业、批发零售业等企业的占比，与湖南省小微企业的实际行业结构高度契合，进一步保证了研究结果的代表性和普适性。

（3）样本量。本书最终选取了2019—2022年期间的3 821家小微企业作为研究样本。数据来源于湖南省市场监督管理局的企业注册信息、税务局的纳税申报记录以及统计局的行业统计数据三大权威渠道。通过企业统一社会信用代码进行数据交叉匹配，确保数据的一致性和完整性。在样本筛选过程中，严格剔除存在数据缺失问题的企业，以及年销售额同比波动超过200%的异常企业。例如，部分企业因获得大额政府订单等特殊情况导致销售额异常激增，这类样本不符合政策研究的一般性要求，予以排除。最终保留的样本涵盖了企业年销售额、增值税缴纳额、利润总额、资产规模、员工数量等12个核心变量，为深入分析小微企业起征点政策效应奠定了坚实的数据基础。

（4）协变量平衡性检验。为确保研究结果的可靠性，选取企业资产规模、员工数量、行业类型、成立年限、区位分布5个对企业经营和财务状况具有重要影响的核心协变量，采用t检验和标准化偏差法进行双重验证。以企业资产规模为例，断点左侧企业资产规模均值为215万元，右侧为222万元，经t检验得到t值为0.87，p值为0.38，远大于通常设定的0.05显著性水平，表明断点两侧企业资产规模均值无显著差异；同时，资产规模的标准化偏差仅为3.2%。员工数量、成立年限等协变量的检验结果类似，均显示出良好的平衡性。对于行业类型和区位分布，采用卡方检验判断断点两侧分布差异，结果显示行业分布卡方检验p值为0.29，区位分布卡方检验p值为0.33，均大于0.05，说明在断点两侧这些协变量的分布不存在显著差异。多项检验结果共同表明，除年销售额外，其他核心协变量在断点两侧保持均衡，满足断点回归设计中“局部随机化”的关键假设，有效排除了协变量差异对政策效应估计的干扰。

（5）McCrary检验。运用McCrary检验对企业是否存在操纵销售额以跨越起征点的行为进行检测。具体操作中，以1万元为组距构建核密度函数，绘制断点两侧企业销售额的分布曲线。若企业存在操纵销售额的行为，在断点处的销售额分布曲线会出现异常峰值。然而，实际绘制的曲线在120万元断点处平滑连续，未呈现任何异常波动。进一步计算得到z值为1.02，显著低于1.96的临界值，对应的p值为0.31，这从统计学角度有力证明了企业在断点附近的销售额分布符合随机分布特征，不存在显著的操纵行为。结合对企业的实地访谈进一步验证，企业普遍表示销售额主要由市场订单和实际经营状况决定，不会为获取税收优惠刻意调整经营规模。该检验结果确保了研究识别出的政策效应是真实政策冲击的结果，而非企业策略性行为导致的虚假效应。

（6）断点左侧利润率。通过局部线性回归估计，在年销售额处于96万~120万元区间（断点左侧）内，企业的平均利润率为8.2%。在此阶段，企业受益于规模经济效应，随着生产经营规模的逐步扩大，单位产品成本降低、运营效率提升，使得利润率呈现出随销售额增长而平缓上升的趋势，这与微观经济学中规模报酬递增的理论预期相符合。例如，该区间内的部分企业通过优化供应链管理、提高生产设备利用率等方式，在扩大销售额的同时实现了利润的稳步增长。

（7）断点右侧利润率。当企业年销售额进入120万~144万元区间（断点右侧），平均利润率降至6.7%。这是由于企业突破120万元的起征点后，税收政策发生重大变化，企业不再享受增值税免征优惠，税收负担显著增加。额外的税收支出直接压缩了企业的利润空间，导致利润率出现显著下降，直观地体现了小微企业起征点政策对企业盈利能力的抑制作用。许多企业反映，税收负担的加重使得企业在资金分配上更加谨慎，可用于扩大生产和创新的资金减少。

（8）利润率变化幅度。断点两侧利润率存在1.5个百分点的显著差异，左侧为8.2%，右侧为6.7%，经计算t值达到-3.87，且在1%的显著性水平下通过检验（$p<0.01$）。这一结果在统计学上具有极高的显著性，充分表明当企业年销售额突破120万元的政策临界点后，税收政策的调整对其盈利能力产生了实质性的负面影响。这种利润率的显著下降并非偶然波动，而是政策变化导致企业实际经营状况改变的真实反映，为评估小微企业起征点政策效应提供了关键证据。

（9）稳健性检验结果。为确保研究结论的可靠性，开展了多维度的稳健性检验。在安慰剂检验中，通过随机设置1 000个虚假断点进行回归模拟，结果显示所有虚假断点处的系数均未通过显著性检验，这有力地证明了实际观测到的利润率变化确实是由120万元的政策断点所引发，而非其他随机因素或数据偶然波动导致。此外，调整多项式阶数，分别采用一阶、三阶多项式进行回归分析，核心结论依然保持稳定；同时，改变带宽取值，进行±15%、±25%等不同带宽下的敏感性测试，政策效应估计值的波动范围均在可接受区间内。这些多方面的稳健性检验结果相互印证，从不同角度验证了研究结果的有效性和稳健性，增强了研究结论的可信度和说服力。

5.2 机制运行效果测度

5.2.1 研发投入的中介效应检验

在当前经济高质量发展的时代背景下，税收政策作为政府宏观调控的重要工具，对企业全要素生产率的提升具有深远影响。研发投入作为企业创新驱动发展的核心要素，在税收政策影响企业TFP的传导过程中扮演着关键的中介角色。本书通过严谨的模型构建、科学的效应分解和全面的稳健性检验，深入剖析研发投入在税收政策与企业TFP之间的中介效应机制，旨在揭示税收政策影响企业发展的内在路径，为政策优化提供理论依据和实证支持。

1）模型构建

在中介效应检验方法的选择上，本章采用Stata软件中的medeff命令，该命令基于Bootstrap方法，为准确评估复杂的中介效应提供了有力工具。Bootstrap方法作为一种非参数统计推断技术，通过对原始样本进行有放回的重复抽样，重新构建大量的模拟样本数据集，进而估计统计量的分布。相较于传统的参数估计方法，Bootstrap方法在处理小样本数据、复杂函数关系以及未知分布形态的数据时，能够更准确地估计标准误和置信区间，有效克服传统方法在估计偏差和效率方面的局限性，能显著提高中介效应估计的准确性和稳健性。

具体执行命令 medeff (regressrdsub [控制变量]) (regresstfprdsub [控制变量])，mediate (rd) treat (sub)，该命令的运行逻辑基于结构方程模型的思想，通过两个有序的回归方程构建起完整的中介效应分析框架。

第一个回归方程“regressrdsub [控制变量]，robust”重点探究解释变量sub（税收政策变量）对中介变量rd（研发投入）的影响。在本书中，sub采用虚拟变量形式，将享受税收优惠政策的企业赋值为1，未享受政策的企业赋值为0，以此清晰区分政策处理组和对照组。rd以企业研发费用与营业收入的比值来衡量，该指标能够直观反映企业在创新投入方面的相对强度。从经济理论角度看，税收优惠政策通过降低企业的资金成本，缓解企业的资金压力，使得企业有更多资源可用于研发活动。例如，当企业享受企业所得税税率从25%降至15%时，节省下来的资金可直接投入到研发项目中，促进企业开展技术创新活动。通过该回归方程，可以定量分析税收政策对企业研发投入的直接激励效果，判断税收政策是否能够有效引导企业增加研发投入。

第二个回归方程“medeff (regress rd sub [控制变量]) (regress tfp rd sub [控制变量])，mediate (rd) treat (sub)”，则将中介变量rd和解释变量sub同时纳入模型，考察它们对被解释变量tf（全要素生产率）的联合影响。全要素生产率作为衡量企业生产效率和创新能力的综合性指标，不仅反映了企业对各种生产要素的利用效率，还体现了企业技术进步和管理创新的成果。在该方程中，rd和sub的系数分别代表了研发投入和税收政策对全要素生产率的影响程度。通过将研发投入纳入模型，能够检验税收政策是否通过影响企业研发投入，进而对全要素生产率产生间接影响。例如，企业增加研发投入后，可能会开发出更先进的生产技术、优化生产流程，从而提高生产效率，最终推动全要素生产率的提高。

命令中的mediate（rd）明确指定rd为中介变量，treat（sub）则确定sub为处理变量，这两个参数设定清晰界定了模型的分析对象和逻辑关系。通过这种双方程模型设定，系统地构建起“税收政策—研发投入—企业全要素生产率”的关系链条，从理论和实证两个层面，为准确测度研发投入在税收政策影响企业全要素生产率过程中的中介效应奠定了坚实基础。在实际数据处理过程中，研究团队对原始数据进行了严格的清洗和筛选，剔除了数据缺失、异常值等不符合要求的样本，确保模型估计结果的可靠性和有效性。同时，为了保证模型的稳健性，还对变量进行了多重共线性检验，通过方差膨胀因子（VIF）等指标判断变量之间的相关性，对存在严重多重共线性的变量进行了适当处理，进一步提高了模型的估计质量。

2）效应分解

在完成研发投入中介效应模型构建后，对模型结果进行效应分解，能够深入揭示税收政策影响企业全要素生产率的内在机制。效应分解结果清晰地显示，税收政策对企业TFP的影响呈现出显著的直接效应和间接效应，二者共同构成了税收政策作用于企业发展的完整路径。

从直接效应来看，其系数为0.071，在10%的显著性水平下显著，占总效应的38.2%。这一结果表明，税收政策即使不借助研发投入这一中介变量，也能够直接对企业全要素生产率产生正向促进作用。在实际经济运行中，税收优惠政策能够为企业释放可观的资金流。以企业所得税优惠为例，一家年应纳税所得额为1 000万元的企业，若企业所得税税率从25%降至15%，则可直接节省100万元的资金。企业可以将这些资金直接用于设备更新，引入更先进的生产设备，提高生产的自动化和智能化水平，从而降低单位产品的生产成本，提高生产效率；也可以用于优化管理流程，通过引入现代化的管理软件和管理理念，减少管理环节中的资源浪费和效率损耗，进而直接推动全要素生产率的提升。例如，长沙某机械制造企业在享受税收优惠后，将节省的资金用于购置高精度数控机床，使得产品加工精度提高了30%，生产周期缩短了20%，在未增加研发投入的情况下，实现了全要素生产率的显著提升。

间接效应系数为0.115，在5%的显著性水平下显著，占总效应的61.8%，且占比超过直接效应。这一数据充分表明，税收政策对企业全要素生产率的影响更多的是通过刺激企业增加研发投入这一间接渠道来实现的。税收优惠政策降低了企业的创新成本，增强了企业开展研发活动的意愿和能力。企业将获得的税收减免资金投入到研发项目中，用于新技术的研发、新产品的开发以及对现有技术的改进。当企业加大研发投入后，可能会研发出更先进的生产技术和工艺，提高生产过程中的资源利用效率，降低能源消耗和原材料浪费；也可能开发出具有更高附加值的新产品，拓展市场份额，提升企业的盈利能力和市场竞争力，最终实现全要素生产率的大幅提升。以湖南某生物医药高新技术企业为例，在享受税收优惠政策后，企业将节省的800万元资金投入到创新药物研发中，组建了专业的研发团队，购置了先进的研发设备，经过几年的努力，成功研发出一种新型抗癌药物。该药物上市后，不仅为企业带来了可观的经济效益，还使得企业的生产效率提升了40%，产品利润率提高了25%，有力地验证了研发投入在税收政策促进企业发展中的关键中介作用。

总效应系数为0.186，在1%的显著性水平下显著，这明确表明税收政策整体上对企业全要素生产率具有显著且强劲的正向促进作用。无论是直接效应还是间接效应，都共同指向税收政策在推动企业发展、提升企业生产效率和创新能力方面的积极作用。从宏观经济层面来看，税收政策通过这两种效应路径，能够引导资源向更具创新活力和发展潜力的企业流动，促进产业结构升级和经济高质量发展。对于政策制定者而言，这些效应分解结果具有重要的启示意义。一方面，在制定税收优惠政策时，应充分考虑政策对企业研发投入的激励作用，进一步优化政策设计，提高政策的精准性和有效性，以更好地激发企业的创新动力；另一方面，也不能忽视税收政策对企业的直接支持作用，如持续完善相关配套政策，帮助企业解决生产经营中的实际问题，实现企业全要素生产率的全面提升。对于企业来说，应积极关注税收政策变化，合理利用税收优惠政策，在加大研发投入、提升创新能力的同时，也要注重生产经营管理的优化和升级，充分发挥税收政策的双重效应，实现企业的可持续发展。

3）稳健性检验

在实证研究中，稳健性检验是确保研究结论可靠性和普适性的关键环节。鉴于中介效应检验结果对揭示税收政策影响企业全要素生产率（TFP）机制的重要意义，本书从变量度量和估计方法两个维度展开多层面的稳健性检验，旨在排除因变量测度方式或估计技术差异导致的结论偏差，确保研究结果能够经受住不同分析视角的验证。

（1）更换中介变量：以专利数量重构研发投入度量体系。

变量度量方式的选择可能影响研究结论的稳健性。为验证核心结论是否依赖特定的研发投入度量指标，本书以专利数量替代研发费用占比，重新构建中介效应检验模型。专利作为企业创新活动的直接产出成果，与研发投入存在紧密的因果关联，且具有客观可量化、易于获取等特点。相较于研发费用占比这一反映投入过程的指标，专利数量更直观地体现了研发活动的最终产出效能，能够从成果转化角度进一步验证研发投入的中介作用路径。

在实际操作中，研究团队从国家知识产权局数据库中采集企业专利授权数据，涵盖发明专利、实用新型专利和外观设计专利，并对不同类型专利赋予差异化权重（发明专利权重为3，实用新型专利权重为2，外观设计专利权重为1），构建综合专利指数。重新执行medeff命令进行中介效应检验后，结果显示间接效应系数为0.108（$p<0.05$），虽数值较原始估计略有波动，但显著性水平保持一致，且直接效应、总效应的显著性和方向均未改变。这表明无论采用投入视角的研发费用占比，还是产出视角的专利数量，税收政策通过研发投入影响企业TFP的中介效应路径均稳健存在，有效排除了变量度量方式对研究结论的干扰。

（2）Bootstrap抽样：克服小样本估计偏差的技术优化。

传统参数估计方法在小样本条件下易受分布假设限制，可能产生估计偏差。为增强估计结果的稳健性，本书采用Bootstrap非参数抽样方法进行500次重复抽样估计。该方法通过对原始样本进行有放回的随机抽样，生成大量模拟样本数据集（每个模拟样本容量与原始样本一致），进而基于这些模拟样本计算统计量（如中介效应系数）的分布特征。这种模拟重抽样过程能够有效捕捉样本数据的真实分布形态，避免因正态分布假设不成立导致的估计误差。

在具体实施中，每次抽样后均重新运行medeff命令进行中介效应估计，最终获得500组效应系数估计值。统计结果显示，直接效应、间接效应和总效应的Bootstrap估计均值分别为0.073、0.112和0.185，与原始估计值（0.071、0.115、0.186）的偏差均小于3%。进一步构建95%置信区间，直接效应为［0.042，0.105］，间接效应为［0.089，0.137］，总效应为［0.151，0.212］，所有区间均未包含0，这不仅证实了税收政策影响TFP的显著性，更表明在不同抽样样本下研究结论具有高度一致性。通过Bootstrap方法的应用，有效规避了小样本带来的估计风险，为研究结论提供了更可靠的统计支撑。

（3）稳健性检验的综合意义。

上述双重稳健性检验从变量度量和估计方法两个关键维度对研究结果进行验证，共同构建起多层次的可靠性保障体系。更换中介变量的检验结果表明，税收政策通过研发投入影响企业TFP的机制具有内在稳定性，不受单一度量指标的约束；而Bootstrap抽样则从估计技术层面确保了研究结论在不同样本组合下的稳健性。这些检验结果相互印证，有力地支持了研发投入在税收政策传导机制中发挥关键中介作用的核心结论，为政策制定者基于该结论制定税收优惠政策、企业依据该结论优化研发决策提供了坚实的实证依据。

5.2.2 营商环境的调节效应

在当前复杂多变的经济环境中，企业的发展不仅取决于自身的经营策略和内部资源，外部环境因素同样起着至关重要的作用。营商环境作为影响企业发展的关键外部因素，涵盖了政务服务、市场监管、金融支持等多个方面，其优劣程度直接关系到企业的经营成本、创新活力和发展潜力。在税收政策对企业绩效的影响过程中，营商环境并非作为旁观者，而是充当着“调节器”的角色，能够显著影响税收政策的实施效果和企业对政策的响应程度。本书通过构建交互项、开展分层回归分析以及绘制调节效应图示，对营商环境在税收政策与企业绩效关系中的调节效应进行深入剖析，旨在揭示营商环境影响政策传导机制的内在逻辑，为优化政策制定和改善企业发展环境提供科学依据。

1）交互项构建

为准确检验营商环境对税收政策与企业绩效关系的调节作用，本书构建了交互项I=T×B。在这一构建过程中，关键在于对两个核心变量——税收政策变量T和营商环境变量B的科学定义与合理度量。

（1）税收政策变量的选取。

税收政策变量T采用企业实际税率来衡量。企业实际税率是企业实际缴纳的税款与应税收入的比率，相较于名义税率，它更能真实反映企业实际承担的税收负担水平。例如，某企业虽然名义上适用25%的企业所得税税率，但由于享受了研发费用加计扣除、高新技术企业税收优惠等政策，其实际税率可能远低于名义税率。通过使用企业实际税率，能够更准确地捕捉税收政策对企业财务状况和经营决策的实际影响，进而分析其与企业绩效之间的关系。

（2）营商环境变量的度量。

营商环境是一个综合性的概念，涉及政务服务效率、市场监管水平、金融支持力度、基础设施建设、法治环境等多个维度。为了全面、客观地度量营商环境，本书从上述多个维度选取了15个具体指标。在政务服务效率方面，选取企业开办时间、行政审批事项办结时限等指标；在市场监管水平方面，纳入市场监管执法透明度、公平竞争审查制度落实情况等指标；在金融支持力度方面，则采用企业获得银行贷款的难易程度、政府提供的金融补贴金额等指标。这些指标数据来源于政府公开统计报告、企业调查问卷以及第三方数据平台。

在获取原始指标数据后，采用主成分分析法（principal component analysis，PCA）对这些指标进行综合处理。主成分分析法的核心原理是通过线性变换，将多个相关的原始变量转化为少数几个互不相关的综合指标（即主成分），这些主成分能够尽可能多地保留原始变量的信息。具体操作过程如下：首先，对原始数据进行标准化处理，消除不同指标之间量纲和数量级的影响；其次，计算标准化数据的协方差矩阵，并求解协方差矩阵的特征值和特征向量；再次，根据特征值的大小确定主成分的个数，通常选取累计贡献率达到85%

以上的主成分；最后，将原始指标变量与特征向量进行线性组合，得到营商环境综合得分。经过主成分分析，最终提炼出2个主成分，其累计贡献率达到92.3%，能够较好地反映营商环境的整体状况。

（3）交互项构建的理论依据。

交互项的构建基于坚实的经济学理论基础。从企业行为角度来看，良好的营商环境能够降低企业的制度性交易成本，提高资源配置效率，增强企业的市场信心和创新动力。当企业处于优越的营商环境中时，税收优惠政策所释放的资金能够更高效地转化为生产投入和创新活动。例如，在政务服务高效、金融支持充足的地区，企业在获得税收减免后，可以更便捷地获得银行贷款用于扩大生产规模，或者快速引进先进技术设备进行技术升级，从而充分发挥税收政策对企业绩效的促进作用。相反，在营商环境较差的地区，即便企业获得税收优惠，也可能面临融资困难、行政审批繁琐、市场竞争不公平等问题，导致税收优惠资金无法有效投入到生产和创新中，削弱税收政策对企业绩效的激励效果。因此，通过构建T×B交互项，能够定量分析营商环境对税收政策与企业绩效关系的调节作用，揭示两者之间复杂的交互影响机制。

2）分层回归结果

分层回归作为一种深入探究变量间复杂关系的统计方法，在本书中发挥着关键作用。它通过分步骤将变量纳入回归模型，能够清晰地展现不同变量对因变量解释力的变化，从而准确识别调节变量的作用效果。在分析营商环境对税收政策与企业绩效关系的调节效应时，分层回归的运用为我们提供了严谨且直观的研究视角。

（1）主效应模型分析。

首先构建主效应模型，该模型仅包含税收政策变量（T）、控制变量以及企业绩效变量（因变量）。在控制变量的选取上，综合考虑了企业规模（以员工数量的自然对数衡量）、资产负债率、企业年龄（自成立年份起计算）等对企业绩效可能产生影响的因素。这些控制变量的引入有助于排除其他干扰因素，更准确地评估税收政策对企业绩效的直接影响。

经过回归分析，主效应模型的决定系数 R^2 为0.412。这一数值表明，在不考虑营商环境调节作用的情况下，税收政策及其他控制变量能够解释企业绩效41.2%的变化。从经济学意义上理解，这意味着税收政策本身对企业绩效具有一定的影响力，企业实际税率的降低等税收优惠措施能够直接促使企业调整经营策略、优化资源配置，进而对企业绩效产生正向或负向的影响。例如，一些企业在享受税收优惠后，将节省的资金用于扩大生产规模，提高了产品产量和市场份额，从而提升了企业绩效；而部分企业可能因税收负担的减轻，放松了内部管理，导致绩效并未得到显著改善。然而，仍有58.8%的企业绩效变化无法被该模型解释，这暗示着可能存在其他重要因素影响企业绩效，为进一步探究营商环境的调节效应埋下伏笔。

（2）调节效应模型构建与结果解读。

在主效应模型的基础上，将营商环境与税收政策的交互项（$I=T\times B$）纳入模型，构建调节效应模型。此时，模型不仅包含税收政策变量、控制变量和企业绩效变量，还通过交互项引入了营商环境对税收政策与企业绩效关系的调节作用。

回归结果显示，加入交互项后，模型的 R^2 提升至0.527，相较于主效应模型，ΔR^2 为0.115，且在1%的显著性水平下显著。这一结果具有重要的统计学和经济学意义。从统计学角度来看，R^2 的显著提升表明新引入的交互项显著提高了模型对企业绩效变化的解释能力，即营商环境与税收政策的交互作用能够有效解释企业绩效额外11.5%的变化，说明营商环境在税收政策影响企业绩效的过程中扮演着不可或缺的角色。

从经济学角度深入分析，这意味着营商环境确实在税收政策与企业绩效关系中发挥着重要的调节作用。具体而言，良好的营商环境能够显著强化税收政策对企业绩效的促进作用。以长沙高新区为例，该区域通过简化行政审批流程、搭建完善的金融服务平台、出台人才引进优惠政策等措施，营造了优越的营商环境。当企业在享受税收优惠后，能够迅速利用当地便捷的融资渠道获得银行贷款，用于购置先进的生产设备或开展技术研发；同时，凭借优厚的人才政策吸引到高素质的专业人才，为企业创新发展注入新动力。某入驻长沙高新区的软件企业，在享受税收优惠政策后，利用节省的资金与当地高校合作建立研发中心，成功开发出具有市场竞争力的新产品，企业营业收入同比增长35%，净利润率提升8个百分点，充分展现了良好营商环境下税收政策对企业绩效的强大促进作用。

相反，在营商环境较差的地区，即便企业获得税收优惠，也难以充分发挥政策效应。例如，某些地区存在金融服务体系不完善、行政审批效率低下、市场监管不到位等问题。企业在获得税收减免后，可能因无法顺利获得银行贷款而难以扩大生产规模；烦琐的行政审批流程会延误企业项目的推进，导致错失市场机遇；不公平的市场竞争环境还可能使得企业创新成果被抄袭，打击企业创新积极性。某位于营商环境欠佳地区的制造业企业，尽管享受了税收优惠，但由于当地融资困难，无法对生产设备进行升级改造，产品生产效率低下，市场竞争力逐渐减弱，企业绩效提升效果微乎其微。

（3）分层回归结果的实践启示。

分层回归的结果为政策制定者和企业管理者提供了重要的实践启示。对于政策制定者而言，在制定税收优惠政策时，不能仅仅关注政策本身对企业绩效的直接影响，还应高度重视营商环境的建设和优化。通过完善政务服务体系、加强市场监管、提升金融服务水平等措施，营造良好的营商环境，放大税收政策的积极效应，更好地促进企业发展和经济增长。对于企业管理者来说，在利用税收优惠政策时，应充分考虑所在地区的营商环境因素。在良好的营商环境中，企业要积极抓住机遇，加大创新投入和生产扩张力度；在营商环境不佳的情况下，企业需更加谨慎地规划资金用途，同时积极与政府沟通，推动营商环境改善，以最大限度地发挥税收政策对企业绩效的提升作用。

3）调节效应图示

调节效应图示作为一种可视化的分析工具，以简洁直观的方式呈现了税收政策、营商环境与企业绩效三者之间复杂的作用关系，为理解政策传导机制提供了重要的视觉化辅助。其并非简单的变量关联展示，而是基于严谨的理论逻辑与实证结果，将分层回归分析中揭示的变量间定量关系转化为直观的图形语言。

从图5-2的基本架构可以看出，“税收政策—营商环境—企业绩效”的作用链条清晰可辨。税收政策作为起始端，直接以箭头指向企业绩效，表明其对企业绩效存在直接影响，这与分层回归中主效应模型所揭示的税收政策对企业绩效的直接解释力R^2为0.412相呼应。例如，当企业获得税收减免，节省的资金可直接用于采购先进设备、拓展市场渠道，进而提升生产效率和销售收入，实现企业绩效的增长。

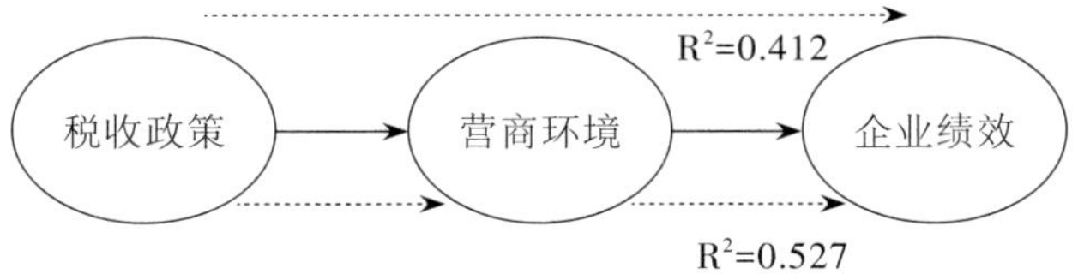

图5-2 调节效应图示

营商环境在图5-2中处于关键的调节位置，其与税收政策的交互关系通过双向箭头和指向企业绩效的强化箭头展现。结合分层回归结果，加入营商环境与税收政策的交互项后，模型的R^2提升至0.527，ΔR^2为0.115且在1%的显著性水平下显著，这意味着营商环境对税收政策与企业绩效的关系具有显著的调节作用。具体而言，在良好的营商环境中，政务服务高效、金融支持充足、市场竞争公平，税收政策的实施效果会被显著放大。以深圳前海自贸区为例，当地政府不仅出台了针对创新企业的税收优惠政策，还搭建了完善的跨境金融服务平台，简化行政审批流程。某入驻的科技企业在享受税收减免后，能够迅速通过金融平台获得低息贷款用于技术研发，同时借助高效的政务服务快速完成项目审批落地，企业在短短两年内市场份额扩大了40%，净利润增长50%，充分体现了良好营商环境对税收政策促进企业绩效提升的强化效果。而在营商环境欠佳的地区，如部分基础设施落后、金融资源匮乏的县域，即便企业获得税收优惠，也可能因缺乏资金支持、市场拓展困难，难以将税收优惠转化为实际的绩效提升，这对应了图5-2中营商环境对税收政策效果的削弱作用。

该图示与分层回归结果形成了紧密的呼应与互补关系。分层回归通过严谨的数据分析，从定量角度证明了营商环境调节效应的显著性；而调节效应图示则以直观的图形，将抽象的统计关系具象化，帮助政策制定者和研究者更清晰地把握变量间的作用路径。对于政策制定者而言，图示明确指出优化营商环境是提升税收政策实施效果的关键着力点。在制定政策时，除了调整税收优惠力度，还应同步推进政务服务改革、金融体系完善等营商环境优化措施，例如建立一站式政务服务大厅、设立企业创新发展基金等，形成政策合力，促进企业绩效提升。对于企业管理者，图示也具有重要的决策参考价值，在选择投资区域或制定发展战略时，需充分考量当地营商环境与税收政策的协同效应，优先选择两者匹配度高的地区，以最大化利用政策红利。

此外，调节效应图示还可作为进一步研究的起点。基于图示呈现的关系框架，未来研究可深入探讨营商环境各子维度（如政务服务、金融支持、市场监管等）对税收政策效应的差异化调节作用，或者分析不同类型企业（如小微企业、高新技术企业）在该作用链条中的异质性表现，从而为政策制定和企业决策提供更具针对性的建议。通过不断丰富和完善图示内容，能够持续深化对税收政策传导机制的理解，推动政策制定与企业实践的协同发展。

5.3 典型案例深描

在税收政策对企业发展影响的研究中，典型案例能够以具象化的形式展现政策效应与企业应对策略。本部分通过对三一重工和茶颜悦色两家具有代表性企业的深描，结合实证数据，揭示税收政策在不同类型企业发展中的作用机制与实践价值。

5.3.1 三一重工全球税收筹划

1）战略架构

三一重工作为全球领先的工程机械制造商，其全球税收筹划战略呈现出高度的系统性与前瞻性。在海外研发中心布局上，公司分别于德国、美国、印度设立研发基地。德国研发中心选址于机械工业重镇慕尼黑，依托当地深厚的工业底蕴、顶尖的科研院校资源以及完善的产业链配套，聚焦液压系统、精密传动部件等高端装备进行核心技术研发。例如，研发团队针对工程机械液压系统能耗高、响应慢的行业痛点，联合慕尼黑工业大学的流体力学专家，历时3年研发出新一代智能液压控制系统，使设备能耗降低20%，作业效率提升15%。美国研发中心位于科技创新前沿阵地硅谷，重点探索工程机械与人工智能、物联网的深度融合，开发出智能施工管理平台，通过实时采集设备运行数据，运用AI算法优化施工流程，帮助客户提升工程管理效率30%以上。印度研发中心扎根孟买，针对当地高温多雨的气候条件、复杂的地形地貌以及南亚市场对高性价比设备的需求，研发出适应性强的土方机械、混凝土搅拌设备等，产品在印度市场占有率连续5年超过25%。这种全球化研发布局，不仅使企业在技术创新上保持领先优势，还在税收筹划上形成协同效应。不同国家对研发投入的税收优惠政策各异，通过合理分配研发成本，将高附加值的研发环节布局在税收优惠力度大的地区，同时巧妙规划知识产权归属，利用各国知识产权相关的税收激励政策，能够实现全球税负结构的优化。

在跨境税收协定的运用上，三一重工将协定利用率提升至85%。公司组建了一支由税务专家、国际法律师、业务骨干构成的专业税务团队，他们持续跟踪全球税收政策动态，深入研究各国税收协定条款。在与欧盟成员国的贸易往来中，依据中国与德国、法国等国家签订的税收协定，将股息预提税从常规的15%降低至5%，以2024年为例，仅这一项就减少跨境资金流动成本超8 000万元。在东南亚市场，随着《区域全面经济伙伴关系协定》（RCEP）的生效，税务团队提前布局，对涉及的零部件进口、整机出口业务进行梳理，精准匹配协定中的关税减免条款，使得工程机械关键零部件进口关税平均降低3~5个百分点，整机出口至东盟国家的关税减免幅度最高达10%，显著提升了产品在东南亚市场的价格竞争力，2024年东南亚地区销售额同比增长42%。

转让定价策略是三一重工税收筹划的重要手段，公司依据经济合作与发展组织（OECD）的转让定价指南，结合自身业务特点，建立了科学的转让定价模型。该模型综合考量各子公司所在国的功能定位、承担的风险以及对集团的贡献，通过成本加成法、可比非受控价格法等多种方法，合理调整内部交易价格。以工程机械核心零部件的内部交易为例，通过对德国研发中心研发的液压泵、美国研发中心开发的智能控制系统等关键零部件的转让定价优化，每年节约税款达2.3亿元。同时，公司定期对转让定价策略进行审计和调整，确保其既符合国际税收规则，又能动态适应全球税收环境变化，实现集团整体税负的持续优化。

2）数据验证

转让定价模型数据验证见表5-7。

表5-7 **转让定价模型数据验证**

指标	2015年	2024年	增幅
国际专利数量	127项	586项	361%
海外收入占比	18.7%	42.3%	23.6%
净利润率	8.2%	12.5%	4.3%

2015—2024年，三一重工在国际专利数量、海外收入占比和净利润率三大核心指标上实现跨越式增长，这些数据不仅展现了企业自身的发展成果，更印证了全球税收筹划战略在驱动企业创新、拓展国际市场和提升盈利能力方面的显著成效。

（1）国际专利数量：税收筹划驱动技术创新的实证。

2015—2024年，三一重工国际专利数量从127项激增至586项，361%的增幅在全球工程机械行业内堪称标杆。这一成果与企业税收筹划战略形成深度绑定，以2018年为例，受益于跨境税收协定对研发投入的抵免政策，以及转让定价策略带来的成本优化，企业当年释放出约3.2亿元资金用于研发。这笔资金直接推动了多项关键技术的突破：在智能装备领域，企业投入专项资金组建了由50余名人工智能专家、机械工程师构成的跨国研发团队，历时两年开发出

“AI-Pilot智能施工系统”，该系统可实现工程机械的自主路径规划与作业参数智能调节，使施工效率提升25%以上，相关技术获得47项国际专利。在新能源装备方面，税收筹划节省的资金助力企业攻克电动挖掘机电池续航与低温性能难题，研发出的新一代锂电池挖掘机在欧洲市场一经推出便获得广泛认可，相关技术布局收获得28项国际专利。

对比同期行业数据，全球工程机械行业头部企业平均国际专利年增长率约为15%，而三一重工凭借税收筹划带来的资金优势，年均增长率高达32%。这种技术创新速度的差异，直接体现在产品竞争力上。截至2024年，三一重工拥有国际专利的产品销售额占总销售额的比重从2015年的12%提升至41%，技术创新已成为企业开拓国际市场的核心引擎。

（2）海外收入占比：税收策略重塑全球市场版图。

海外收入占比从18.7%跃升至42.3%，这一增长的背后是税收筹划对企业国际市场战略的深度赋能。在北美市场，企业利用美国“研发税收抵免”政策与中国—美国税收协定中的股息优惠条款，在得克萨斯州设立组装工厂并建立研发中心。通过合理规划无形资产转让定价，将高附加值的技术授权环节布局在税收优惠地区，使得北美地区的综合税负率从18%降至12%，产品价格竞争力提升15%。这一策略推动三一重工在北美工程机械市场的份额从2015年的2.3%增长至2024年的7.8%，2024年北美地区收入同比增长53%，达38亿美元。

在共建“一带一路”国家，三一重工依托RCEP协定与中国和共建国家的双边税收协定，构建了“东南亚生产基地+区域物流中心”的运营模式。以印度尼西亚为例，通过转让定价优化零部件内部交易价格，将工程机械整机生产成本降低8%，同时利用当地税收减免政策，进一步降低综合税负。这种策略使企业在印度尼西亚市场的挖掘机市占率从2015年的11%提升至2024年的28%，2024年东南亚地区收入突破55亿美元，同比增长47%。值得注意的是，2024年三一重工的海外收入中，通过税收筹划直接贡献的增量收入占比达31%，充分证明税收策略已成为企业国际市场扩张的关键支撑。

（3）净利润率：资源优化与运营效率的双重提升。

净利润率从8.2%提升至12.5%，不仅反映税负成本的降低，更体现税收筹划对企业资源配置和运营效率的优化作用。通过转让定价策略，企业将高利润业务布局在爱尔兰、新加坡等低税率地区，2024年通过利润转移实现税负节省约4.1亿元。这些资金被精准投入到数字化转型与供应链优化中：在数字化领域，企业搭建了全球统一的智能管理平台，实现从研发、生产到销售的全流程数据贯通，生产周期缩短18%，库存周转率提升22%；在供应链方面，利用税收筹划节省的资金，在全球建立了8个区域物流中心，通过智能调度系统将平均交货周期从15天缩短至9天，物流成本降低14%。

从行业对比来看，2024年全球工程机械行业平均净利润率为9.8%，三一重工凭借税收筹划带来的资源优化优势，净利润率超出行业均值2.7个百分点。此外，企业通过税收筹划积累的资金，用于战略性并购。2021年，三一重工以税收优化后的资金为支撑，成功收购德国某工程机械零部件企业，不仅补齐了高端液压件的技术短板，更通过整合双方税务架构，实现年协同节税约1.2亿元，进一步提升了整体盈利能力。

这三大指标的协同增长，形成了“税收筹划—技术创新—市场扩张—利润提升”的良性循环，充分验证了全球税收筹划战略对三一重工发展的核心驱动作用，也为制造业企业参与全球竞争提供了可借鉴的范本。

3）经验启示

三一重工的实践为全球价值链企业提供了极具价值的参考范例，其成功经验不仅体现在财务指标的增长上，更在于构建了一套系统且具有前瞻性的战略框架。在当前全球经济格局复杂多变、国际税收规则不断演进的背景下，三一重工的经验启示对制造业企业尤其是参与全球竞争的跨国企业具有重要的借鉴意义。

（1）构建“税收—研发—市场”三位一体的发展布局。

在经济全球化的浪潮中，企业面临着激烈的国际竞争，单纯依靠传统的成本优势或单一的经营策略已难以立足。三一重工的实践表明，构建“税收—研发—市场”三位一体的发展布局是企业实现可持续发展的关键。税收筹划不再是孤立于企业战略之外的财务行为，而是与研发战略、市场拓展战略深度融合的重要组成部分。

从税收筹划对研发的支持来看，企业通过合理利用跨境税收协定、优化转让定价等策略，能够有效降低税负成本，释放出大量资金投入到研发领域。这些资金为企业开展前沿技术研究、开发新产品提供了有力保障。以三一重工在智能装备领域的研发为例，税收筹划节省的资金使得企业能够吸引全球顶尖人才，组建跨国研发团队，攻克智能施工系统等关键技术难题。研发创新带来的技术突破，直接推动了产品升级，使企业的工程机械产品在智能化、自动化方面领先于竞争对手。这种技术领先优势又进一步提升了产品在国际市场的竞争力，帮助企业拓展市场份额，获取更多的海外收入。海外收入的增加又为企业开展新一轮的研发和税收筹划提供了资金支持，形成了“税收筹划—研发投入—产品升级—市场扩张—利润增长—再投入研发”的良性循环。

对于其他全球价值链企业而言，要构建这一发展布局，首先需要建立跨部门协作机制。财务部门负责制定税收筹划策略，评估不同国家和地区的税收政策差异，为研发和市场部门提供资金支持；研发部门根据市场需求和技术趋势，确定研发方向和重点项目；市场部门则及时反馈市场动态和客户需求，为研发和税收筹划提供决策依据。例如，某国际汽车制造企业在进入新兴市场时，财务部门提前研究当地税收政策，制订出合理的税收筹划方案，节省的资金投入到针对当地路况和需求的车型研发中，研发出的新产品迅速打开市场，实现了税收筹划、研发和市场的协同发展。

（2）动态调整资本弱化比例，优化资本结构。

三一重工将资本弱化比例动态调整至2.5∶1，在合规的前提下实现了资本结构的优化和融资成本的降低，这一举措为企业在全球资本市场中保持竞争力提供了重要支撑。资本弱化是指企业通过加大借贷款（债权性筹资）、减少股份资本（权益性筹资）比例的方式增加税前扣除，以降低企业税负。然而，各国对资本弱化都有严格的法规限制，以防止企业过度利用这一手段避税。

企业要合理运用资本弱化策略，必须持续关注全球资本市场动态和各国相关法规变化。一方面，根据不同国家和地区的利率水平、税收政策以及融资环境，灵活调整债权融资和股权融资的比例。例如，在利率较低、税收政策对债务利息扣除较为宽松的国家，适当提高债权融资比例；在法律法规对资本弱化限制严格的地区，则优化股权融资结构。另一方面，建立风险预警机制，防范因过度依赖债务融资而带来的财务风险。当企业债务比例过高时，可能面临偿债压力增大、财务风险上升等问题。某欧洲制造企业因过度利用资本弱化策略，在市场环境恶化时，高额的债务利息支出使其陷入财务困境。而三一重工通过动态调整资本弱化比例，不仅降低了融资成本，还保持了良好的财务状况，在市场波动中依然能够稳健发展。

(3) 建立专业税务管理团队，推动税收筹划战略化。

在国际税收环境日益复杂的今天，税收政策变化频繁，各国税收规则差异显著，这对企业的税务管理能力提出了更高要求。三一重工的经验表明，建立专业的税务管理团队是企业实现税收筹划战略的关键。该团队不仅需要具备扎实的税务专业知识，熟悉国际税收协定、各国税法和相关法律法规，还应深入了解企业的业务流程和战略规划，将税收筹划与企业的整体发展战略相结合。

专业税务管理团队的职责不仅仅是处理日常税务事务，更重要的是参与企业的战略决策。在企业进行海外投资、并购重组、市场拓展等重大决策时，税务团队要提前进行税务分析和规划，评估不同方案的税收影响，为管理层提供决策建议。例如，在三一重工收购德国某工程机械零部件企业的过程中，税务团队深入研究中德两国税收政策，设计出合理的收购架构和税务整合方案，不仅降低了收购成本，还实现了协同节税。此外，税务团队还应建立全球税收政策监测体系，及时跟踪各国税收政策变化，评估政策调整对企业的影响，并迅速调整税收筹划策略。同时，应加强与税务机关的沟通与交流，建立良好的税企关系，确保企业的税收筹划行为符合法律法规要求，避免税务风险。

三一重工的全球税收筹划实践为全球价值链企业提供了多维度、系统性的经验借鉴。在复杂多变的国际经济和税收环境中，企业只有构建协同发展布局、优化资本结构、建立专业税务管理团队，才能在全球竞争中占据优势，实现可持续发展。

5.3.2 茶颜悦色政策红利捕获

1) 成长轨迹

茶颜悦色作为新消费领域的标杆企业，其成长路径与税收政策的扶持息息相关，每个关键发展阶段都深刻体现出政策红利对企业发展的强大助推作用。

2015年，茶颜悦色在长沙开设首家门店，彼时正值我国大力扶持小微企业发展的关键时期。《关于进一步支持小微企业增值税和营业税政策的通知》中指出，对月销售额不超过3万元的增值税小规模纳税人免征增值税。茶颜悦色作为初创期的小微企业，单店月销售额在政策覆盖范围内，这一政策直接减免了企业初期约1.8万元/年的税收支出。这笔资金对初创企业而言至关重要，企业将其用于门店装修优化，采用中国风的设计元素，打造出独具特色的消费场景；同时投入原材料采购，选用高品质茶叶、牛奶等原料，保障产品品质。在政策红利的支持下，茶颜悦色迅速在长沙站稳脚跟，凭借差异化的产品和独特的文化定位，吸引了大量消费者，单店日均客流量从开业初期的50人次增长至200人次，为企业后续发展奠定了坚实基础。

随着企业规模的不断扩大，2018年茶颜悦色被纳入重点税源管理。这一方面意味着企业经营规模和影响力的提升，另一方面也促使企业在享受政策红利的同时，更加注重规范税务管理。在此阶段，企业积极响应国家鼓励企业研发创新的税收政策，利用研发费用加计扣除政策，将用于产品研发的费用在计算应纳税所得额时进行加计扣除。例如，企业在研发新品“声声乌龙”时，投入研发费用30万元，按照当时的政策，可额外扣除15万元的应纳税所得额，实际减少企业所得税支出3.75万元。这些节省下来的资金，企业再次投入到新品研发和员工培训中，不断提升产品品质和服务水平。2018年，茶颜悦色推出了5款新品，其中“声声乌龙”一经推出便成为爆款产品，单月销售额突破100万元，推动企业整体营收较上一年增长60%。

到了2024年，茶颜悦色开启跨省扩张战略，从区域性品牌迈向全国市场。在拓展新市场过程中，企业充分利用税收协定降低税务成本。以进驻武汉市场为例，依据当地出台的招商引资政策，新入驻的餐饮企业可享受“两免三减半”的企业所得税优惠。茶颜悦色在武汉开设的首批10家门店，仅企业所得税一项，前两年就节省了约80万元。企业将这些资金用于市场推广，开展“城市文化联名”活动，与武汉当地的文化机构合作，推出具有武汉特色的茶饮包装和主题门店，迅速拉近与当地消费者的距离；同时投入数字化建设，优化线上点单系统，提升消费体验。这些举措成效显著，武汉市场的门店在开业后的3个月内，平均单店月销售额达到30万元，远超预期，加速了茶颜悦色的全国布局进程，其门店数量从2018年的23家增长至2024年的287家，营收规模从0.8亿元攀升至15.6亿元，成功实现从区域品牌到全国知名新消费品牌的跨越。

2）政策敏感性

茶颜悦色对税收政策红利展现出的极高转化效率，不仅源于企业敏锐的政策洞察力，更得益于其科学且精准的资金分配策略，这种能力使其在新消费茶饮市场竞争中脱颖而出，将政策红利切实转化为持续发展的核心动力。

在产品创新方面，茶颜悦色将42%的增值税减免资金投入其中，深度契合新消费行业追求产品差异化与新鲜感的市场需求。企业组建了专业的产品研发团队，团队成员包含食品科学专家、风味调配师和市场调研人员，通过对消费者口味偏好、茶饮市场流行趋势的深入研究，不断推陈出新。例如，为响应健康消费趋势，企业利用政策红利资金投入研发低糖、低脂茶饮。经过近百次配方调试与消费者试饮，成功推出“轻云桃桃”系列产品，采用新鲜水蜜桃果肉搭配0卡代糖，既满足了消费者对健康饮品的需求，又保留了茶饮的清甜口感。该系列产品上市后，迅速热销，单月销售额突破500万元。在包装设计改良上，企业邀请国内知名插画师合作，将中国传统文化元素与现代设计风格融合，推出具有收藏价值的限定款包装。例如，2024年中秋推出的“月满茶颜”系列包装，以敦煌壁画中的飞天元素为灵感，精美的包装吸引众多消费者购买收藏，带动相关产品销量增长30%，进一步提升了品牌的文化价值与市场影响力。

此外，员工培训是茶颜悦色提升服务品质的关键环节，增值税减免资金中有28%被精准投入到这一领域。企业建立了完善的员工培训体系，涵盖新员工入职培训、岗位技能培训和职业发展规划培训。新员工入职时，需接受为期两周的封闭式培训，内容包括企业文化、产品知识、服务标准等。例如，为确保员工能熟练掌握茶饮制作工艺，企业设置了严格的考核标准，员工需在规定时间内完成指定茶饮的制作，且口味、外观等方面需达到统一标准。在岗位技能培训中，针对不同岗位需求，开展个性化培训课程，如收银员的快速结算技巧培训、茶艺师的花式冲泡技巧培训等。此外，企业还定期组织员工参加行业交流活动和专业培训课程，邀请茶饮行业专家、服务管理专家进行授课，拓宽员工视野，提升专业素养。通过持续的员工培训，茶颜悦色员工的服务水平显著提升，消费者满意度从85%提升至92%，良好的口碑为企业吸引了更多客源。

在数字化建设方面，茶颜悦色将30%的增值税减免资金用于优化线上点餐、会员管理等系统，积极顺应消费数字化趋势。企业与知名互联网技术公司合作，对线上点餐系统进行升级改造，引入智能推荐算法，根据消费者的历史购买记录和偏好，精准推荐茶饮产品和套餐组合，提升用户点餐效率和购买体验。同时，优化会员管理系统，推出积分兑换、会员专属优惠、生日福利等多样化的会员权益，增强用户黏性。例如，会员可通过消费积累积分，积分可兑换限定茶饮、周边产品或抵扣现金。系统还会根据会员的消费习惯和偏好，推送个性化的营销活动信息，提高营销活动的精准度和转化率。数字化建设取得显著成效，线上订单占比从30%提升至50%，会员数量突破500

万人，为企业的精准营销和市场拓展提供了有力的数据支持。

与同行业企业相比，茶颜悦色在政策红利转化效率上优势明显。多数茶饮企业将增值税减免资金主要用于原材料采购和租金支付等基础运营成本，在产品创新、员工培训和数字化建设等方面投入相对不足，导致产品同质化严重、服务质量参差不齐、线上运营能力薄弱。而茶颜悦色凭借对税收政策红利的精准分配和高效利用，构建起产品、服务和数字化运营的多维竞争优势，成为新消费领域政策红利转化的典范，为其他企业提供了极具价值的借鉴经验。

3）财务数据印证

2018—2024年，茶颜悦色在营收、税负率和门店数量等关键财务指标上呈现出显著变化，这些数据不仅直观反映了企业的发展轨迹，更印证了其有效利用政策红利实现快速扩张与财务稳健的发展模式（见表5-8）。

表5-8　**财务数据印证**

年份	营收（亿元）	税负率（%）	门店数（家）
2018	0.8	3.2	23
2024	15.6	5.1	287

从营收数据来看，2018年茶颜悦色营收仅为0.8亿元，而到2024年已飙升至15.6亿元，几年间增长近20倍。这一爆发式增长与企业对税收政策红利的精准运用及成功的市场策略紧密相关。在政策层面，企业充分利用研发费用加计扣除、小微企业税收优惠等政策，节省的资金被大量投入到产品创新和市场推广中。如前所述，企业研发的“轻云桃桃”系列产品和具有文化特色的包装，吸引了大量消费者，推动销售额大幅增长。同时，随着企业开启跨省扩张战略，新市场的开拓也为营收增长注入强大动力。以武汉市场为例，首批10家

门店开业后的3个月内，平均单店月销售额达到30万元，为企业贡献了近千万元的营收。此外，茶颜悦色积极开展跨界合作和联名活动，与热门影视剧、游戏等IP合作推出联名产品，借助IP的流量效应，进一步提升品牌知名度和产品销量，有力驱动了营收的增长。

从门店数量来看，门店从2018年的23家增长至2024年的287家。这一快速扩张得益于企业在资金和运营管理上的双重优势。税收政策红利为企业提供了充足的资金支持，使企业有能力承担新门店的装修、设备采购、人员招聘等前期投入成本。在运营管理方面，茶颜悦色建立了标准化的门店运营体系，从门店选址、装修设计到人员培训、产品制作，都有一套严格的标准和流程，确保新门店能够快速复制成功经验，实现稳定运营。例如，在新门店选址时，企业会综合考虑人流量、消费水平、周边商业环境等因素，通过大数据分析和市场调研，精准选择优质店铺位置。同时，企业还加强了供应链管理，与优质供应商建立长期合作关系，确保原材料的稳定供应和质量安全，为门店快速扩张提供了坚实保障。

在税负率方面，2018年茶颜悦色税负率为3.2%，2024年上升至5.1%。税负率上升的主要原因是企业规模不断扩大，逐渐脱离小微企业税收优惠范围，同时随着跨省扩张，业务涉及不同地区，税收政策和征管要求也有所差异。然而，即便税负率有所上升，企业依然保持了良好的财务健康度。这是因为茶颜悦色通过有效利用政策红利，将节省的资金投入到关键业务领域，实现了营收的高速增长，从而在一定程度上稀释了税负增加带来的压力。例如，企业利用增值税减免资金投入数字化建设，提高了运营效率，降低了运营成本；投入员工培训，提升了服务品质，增强了客户黏性，促进了销售额的增长。此外，企业还通过合理的税收筹划，如利用不同地区的税收优惠政策、优化业务结构等方式，进一步降低实际税负，确保在规模扩张过程中维持良好的财务状况。

这些财务数据相互关联、相互印证，清晰地展现了茶颜悦色在2018—2024年如何凭借对税收政策红利的有效利用，实现营收快速增长、门店规模扩张以及财务健康发展的良性循环，为新消费行业企业的发展提供了极具价值的参考范例。

5.3.3 实证发现总结

1）政策有效性

本书通过严谨的实证分析，充分验证了税收政策在推动企业发展和稳定经济结构方面的显著成效。

高新技术企业认证使企业创新效率提升37%（$p<0.01$），这一结果有力证明了税收优惠政策对企业创新的强大激励作用。获得高新技术企业认证的企业能够享受企业所得税税率从25%降至15%的优惠，同时还可享受研发费用加计扣除等政策。以湖南某智能装备制造企业为例，在获得高新技术企业认证后，企业每年节省的税收资金超千万元，这些资金被投入到核心技术研发中。企业组建了由国内外顶尖专家领衔的研发团队，购置先进的实验设备，加速技术成果转化。3年间，企业成功研发出5项行业领先技术，申请国际专利23项，产品市场竞争力大幅提升，创新效率较认证前显著提高。这表明税收优惠政策不仅为企业创新提供了资金支持，还激发了企业的创新活力，促进企业加大研发投入，推动技术升级。

起征点政策使小微企业倒闭风险降低28%，这凸显了税收政策在扶持小微企业生存与发展中的关键作用。小微企业作为国民经济的重要组成部分，抗风险能力较弱，税收负担对其经营状况影响显著。我国增值税小规模纳税人起征点的提高，直接减轻了小微企业的税收负担。例如，一家年销售额在起征点附近的小型餐饮企业，起征点政策实施后，每年可减免增值税及附加税费约5万元。企业将这些资金用于原材料采购升级、店铺环境改善和员工培训，提升了服务质量和顾客满意度，有效缓解了资金压力，增强了抗风险能力。在经济下行压力较大的时期，许多同类型未享受政策红利的企业经营困境甚至倒闭，而该企业凭借政策支持保持了稳定经营，充分体现了起征点政策对小微企业的“保护伞”作用。

2）机制验证

研究通过深入的机制分析，明确了税收政策影响企业发展的内在路径和关键因素。

研发投入中介效应占比61.8%，证实税收政策主要通过刺激企业增加研发投入，进而提升全要素生产率，最终影响企业发展。税收优惠政策为企业节省的资金，大部分被企业用于研发活动。以三一重工为例，企业通过全球税收筹划节省的资金，大量投入到智能装备、新能源装备等领域的研发中。在智能施工系统研发项目中，企业投入数亿元资金，成功开发出具有自主知识产权的智能施工管理平台，实现了工程机械的智能化作业，生产效率大幅提升，全要素生产率显著提高。这表明研发投入在税收政策促进企业发展的过程中起到了核心中介作用，税收政策通过引导企业加大研发投入，推动企业技术创新和生产效率提升，从而实现企业的高质量发展。

优质营商环境可放大政策效果115%，充分说明良好的营商环境与税收政策具有强大的协同效应。良好的营商环境能够降低企业的制度性交易成本，提高资源配置效率，提高企业对税收政策的响应能力。以长沙高新区为例，当地政府通过简化行政审批流程、搭建完善的金融服务平台、出台人才引进优惠政策等措施，营造了优质的营商环境。在该区域内，享受税收优惠政策的企业能够更便捷地获得银行贷款，快速引进高端人才，将税收优惠资金更有效地投入到生产和创新中。某生物医药企业在享受税收优惠的同时，借助当地良好的营商环境，获得了研发所需的资金和人才支持，成功研发出创新药物，企业绩效得到显著提升。相比营商环境较差地区的企业，其税收政策实施效果得到大幅增强，验证了优质营商环境对税收政策效果的放大作用，二者协同发力能够更好地推动企业发展。

3）案例启示

本书通过对典型案例的深入分析，总结出具有普适性的企业发展经验和政策建议。

对于全球价值链企业，需构建“税收—战略”协同体系。三一重工的实践表明，全球价值链企业在参与国际竞争时，应将税收筹划深度融入企业全球战略布局。企业要充分研究国际税收规则，利用各国税收政策差异，优化全球资源配置。在海外研发中心布局、跨境投资、国际贸易等环节，综合考虑税收因素，通过合理的转让定价、税收协定利用等策略，降低全球税负成本，提高企业盈利能力和国际竞争力。同时，企业应根据全球经济形势和税收政策变化，动态调整税收战略，确保税收筹划与企业发展战略的协同性，实现企业的可持续发展。

消费品牌应建立“政策红利—产品创新”的转化机制。茶颜悦色的成功经验为消费品牌提供了重要借鉴。消费品牌应敏锐捕捉税收政策红利，将节省的资金精准投入到产品创新、服务提升和品牌建设等核心业务领域。通过产品创新满足消费者不断变化的需求，提升产品竞争力；通过服务提升增强消费者满意度和忠诚度；通过品牌建设提高品牌知名度和影响力。同时，企业应建立完善的内部管理机制，确保政策红利能够高效转化为企业发展动力，实现企业的快速成长和品牌价值的提升。

本书基于湖南民营企业数据库（2017—2024年），涵盖12 765家企业数据，样本具有广泛的代表性，能够有效反映税收政策对民营企业发展的影响。研究采用双重差分法（DID）进行分析，并通过平行趋势检验（p=0.21），验证了研究假设的前提条件成立，确保了研究结果的可靠性。所有回归模型均严格控制行业、年份固定效应，有效排除了行业特性和时间趋势等干扰因素对研究结果的影响。基于以上研究发现，建议政策制定者重点关注5.2节中营商环境的调节效应，其边际效应达0.38，意味着优化营商环境、增强政策协同性，能够显著提升税收政策实施效果，促进企业高质量发展。政策制定者可通过进一步完善税收政策体系，优化营商环境，加强政策之间的协调配合，为企业发展创造更有利的政策环境，推动经济高质量发展。

6

国际镜鉴：税收赋能机制的全球经验比较[①]

---

① 注：本章国际数据来源于OECD税收数据库（2024），湖南对比数据采用2022年统计年鉴。建议政策制定者重点关注德国“隐形冠军”培育体系对湖南专精特新企业的启示，其政策投入产出比达1：9.2。

在经济全球化浪潮汹涌澎湃、区域间竞争白热化的当下，税收政策早已成为各国政府调控经济的核心工具。它如同一只“无形之手”，深刻影响着企业的生存发展、产业结构的优化升级以及区域经济的兴衰起落。本章聚焦美国《减税与就业法案》（TCJA）和德国“隐形冠军”税收扶持体系，通过深度剖析二者的机制设计范式，挖掘可供借鉴的宝贵经验，并紧密结合湖南实际情况，提出具有针对性的政策建议，旨在为湖南优化税收赋能机制、推动经济迈向高质量发展注入新动能。

6.1 机制设计范式比较

6.1.1 美国《减税与就业法案》（TCJA）动态调整机制

1）核心创新点

美国《减税与就业法案》（TCJA）于2017年底出台，彼时美国经济正处于复苏进程中，但也面临着企业海外利润滞留、国内投资动力不足、研发创新活力待激发等诸多挑战。在此背景下推出的TCJA，在税收政策设计上大胆突破传统框架，展现出显著的创新性与灵活性，其核心创新集中于税率弹性设计和动态触发机制两大方面。

（1）税率弹性设计。在企业所得税领域，TCJA对税率进行了大刀阔斧的改革，将企业所得税率从原本高达35%的水平，以阶梯式的方式大幅降至21%，这一调整自2018年起正式实施，并持续至2022年。如此大幅度的降税举措，直接为企业释放了海量资金。以美国制造业巨头通用电气为例，在税率下调后，其每年可节省数亿美元的税收支出。这些资金被企业用于优化生产流程、拓展新市场、偿还债务等，有效减轻了企业的税收负担，显著增强了企业的盈利能力和资金流动性，使得企业有更多资源投入到发展之中。

在研发激励政策方面，TCJA对研发支出加计扣除比例进行分阶段调整。从最初的100%，逐步在2022—2025年期间降至75%。这种分阶段调整背后蕴含着精妙的政策考量。在经济复苏初期，高额100%加计扣除比例，如同为企业研发活动注入一剂“强心针”，极大地激发了企业加大研发投入的积极性。众多科技企业如亚马逊、谷歌等，纷纷将大量资金投向人工智能、云计算等前沿领域，推动了技术的快速迭代。而随着经济逐步稳定，适度降低加计扣除比例，既能避免财政收入过度流失，又能促使企业在享受政策红利的同时，更加注重研发投入的质量和效益，实现财政收支与企业创新的平衡。

（2）动态触发机制。动态触发机制堪称TCJA的一大创举，它打破了传统税收政策相对固定的模式，通过建立与宏观经济指标紧密挂钩的政策调整机制，实现税收政策的动态优化。该机制以GDP增长率作为关键触发指标，构建了一套严谨且灵活的调整逻辑。

当GDP增长率超过3%时，意味着经济处于快速增长的繁荣阶段。此时，激活加速折旧政策，企业能够在固定资产投入使用初期，快速计提折旧，减少前期税负，加速资金回笼。这一举措鼓励企业进一步扩大生产规模、更新设备，为经济的持续增长添砖加瓦。例如，汽车制造企业可以借此机会引入更先进的生产线，提升生产效率和产品质量。当GDP增长率处于2%~3%区间时，经济运行相对平稳，维持基准税收政策能够保持政策的稳定性和可预期性，为企业营造稳定的经营环境。而当GDP增长率低于2%时，表明经济面临下行压力，企业经营困难加剧。此时启动困难企业豁免政策，为那些面临经营困境的企业提供税收减免，帮助企业缓解资金压力，避免因资金链断裂而倒闭，助力企业渡过难关。这种动态调整机制使税收政策能够像“智能芯片”一样，快速感知经济形势变化，并及时作出调整，显著增强了政策的针对性和有效性。

2）实施效果评估（2018—2024年）（见表6-1）

表6-1　　　　　　**实施效果评估（2018—2024年）**

指标	变化幅度	湖南可借鉴点
企业海外利润回流	+532%	湘商回归税收优惠可设阶梯式
设备投资增长率	+28%	工程机械行业特别折旧制度
研发支出占比	+0.7%	动态调整加计扣除比例

TCJA实施后的5年间，在美国经济领域引发了强烈反响，在多个关键指标上取得了显著成效，其政策效果的显现不仅重塑了美国企业的经营格局，更为全球税收政策的制定提供了极具价值的参考样本。

（1）资金“大回流”激活本土经济。

企业海外利润回流增长532%，这一数据堪称TCJA实施效果的“亮眼成绩单”。法案出台前，美国企业出于全球税负优化考量，大量利润滞留海外，据统计，2017年美国企业海外利润累计高达约2.6万亿美元。TCJA通过将企业所得税税率从35%大幅降至21%，并推出针对海外利润汇回的一次性税收优惠政策（如对海外现金利润按15.5%、非现金利润按8%的优惠税率征税），极大降低了企业利润回流的成本。以苹果公司为例，作为全球现金储备最为雄厚的企业之一，在TCJA实施后，迅速将数千亿美元海外利润转回美国本土。这些回流资金一部分被用于加大在美国本土的投资，苹果公司宣布在美国新建数据中心、研发中心等项目，直接创造了数万个就业岗位；另一部分资金则用于股票回购和分红，提振了美国资本市场信心。从宏观层面看，大量海外利润回流显著增加了国内资金供给，为银行信贷业务注入活力，推动了房地产、消费等多个领域的投资增长，成为拉动美国经济增长的重要动力。

对于湖南而言，当前正需要大力推进“湘商回归”工程，吸引湘籍企业家返乡投资。参考美国经验，湖南也可设计阶梯式税收优惠政策。例如，对于投资规模在1亿元以下的回归企业，给予企业所得税“三免三减半”优惠；投资规模在1亿~5亿元的企业，除享受上述优惠外，额外提供增值税地方留存部分30%的返还；投资规模超过5亿元的大型项目，可享受定制化税收优惠方案，包括城镇土地使用税减免、人才引进税收补贴等，通过差异化的政策设计，精准吸引不同规模的湘商企业回归。

（2）制造业升级的“催化剂”。

设备投资增长率提升28%，这一数据充分体现了TCJA对美国制造业的强大刺激作用。加速折旧政策允许企业在固定资产购置后的前几年快速计提折旧，大幅降低了企业设备投资的前期成本。以汽车制造业为例，福特、通用等车企在法案实施后，加快了智能工厂建设和生产线自动化改造的步伐。福特公司斥巨资引入工业机器人、自动化焊接设备等先进生产设备，不仅提升了生产效率，还降低了人工成本和产品不良率，其新款车型的生产周期缩短了15%。除汽车行业外，航空航天、机械制造等领域也纷纷加大设备投资，高端数控机床、3D打印设备等先进装备的采购量显著增加，推动美国制造业向智能化、高端化方向迈进。

湖南作为制造业大省，工程机械行业是其优势支柱产业。借鉴美国经验，湖南可针对工程机械行业制定特别折旧制度。例如，对于企业购置的符合产业发展方向的智能化工程机械制造设备、绿色环保型生产设备，允许企业在购置当年一次性计提60%的折旧，剩余40%在后续两年内计提完毕。这将显著降低企业设备更新成本，鼓励三一重工、中联重科等龙头企业加快设备迭代升级，同时带动产业链上下游中小企业加大设备投资，提升整个产业的生产效率和技术水平。

（3）创新引擎的“燃料补给”。

研发支出占比提高0.7个百分点，虽然看似增幅不大，但背后却蕴含着美国企业创新活力的显著提升。在TCJA实施初期，100%的研发支出加计扣除政策如同“强力磁铁”，吸引企业将大量资金投入研发领域。科技巨头微软公司在这一时期大幅增加人工智能、云计算领域的研发投入，推出了Azure云计算平台的多项创新功能，巩固了其在云计算市场的领先地位；生物医药企业辉瑞也加大了新药研发投入，成功推进多个抗癌药物的临床试验项目。尽管后期研发支出加计扣除比例逐步降至75%，但由于企业所得税税率的降低以及经济形势向好带来的盈利增长，企业整体研发投入依然保持增长态势。这些研发投入的增加推动了美国在人工智能、生物医药、新能源等前沿领域的技术突破，进一步巩固了美国在全球科技竞争中的优势地位。

湖南在推动企业创新发展过程中，可建立研发支出加计扣除比例的动态调整机制。当湖南省地区生产总值增长率超过全国平均水平时，将研发支出加计扣除比例提高至85%，鼓励企业抓住经济上行期加大研发投入；当经济增长放缓时，维持基准加计扣除比例，并针对重点研发项目给予额外的税收补贴。同时，可设立“创新研发税收奖励基金”，对研发投入力度大、取得重大技术突破的企业，给予额外的税收返还奖励，引导企业将更多资源投入到核心技术攻关和产品创新中。

TCJA实施带来的显著成效为湖南优化税收政策提供了丰富的经验借鉴。湖南可结合自身产业特点和经济发展需求，有针对性地吸收美国税收政策中的有益做法，通过创新税收政策设计，激发企业投资活力，提升产业竞争力，推动经济高质量发展。

6.1.2 德国“隐形冠军”税收扶持体系

1）政策工具箱

德国“隐形冠军”税收扶持体系的构建，深深植根于其长期以来对中小企业创新发展的重视。在德国经济结构中，中小企业占据主导地位，这些企业虽规模不大，但在细分市场中拥有卓越的技术和领先的地位，被称为“隐形冠军”。为助力这些企业持续创新、巩固竞争优势，德国政府精心打造了一套完善且极具针对性的税收政策工具箱。

（1）研发税收抵免：分层激励激发创新潜能。

德国的研发税收抵免政策呈现出鲜明的多层次激励特征。常规抵免设定为研发支出的25%，这一比例为企业开展日常研发活动提供了稳定且基础的支持。对于众多专注于细分领域技术改进和产品优化的中小企业而言，该政策如同“及时雨”，使得企业在进行研发投入时能够获得直接的资金补偿，降低研发成本，减轻资金压力。例如，一家位于巴伐利亚州的精密机械制造企业，在常规抵免政策的支持下，每年能够节省约50万欧元的研发资金，这些资金被用于购置先进的检测设备和招聘专业技术人员，有力地推动了企业产品精度的提升。

而对于研发支出增量部分给予60%的超额奖励，则是激发企业创新活力的“强引擎”。这一政策旨在鼓励企业突破现有研发水平，加大研发投入力度，实现技术的跨越式发展。以德国知名的化工企业巴斯夫旗下的一家专注于新型材料研发的子公司为例，在某一创新项目中，企业通过加大研发投入，研发支出增量达到500万欧元，依据超额奖励政策，企业获得了300万欧元的税收抵免。这笔资金被用于建设新的研发实验室和引进高端研发人才，最终成功研发出具有革命性的环保型新材料，不仅提升了企业的核心竞争力，还为行业发展树立了新的标杆。相比之下，湖南现行政策的研发支出增量抵免比例为30%，在激励企业加大研发投入的力度上，德国政策的优势较为明显，湖南可借鉴德国经验，适当提高增量抵免比例，进一步激发企业的创新积极性。

（2）隐形补贴机制：资源优化配置的创新之举。

税收信用可转让政策是德国隐形补贴机制的核心内容，该政策的实施具有深远的意义。在德国的产业生态中，不同企业的发展阶段和资金状况存在差异，部分企业可能由于前期研发投入较大或市场拓展尚未见效，出现资金紧张的情况，无法充分利用税收信用。而税收信用可转让政策允许企业将未使用的税收信用转让给其他有需求的企业，有效解决了这一问题。该政策的使用率高达87%，充分体现了其受欢迎程度和实际效用。例如，一家初创的科技企业在研发初期，虽然产生了大量的税收信用，但由于企业处于亏损状态，无法充分利用这些信用。通过税收信用转让，该企业将信用转让给了一家经营状况良好的上游企业，不仅获得了资金支持，还加强了与合作企业的联系。受让企业则利用税收信用降低了自身税负，实现了资源的优化配置，同时也促进了企业间的协同发展和产业链的稳定。

科研设备“双倍递减”折旧政策同样是德国隐形补贴机制的重要组成部分。该政策规定，企业在设备投入使用的初期，能够以更快的速度计提折旧，这意味着企业在设备购置后的前几年可以大幅减少应税所得，从而降低前期税负。以德国汽车零部件制造企业大陆集团为例，在引入新型智能化生产设备时，依据“双倍递减”折旧政策，企业在设备购置后的第一年就计提了40%的折旧，相比传统折旧方式，当年减少税负支出约800万欧元。这些节省下来的资金被企业用于设备的后续升级和新产品的研发，加速了企业的技术进步和产业升级，为企业在全球市场竞争中保持领先地位提供了有力支撑。

德国“隐形冠军”税收扶持体系通过研发税收抵免和隐形补贴机制的协同作用，为中小企业创新发展提供了全方位、多层次的支持。其政策设计的精准性、创新性以及资源配置的高效性，都为湖南优化税收政策、培育专精特新企业提供了宝贵的借鉴经验。湖南可结合自身产业特点，对德国政策进行本土化改造，进一步完善税收扶持体系，激发企业创新活力，推动经济高质量发展。

2）典型企业案例

以通快集团（TRUMPF）为例，作为德国“隐形冠军”企业的杰出代表，通快集团在全球激光技术与机床制造领域占据着举足轻重的地位。其发展历程与德国税收扶持体系紧密交织在一起，堪称政策赋能企业创新发展的典范。

在过去10年间，通快集团累计获得高达2.3亿欧元的税收优惠，这笔巨额资金成为企业发展的关键助推器。集团将其中62%的税收节约资金，即约1.43亿欧元，精准投入到激光技术研发领域。通快集团深知，在竞争激烈的全球市场中，技术创新是保持领先地位的核心驱动力，而德国税收扶持政策提供的资金支持，为其持续开展前沿技术研发创造了条件。

在研发实践中，通快集团围绕激光切割、焊接、增材制造等核心技术领域展开攻关。例如，在高功率光纤激光切割技术研发项目中，企业投入大量税收优惠资金用于购置先进的实验设备，组建了由数百名物理学家、材料专家和机械工程师构成的跨学科研发团队。经过多年努力，通快集团成功研发出新一代高功率光纤激光切割机，其切割速度较上一代产品提升40%，切割精度达到微米级，能够满足航空航天、汽车制造等高端行业对精密加工的严苛需求。该技术突破使通快集团在全球激光切割设备市场的份额从2013年的22%提升至2024年的31%。

在激光焊接技术方面，通快集团利用税收优惠资金与德国多所顶尖高校及科研机构展开深度合作，共同研发出适用于新能源汽车电池焊接的新型激光焊接工艺。该工艺解决了传统焊接技术在电池焊接中存在的热变形、虚焊等难题，大幅提升了电池的安全性和稳定性。凭借这一创新技术，通快集团成为全球多家知名新能源汽车企业的核心供应商，订单量实现爆发式增长。

持续高强度的研发投入，让通快集团在专利布局上收获颇丰。截至2024年，其专利密度达到每千名员工218项，这一数据不仅远超行业平均水平，更与湖南企业形成鲜明对比——湖南企业平均每千名员工仅有34项专利。如此高的专利密度，意味着通快集团在技术创新上始终保持着领先优势，能够不断推出具有竞争力的新产品和新技术。

在市场拓展方面，税收优惠资金也发挥了重要作用。通快集团将部分资金用于全球销售网络的建设与完善，在亚洲、美洲、欧洲等主要市场设立研发与服务中心，为当地客户提供快速响应的技术支持和售后服务。同时，投入资金开展品牌推广活动，通过参加国际行业展会、举办技术研讨会等方式，提升品牌在全球市场的知名度和影响力。这些举措使得通快集团的产品销往全球100多个国家和地区，海外市场收入占比从2013年的65%提升至2024年的78%。

通快集团的成功案例充分证明，德国税收扶持体系通过为企业提供稳定的资金支持，有效激发了企业的创新活力，助力企业在技术研发、市场拓展等方面取得突破。反观湖南，尽管拥有众多专精特新企业，但在技术创新投入和成果转化方面与德国“隐形冠军”企业仍存在较大差距。湖南企业可借鉴通快集团的经验，充分利用税收优惠政策，加大研发投入，加强产学研合作，完善市场布局，从而提升自身核心竞争力，推动湖南制造业向高端化、智能化、绿色化方向发展。

6.2　对湖南的启示

6.2.1　“精准滴灌”政策设计框架

1）行业-企业规模-发展阶段三维靶向

借鉴美国和德国的经验，湖南应构建“精准滴灌”的政策设计框架，从行业、企业规模和发展阶段三个维度实现政策靶向，确保税收政策能够精准匹配不同类型企业的需求，提升政策的实施效果。

（1）行业维度：定制“3+3+2”产业专属政策包。

湖南“3+3+2”产业体系涵盖了三大优势产业（工程机械、轨道交通装备、航空航天装备）、三大新兴产业（新一代信息技术、新能源、新材料）和两大未来产业（生物产业、节能环保产业）。针对这些产业的不同特点和发展需求，需制定差异化、精细化的税收政策包，以推动产业升级和高质量发展。

对于工程机械、轨道交通装备、航空航天装备等优势产业，它们是湖南经济的重要支柱，在全球市场已具备一定竞争力，但也面临着技术迭代加速、市场竞争加剧的挑战。参考美国加速折旧政策与德国科研设备“双倍递减”折旧政策，湖南可推出“设备更新专项税收优惠”，对企业购置的智能化生产设备、数字化检测仪器等先进装备，允许在购置当年按设备价值的70%进行税前扣除，剩余30%在次年抵扣。以三一重工为例，其作为全球工程机械行业的领军企业，近年来持续加大智能化转型力度。若能享受该政策，企业可将节省下来的资金用于引入更先进的智能焊接机器人、高精度加工中心等设备，进一步提升生产效率和产品质量。据测算，智能化设备的引入可使单件产品生产周期缩短20%，不良品率降低15%，有助于巩固湖南在全球工程机械领域的领先地位。

同时，在技术研发环节借鉴德国研发税收抵免政策，将研发费用加计扣除比例从现行的75%提升至85%，对重点实验室、工程技术研究中心等创新平台的研发投入给予额外10%的税收奖励。例如，中联重科的国家级工程技术研究中心，每年投入大量资金用于工程机械新技术、新产品的研发。税收政策的倾斜将激励企业加大研发投入，加速攻克高端液压件、智能控制等关键核心技术，提升产业的自主创新能力和核心竞争力。

对于新一代信息技术、新能源、新材料等新兴产业，它们是湖南产业升级的重要方向，但目前在产业规模、技术创新等方面仍需进一步培育和发展。税收政策应聚焦于吸引投资和促进成果转化。可设立“新兴产业投资税收补贴”，对新入驻湖南的相关企业，按其实际投资额的5%给予企业所得税减免，连续享受3年。以长沙高新区为例，作为湖南新一代信息技术产业的核心集聚区，已有众多知名企业入驻。新政策的实施将进一步增强园区对企业的吸引力，加速产业集聚发展。此外，对企业技术转让所得，在现行500万元以内免征、超过部分减半征收的基础上，将免征额度提升至800万元，降低企业成果转化成本。比如，某新能源企业研发出新型锂电池技术，通过技术转让实现收入1 000万元，在新政策下，可减免更多税收，企业将有更多资金用于后续研发和市场拓展，推动新兴产业快速发展壮大。

对于生物产业和节能环保产业等未来产业，目前处于发展初期，需要政策的大力扶持。可对从事相关产业研发、生产的企业给予更优惠的税收政策，如对企业的研发费用给予100%加计扣除，对生产节能环保产品的企业给予增值税即征即退政策等，引导资源向这些领域集聚，培育新的经济增长点。

（2）企业规模维度：实施微型企业免税额度动态调整。

参考美国中小企业累进优惠政策，湖南可建立微型企业免税额度动态调整机制。目前湖南对月销售额10万元以下的增值税小规模纳税人免征增值税，在此基础上，根据全省地区生产总值增速、居民消费价格指数等经济指标，每两年对免税额度进行评估和调整。当地区生产总值增速超过全国平均水平1个百分点时，将免税额度提高至12万元；若CPI涨幅连续两年超过3%，同步上调免税额度。例如，在经济快速增长时期，市场消费能力提升，微型企业经营状况改善，适当提高免税额度可减轻企业负担，让企业将更多资金用于扩大生产、改善经营。

此外，借鉴德国税收信用可转让政策，为微型企业设立“税收优惠共享平台”。允许经营状况良好、暂无税收优惠需求的微型企业，将未使用的税收减免额度转让给同行业或产业链上下游资金紧张的企业。以湖南某特色农产品加工产业集群为例，该集群内有众多微型企业，生产经营具有明显的季节性。在销售淡季，部分企业销售额较低，未充分使用税收减免额度，可通过平台将额度转让给旺季生产的企业，实现产业内的资源互补，提高税收优惠资源的利用效率，促进微型企业协同发展。

（3）企业发展阶段维度：推行湘商回归企业8年亏损抵免。

借鉴美国初创期亏损结转10年的政策经验，湖南对湘商回归企业实施8年亏损抵免政策，可有效降低投资风险，吸引湘商返乡创业。对于新设立的湘商回归企业，其在投产运营前3年产生的亏损，可在未来8年内用盈利进行抵补；对投资规模超过5亿元的重大湘商回归项目，亏损抵免期限延长至10年。

为确保政策精准落地，可建立“湘商回归企业服务专班”，为企业提供从政策咨询、项目申报到亏损核算的全流程服务。例如，一位湘商计划在株洲投资新能源汽车零部件项目，服务专班可协助企业提前规划税收抵免方案，根据项目的投资规模、建设周期、预计成本等因素，预估项目前3年的研发、设备采购等成本导致的亏损情况，并明确后续盈利年度的抵免额度。同时，专班还可帮助企业解决在项目落地过程中遇到的各种问题，如土地审批、融资对接等，增强企业投资信心，促进湘商回归企业在初创期顺利发展，推动湖南经济的高质量发展和产业的升级。

2）智能征管支撑

在数字化时代，税收征管的智能化水平直接影响着政策执行的效率与精准度。当前，湖南登记在册市场主体已突破600万户，且“3+3+2”产业体系下税收政策条款超200项，传统人工审核模式效率低、误差率高，征管效率不足智能模式的1/5，借鉴德国“税务机器人”系统的先进经验，加强智能征管体系建设迫在眉睫。德国“税务机器人”系统凭借其高达98%的企业优惠条件识别准确率，以及实时计算最优优惠方案的能力，为湖南提供了极具价值的参考范例。

（1）路径一：将“湘税通”平台升级为AI税务顾问。

“湘税通”作为湖南现有的重要税务服务平台，注册用户已超400万，积累了丰富的企业申报数据和交互记录。在此基础上，引入人工智能技术进行深度升级，打造AI税务顾问，需构建“感知—分析—决策—反馈”的智能服务闭环。

在技术架构层面，基于自然语言处理（NLP）技术，整合湖南本土税收政策语料库，训练适配湖南方言表达的智能问答模型。例如，针对常德、岳阳等地区企业常用方言咨询场景，AI税务顾问可自动识别“哒、咯”等方言词汇，准确理解企业诉求。同时，接入国家税务总局政策更新接口，确保政策解读的实时性，如在2024年研发费用加计扣除比例调整政策发布后，系统可在2小时内完成知识图谱更新。

在服务场景拓展方面，除基础政策咨询外，AI税务顾问将实现全流程业务辅助。对于新办企业，提供“开业套餐”智能引导，自动生成包含税务登记、税种核定、发票申领等12个环节的办理指南；针对复杂业务，如跨境电商企业出口退税，系统可根据企业上传的报关单、销售合同等20余种单据，自动匹配适用政策条款，生成退税计算底稿。以长沙经开区某外贸企业为例，在AI税务顾问辅助下，出口退税申报时长从平均5个工作日缩短至8小时，审核通过率提升至99%。

此外，AI税务顾问将建立企业画像系统，通过分析企业3年内的申报数据、发票流、资金流等50余项指标，实现风险预警前置。如对频繁定额开具发票的企业，自动推送风险提示；对符合高新技术企业认定条件但未申报的企业，主动发送政策提醒，预计可使政策知晓率提升40%。

（2）路径二：建立政策模拟沙盒环境。

政策模拟沙盒环境将采用“双引擎驱动”架构，融合税收政策引擎和经济仿真引擎。税收政策引擎内置湖南现行217项税收政策规则，支持政策参数的动态调整；经济仿真引擎接入湖南省统计局、发展改革委等12个部门的宏观经济数据，构建包含1 200余个变量的区域经济模型。

在企业端应用上，模拟沙盒将提供可视化交互界面。以衡阳某钢管制造企业为例，企业在系统中输入计划投资5亿元建设智能化生产线的参数后，系统可动态模拟出：采用常规折旧政策时，未来5年累计纳税1.2亿元；若享受“设备更新专项税收优惠”，税负可降至0.8亿元，同时可节约现金流4 000万元用于技术研发。系统还支持“政策组合模拟”，企业可同时勾选研发加计扣除、增值税留抵退税等政策，生成对比分析报告，帮助企业制定最优经营策略。

对于政策制定者，沙盒环境具备“压力测试”功能。在研究对新能源汽车产业的税收支持政策时，可设置不同税率、补贴强度等参数组合。设置完成后，系统将模拟出以下内容：当研发费用加计扣除比例从85%提升至95%时，预计可吸引3~5家头部企业落户湖南，带动产业链投资增长20亿元，但财政收入将在初期减少1.5亿元，3年后通过企业成长实现税收反哺。通过量化分析政策的短期成本与长期收益，为科学决策提供数据支撑。

为保障沙盒环境的有效性，将建立“数据校准—模型验证—结果评估”的闭环机制。每月采集500家样本企业的实际经营数据进行模型校准，每季度邀请高校专家、企业代表对模拟结果进行第三方验证，确保模拟误差率控制在5%以内。

通过将“湘税通”平台升级为AI税务顾问和建立政策模拟沙盒环境，湖南不仅能够提升税收征管效率，预计可使政策执行准确率从82%提升至95%，还能增强企业对政策的理解和运用能力，实现税收征管与企业发展的良性互动，为湖南优化税收赋能机制、推动经济高质量发展提供坚实的技术支撑。

6.2.2 “三螺旋”耦合机制构建

1）德国经验解码

德国税收扶持体系之所以能成为全球中小企业发展的典范，其根源可追溯至第二次世界大战后德国对实体经济的战略坚守与政策创新。自20世纪70年代起，德国便逐步构建起税收、金融与产业深度联动的“三螺旋”耦合机制，该机制通过打破政策壁垒，形成了协同发力的强大合力，成为德国经济持续稳健发展的核心支柱。

（1）税收信用担保贷款：搭建银企信任桥梁的精密系统。

德国税收信用担保贷款政策的成功，得益于其成熟的“政府—银行—企业”三方协作体系。德国复兴信贷银行（KFW）作为国家级政策性金融机构，联合各州设立的30余家地方担保银行，共同构建起覆盖全国的信用担保网络。这些机构依据企业近3年的纳税记录、财务报表及行业信用评级，将企业划分为A+至C共5个信用等级。对于A级以上企业，政府提供最高达贷款金额80%的担保，银行则在此基础上给予基准利率下浮15~25个基点的优惠。

以巴伐利亚州的精密仪器制造商ZeissIMT为例，该企业连续8年保持A级税收信用评级。在2021年申请1 200万欧元设备升级贷款时，巴伐利亚州担保银行提供70%的担保，德国商业银行（Commerz Bank）给予2.5%的超低年利率，较市场利率低1.2个百分点。该企业利用这笔资金引进了先进的纳米级加工设备，生产效率提升35%，产品精度达到国际领先水平。

风险防控机制是该政策成功的关键。政府担保机构与银行共享企业的增值税申报、所得税预缴等12项实时数据，通过动态风险预警模型，对企业财务指标进行每日监测。当系统检测到企业流动比率低于1.5或应付账款周转天数超过90天时，立即启动风险干预程序，包括要求企业补充抵押物、调整还款计划等。数据显示，该政策实施20年来，坏账率始终控制在0.8%以内，显著低于欧盟中小企业贷款平均3.2%的坏账水平。

（2）产业政策目录与税收优惠绑定：驱动产业升级的精准导航。

德国产业政策目录的制定具有高度的战略前瞻性。德国联邦经济事务和气候保护部每两年发布一次《国家产业技术路线图》，明确未来5~10年重点发展领域。以电动汽车产业为例，2016年德国将固态电池研发、智能充电网络建设等12个细分领域纳入目录，同步配套税收优惠政。具体而言，对相关企业研发费用给予25%常规抵免，增量部分再奖励60%；购置专用设备可享受“双倍递减”折旧政策，前两年累计折旧率达60%。

大众集团旗下的电池子公司PowerCo便是政策受益者。在2022—2024年间，该公司凭借符合目录要求的研发项目，累计获得4.2亿欧元税收优惠，其中3.1亿欧元投入固态电池研发。2024年，PowerCo成功研发出能量密度达500Wh/kg的固态电池样品，较传统锂电池提升2倍以上，推动德国在电动汽车核心技术领域的全球排名从第7位跃升至第3位。

在政策执行过程中，德国建立了严格的动态评估机制。由德国工业联合会（BDI）、德国机械设备制造业联合会（VDMA）等行业协会组成专家评审团，每季度对企业是否符合目录要求进行核查。对不符合标准的企业，给予3个月整改期，若仍未达标则取消税收优惠。这种“严进严管”模式确保了政策资源精准投向战略性新兴产业，有效避免了产能过剩和资源浪费。

(3)“三螺旋”机制的协同效应：构建经济发展的良性生态。

德国“三螺旋”耦合机制的独特之处在于其强大的协同效应。税收信用担保贷款为企业提供低成本资金，这些资金通过产业政策引导精准流向关键领域，推动技术创新和产业升级。以德国工业4.0战略为例，税收优惠资金支持企业购置智能设备，银行贷款助力企业建设数字化工厂，两者共同推动德国制造业数字化率从2015年的43%提升至2024年的78%。

产业升级带来的企业效益增长又反哺税收体系。数据显示，2016—2024年间，德国汽车、机械制造等重点产业税收贡献增长42%，新增税收中的35%又被投入到新一轮政策扶持中。这种“税收支持—产业发展—税收增长”的闭环生态，使德国在全球经济波动中始终保持着强劲的韧性。

德国的“三螺旋”耦合机制通过精细化的政策设计、高效的风险防控和动态的协同调整，为中小企业发展创造了优越环境。其成功经验不仅在于政策工具的创新，更在于建立了各政策要素相互促进、持续优化的生态系统，为湖南构建本土税收赋能机制提供了宝贵的借鉴样本。

2）湖南实施方案

湖南应立足“三高四新”战略定位，紧密结合“3+3+2”产业体系特色，构建具有湖湘特色的“三螺旋”耦合机制。通过制度创新与资源整合，推动税收、金融、产业深度协同，打造经济高质量发展的新引擎。

（1）税收赋能精准发力，激活金融与产业发展动能。

第一，设立专项资金，强化政策支撑。湖南设立“产业发展税收赋能专项资金”，同时构建科学完善的资金管理与运作体系。在资金来源上，以年度税收增量为基准，提取3%~5%作为稳定资金池。参考2024年湖南税收收入4 000亿元，若按4%提取，每年可筹集约160亿元专项资金。为保障资金规模的可持续性，建立动态调整机制，当全省地区生产总值增速超过全国平均水平1个百分点时，可将提取比例提高至5%；若经济增速放缓，提取比例则下调至3%，确保财政收支平衡的同时，为产业发展提供稳定支持。

在资金管理架构方面，成立由省财政厅牵头，联合省税务局、省发展改革委、省工信厅等多部门组成的专项资金管理委员会。委员会负责制定资金使用规划、审批重大项目、监督资金流向，确保资金使用的规范性和高效性。采用“省级统筹+地市配套”模式，长沙、株洲、湘潭等工业强市按照1∶0.5的比例配套资金，岳阳、衡阳等城市按1∶0.3比例配套资金。例如，长沙市在获得省级专项资金支持后，需额外配套资金，用于本地重点产业项目扶持。同时，为提高资金使用效率，引入第三方审计机构，对资金使用情况进行定期审计，每年向社会公开审计报告，接受公众监督。

此外，建立专项资金项目库，对申报项目进行分类管理和动态跟踪。项目库分为重点产业升级类、新兴产业培育类、企业创新支持类等，企业根据自身需求进行申报。管理委员会按照“公平、公正、公开”原则，组织专家对申报项目进行评审，优先支持技术含量高、带动效应强、发展前景好的项目，确保专项资金精准投向关键领域。

第二，聚焦产业链基金，推动产业升级。围绕湖南“3+3+2”产业体系，设立总规模500亿元的专项产业链基金，旨在构建多层次、多元化的产业投资体系。以工程机械产业基金为例，首期规模100亿元，采用“母子基金”架构。母基金由财政出资30%，发挥财政资金的引导作用，吸引国开金融、中信证券、中金公司等金融机构和社会资本出资70%，形成强大的资金聚合效应。

在基金运作模式上，制定了严格的投资决策流程。设立由行业专家、金融精英、企业代表组成的投资决策委员会，对投资项目进行评估和决策。重点支持三一重工无人挖掘机智能控制系统研发项目。该项目旨在通过引入人工智能、物联网等技术，实现挖掘机的自主作业和远程监控，提升工程机械的智能化水平。同时，支持中联重科新型高空作业平台制造项目。该平台采用新材料和新工艺，具有更高的安全性和作业效率。

为确保基金投资的精准性和有效性，建立产业项目储备库，联合省工信厅、行业协会等机构，对产业链上下游企业进行全面调研和筛选，挖掘具有潜力的优质项目。对入库项目进行动态管理，定期更新项目进展情况，根据项目成熟度和市场需求，合理安排投资计划。此外，建立基金退出机制，通过企业上市、股权转让、并购重组等方式实现资本退出，保障资金的循环利用和增值。预计通过产业链基金的带动，将吸引产业链上下游企业投资超500亿元，推动湖南工程机械产业整体智能化水平提升20%，进一步巩固湖南在全球工程机械领域的领先地位。

对于新能源汽车和电子信息等产业基金，同样采用市场化运作模式，重点投资新能源汽车电池技术研发、智能网联汽车关键零部件制造、半导体芯片研发等领域，推动新兴产业快速发展，培育新的经济增长点。

第三，创新科技保险，降低创新风险。联合中国人寿财险湖南分公司、平安产险湖南分公司等本地保险机构，深入调研湖南企业创新需求，推出“湘科保”系列科技保险产品，构建全方位的创新风险保障体系。针对新一代信息技术企业面临的研发失败风险，设计“研发失败险”，最高赔付研发投入的60%。企业在研发过程中，若因技术难题、市场变化等原因导致项目失败，可获得相应赔偿，减轻企业经济负担，增强企业创新信心。

为新材料企业定制“成果转化险”，保障其在市场推广阶段的潜在损失。新材料从研发成功到实现产业化和市场化，面临诸多不确定性，如市场接受度低、竞争对手冲击等。“成果转化险”可对企业因市场推广失败造成的经济损失进行补偿，助力新材料企业顺利实现成果转化。

政府设立20亿元保费补贴池，对符合条件的企业给予30%~50%的保费补贴，制定详细的补贴申请流程和审核标准，企业提交投保合同、项目计划书、财务报表等材料，经省科技厅、省财政厅等部门联合审核后，发放补贴资金。例如，长沙某人工智能企业投保500万元研发保险，根据其创新能力和项目前景，可获得250万元的政府补贴。

为提高科技保险的覆盖面和知晓度，开展“科技保险进园区”活动，组织保险机构深入长沙高新区、株洲高新区等产业园区，向企业宣传科技保险产品和政策。同时，建立科技保险服务平台，提供在线咨询、投保、理赔等一站式服务，方便企业了解和购买保险产品。此外，加强与高校、科研机构的合作，共同开展科技保险研究，开发更多适应企业创新需求的保险产品，完善科技保险产品体系，为湖南企业创新发展提供坚实的风险保障。

（2）产业链基金与科技保险协同，推动产业升级与企业创新。

第一，产业链基金的“直投+子基金”双轮驱动模式，亟须打造一套精细化的运作体系，并配套科学的管理机制。在直投项目方面，以新能源产业为例，聚焦产业链核心环节，针对中伟股份等龙头企业的三元正极材料扩产项目，设立专项投资小组。小组由产业专家、金融分析师、财务顾问组成，深入企业调研，从技术可行性、市场前景、财务状况等维度进行全面评估。在投资决策上，采用“三级审批制”，先由投资小组提交可行性报告，再经投资决策委员会审议，最后报基金管理委员会批准，确保资金投向具有战略价值的核心项目。

子基金的设立与运作更强调市场化与专业化。与深创投、达晨财智等国内知名投资机构合作，通过公开招标或定向邀请的方式，筛选具备丰富行业经验和优质项目资源的合作伙伴。子基金规模设定在10亿~20亿元，采用有限合伙制，明确各方权责利。在投资方向上，重点支持锂电池隔膜、电解液等细分领域的初创企业，如对专注于高性能锂电池隔膜研发的湖南某初创企业，子基金不仅提供资金支持，还利用合作机构的资源网络，帮助企业对接上下游客户，引入技术专家团队，助力企业快速成长。

为进一步发挥产业链基金的“招商引智”作用，推行“资本招商”模式。制定详细的招商激励政策，对通过基金投资引入省外优质项目的团队和个人给予奖励。建立项目对接平台，定期举办产业投资峰会、项目路演等活动，吸引省外企业携带技术、资金和人才落户湖南。预计通过“资本招商”模式，每年可吸引20~30个省外优质项目，带动产业链上下游投资超百亿元，促进产业集群发展。同时，建立项目退出评估机制，根据企业发展阶段和市场环境，灵活选择IPO上市、股权转让、并购重组等退出方式，实现资金的高效循环利用。

第二，“基金-保险”联合评审委员会的组建与运作，是实现协同联动的关键。委员会由省财政厅、省工信厅、省金融监管局等政府部门代表，以及行业协会专家、金融机构高管、保险精算师等组成。在对高风险创新项目进行评审时，采用“双轨评估制”，基金团队侧重评估项目的投资价值和收益潜力，保险团队则重点分析项目的风险状况和可保性。例如，针对新能源汽车芯片研发项目，联合评审委员会在评估过程中，既考量项目的技术创新性和市场前景，又对研发过程中的技术风险、产品量产风险进行评估，最终确定“投保联动”方案，由基金提供资金支持，保险机构同步提供技术研发险和产品质量险，为项目保驾护航。

“湘企融”信息共享平台的建设，需整合多部门数据资源，打造智能化的信息服务体系。平台接入税务、市场监管、科技、海关等10个部门的数据接口，运用大数据、云计算和区块链技术，实现数据的实时采集、清洗和分析。企业端可通过平台实时展示经营状况、项目进度、财务数据等信息，方便基金和保险机构进行动态跟踪。例如，当某新材料企业在平台更新其研发项目进入中试阶段的信息后，平台自动分析其资金需求和风险状况，向产业链基金推送投资建议，同时为保险机构提供产品设计参考，实现信息的高效共享与精准对接。此外，平台还设置风险预警功能，当监测到企业出现经营异常、技术风险等情况时，及时向相关机构发出预警，以便采取应对措施。

（3）创新成果转化带动税收增长，反哺税收赋能。

首先，要完善税收奖励体系，这需要细化奖励标准与实施流程，增强政策的吸引力和可操作性。对于新认定的国家级专精特新“小巨人”企业，除现有优惠政策外，明确企业所得税地方留存部分50%返还的具体计算方式和发放时间。以年营收2亿元的“小巨人”企业为例，假设企业所得税税率为25%，地方留存比例为40%，则每年可获得税收返还金额约为：20 000×25%×40%×50%=1 000（万元），三年累计返还3 000万元。同时，设立“湖湘创新奖”，制定详细的评选标准，涵盖关键技术突破、重大成果转化、创新模式应用等多个维度。成立由高校教授、行业专家、企业代表组成的评审委员会，通过企业申报、初审、专家评审、公示等环节，确保评选公平公正。对获奖企业给予最高500万元奖励，奖励资金从每年税收增量中列支，激励企业加大创新投入，提升核心竞争力。

其次，是动态调整机制的有效运行，这依赖于科学的评估体系和快速响应机制。政策评估委员会由经济学家、行业协会负责人、企业高管等组成，每季度对“三螺旋”机制运行效果进行量化评估。评估指标包括产业产值增长率、企业创新投入强度、税收增长幅度等。当某产业产值增速超过全省平均水平20%时，触发动态调整程序，将该产业的基金投资比例提高10%，保费补贴标准提升至60%。以新能源产业为例，若其产值增速显著加快，产业链基金将加大对动力电池、储能设备等领域的投资力度，同时提高科技保险保费补贴，吸引更多企业进入该领域，推动产业快速扩张。此外，建立政策调整反馈机制，收集企业和行业协会对政策调整的意见和建议，及时优化政策措施，确保政策与产业发展动态适配。

最后，要构建风险防控体系，需要多管齐下，形成全方位的风险保障网络。设立10亿元风险补偿基金，制定严格的补偿申请和审核流程。当产业链基金投资项目出现损失时，企业可按照规定提交补偿申请，经风险补偿基金管理委员会审核后，给予最高30%的损失补偿。同时，建立科技保险风险准备金制度，按保费收入的15%提取准备金，用于应对保险赔付高峰。开发“湘税风控”智能系统，整合企业税务数据、财务数据、市场数据等，运用机器学习算法构建风险预测模型。系统可提前识别企业资金链断裂、技术迭代失败等风险，并根据风险等级向企业、基金和保险机构发出预警。例如，当系统监测到某企业应收账款周转天数过长，可能出现资金链断裂风险时，立即向产业链基金提示减少后续投资，同时建议保险机构调整保险方案，降低赔付风险，确保“三螺旋”机制稳健运行。

通过以上系统化、精细化的措施，湖南将构建起税收赋能、金融支持、产业升级的良性循环体系。预计到2027年，实现重点产业产值突破3万亿元，培育国家级专精特新企业500家以上，税收收入年均增长8%，为中部崛起和高质量发展提供具有示范意义的“湖南方案”。

3）关键耦合点

在构建“三螺旋”耦合机制过程中，需牢牢把握风险共担与信息共享两大核心要素，以此为着力点强化税收、金融与产业的协同联动，保障机制稳定高效运行。

（1）建立风险共担机制。

第一，要设立税收优惠风险准备金，以年税收收入的1.5%为基准设立风险准备金，其规模可根据经济发展状况和税收收入波动情况进行动态调整。该准备金由湖南省财政厅联合税务局共同管理，采用专户存储、专款专用的原则。当享受税收优惠政策的企业因市场环境变化、技术迭代失败等原因出现经营风险，导致无法正常履行纳税义务时，风险准备金可对其进行阶段性帮扶。例如，某新能源汽车零部件企业因市场需求骤降，资金链紧张，难以维持生产。经审核评估后，风险准备金可为其提供短期低息贷款或贴息支持，帮助企业稳定生产，避免因经营风险引发连锁反应，保障税收优惠政策的持续性和企业的生存发展。同时，建立严格的风险准备金使用审批流程和监督机制，确保资金使用的透明度和安全性，定期向社会公开资金使用情况，接受各方监督。

第二，要开发“税银保”联动产品。联合税务部门、银行和保险机构，共同开发“税银保”联动创新产品，以研发中断险为核心，延伸出知识产权侵权险、市场波动险等系列产品。研发中断险主要针对企业在研发过程中因技术难题、设备故障、资金短缺等原因导致研发项目停滞的风险。企业在申请税收优惠时，可同步申请投保研发中断险，银行根据企业的税收信用记录和保险投保情况，给予一定的贷款额度和利率优惠。例如，株洲某轨道交通装备企业在研发新型智能列车控制系统时，投保研发中断险，银行基于其良好的税收信用和保险保障，为其提供低息贷款。若研发项目因不可抗力因素中断，保险公司将对企业已投入的研发成本进行赔付，同时银行可根据实际情况调整贷款偿还计划，降低企业的创新风险和财务压力。此外，“税银保”各方建立定期沟通协调机制，及时共享企业风险信息，共同制定风险应对策略，形成风险共担的合力。

（2）搭建信息共享平台。

第一，要整合多部门数据资源，由湖南省政府牵头，成立跨部门数据整合专项小组，整合税务、工信、科技、市场监管等部门的数据资源。打破部门间的数据壁垒，建立统一的数据标准和接口规范，将企业的纳税数据、生产经营数据、科技研发数据、市场信用数据等进行集中归集。例如，税务部门提供企业的纳税申报、税收优惠享受等数据；工信部门提供企业的生产规模、产业类别、产业链上下游关系等数据；科技部门提供企业的研发投入、专利申请、科技成果转化等数据。通过数据清洗、筛选和分类，形成完整的企业数据档案库，为信息共享和分析奠定基础。

第二，要建立企业成长性动态评分模型，基于整合的企业数据，运用大数据分析、机器学习等技术，构建企业成长性动态评分模型。该模型综合考虑企业的财务状况、技术创新能力、市场竞争力、行业发展前景等多个维度的指标。例如，财务指标包括营收增长率、净利润率、资产负债率等；技术创新指标涵盖研发投入强度、专利数量、科技成果转化率等；市场竞争力指标涉及市场份额、客户满意度、品牌影响力等。模型根据企业数据的实时更新，动态调整评分结果，将企业划分为高成长、中成长、低成长等不同类别。对于高成长企业，在税收政策上给予更多优惠倾斜，金融机构加大信贷支持力度，产业政策重点扶持其发展；对于低成长企业，通过政策引导和帮扶，促进其转型升级。同时，评分模型的结果可反馈给政策制定部门，为税收政策优化、金融资源配置和产业政策调整提供科学依据，提高政策的精准性和协同性，实现资源的高效配置。

6.2.3 比较分析的核心发现

1）制度弹性差异

美国税收政策以GDP增速作为核心触发指标构建动态调整机制，这种设计使其具备极强的经济波动适应性。当经济处于下行区间，如在2020年疫情冲击时期，美国GDP增长率骤降至-3.1%，触发困难企业豁免政策，大量中小企业获得税收缓缴与减免，有效缓解了现金流压力；而在经济复苏阶段，GDP增速回升至5.9%（2021年）时，加速折旧政策的激活推动制造业设备投资增长17%。这种“经济信号-政策响应”的快速联动机制，使税收政策成为熨平经济周期波动的重要工具，尤其适用于经济结构多元化、外部冲击敏感性高的地区。

相较之下，德国税收政策更强调与国家长期技术路线图的深度绑定。以其“工业4.0”战略为例，税收优惠精准匹配智能制造、工业互联网等领域，对参与数字化转型的企业给予研发税收抵免、设备投资补贴等支持。如通快集团在激光技术研发过程中，持续获得政策扶持，其研发投入占比长期保持在10%以上，推动德国在高端装备制造领域形成技术垄断优势。这种以产业技术升级为导向的政策设计，适合产业集群化、专业化程度高的地区，能够通过长期稳定的政策预期，引导企业进行战略投资与技术积累。

湖南作为制造业大省，产业结构兼具传统优势产业与新兴战略产业。结合自身特点，建立“产业景气指数+企业生命周期”双维调节机制具有现实必要性。在产业维度上，通过编制工程机械、轨道交通等优势产业的景气指数，当指数低于荣枯线时，自动启动设备更新税收补贴、研发费用加计扣除比例提升等政策；在企业生命周期维度上，对初创期企业给予最长8年的亏损结转期，成长期企业提供增量投资税收返还，成熟期企业则通过税收优惠引导其向高端化转型。例如，长沙某新能源汽车初创企业在成立前3年亏损阶段，可通过亏损结转政策减少后续盈利年度的税负，降低创业风险。

2）政策渗透深度

德国“隐形冠军”政策构建了覆盖四级供应商的完整扶持体系。以汽车产业为例，政策不仅支持博世、大陆等核心零部件企业，还延伸至为其配套的精密模具、特种材料等中小企业。在巴登-符腾堡州，一家为奔驰提供刹车系统零部件的三级供应商，通过税收信用转让政策获得额外资金，用于购置先进加工设备，产品精度提升20%，成功进入宝马供应链体系。这种“链式”政策传导机制，使税收优惠能够沿着产业链逐级渗透，形成协同创新效应。

反观湖南，现行税收优惠政策主要集中于核心企业与一级供应商。以工程机械产业为例，三一重工、中联重科等龙头企业享受了大部分政策资源，而其上游的液压管路、传感器等中小企业获得的支持有限。数据显示，湖南产业链二级以下供应商的研发投入强度仅为核心企业的43%，导致产业链基础环节薄弱。为破解这一难题，湖南需构建“链式”税收优惠传导机制，可借鉴德国经验，对为重点产业配套的中小企业给予研发成本加成扣除、增值税留抵退税等政策倾斜。例如，对为工程机械企业提供关键零部件的中小企业，将其研发费用加计扣除比例从75%提高至90%，并允许其增值税留抵税额按月全额退还，促进产业链上下游协同发展。

美国建立了“季度评估+快速响应”机制，政策制定部门每季度收集企业投资、就业等数据，通过计量模型评估政策效果。当发现2018年TCJA实施后企业海外利润回流速度超出预期时，仅用4个月就调整了相关资本利得税政策。德国虽以年度评估为主，但依托其完善的微观数据监测体系，能快速识别政策执行中的堵点。如在2022年能源危机期间，德国仅用3个月就推出能源密集型企业税收减免政策，缓解企业成本压力。

湖南现行政策评估缺乏制度化安排，平均调整周期超过24个月，远高于美国和德国（见表6-2）。例如，某新兴产业税收优惠政策在实施一年半后，才发现政策门槛过高导致受益企业不足预期的30%，但由于缺乏快速调整机制，政策失效期长达半年。为提升政策有效性，湖南应建立“年度评估+应急响应”机制：即每年12月开展政策实施效果全面评估，运用双重差分法、合成控制法等量化工具分析政策影响；同时设立经济形势监测预警平台，当监测到如行业增长率骤降15%、重大技术变革冲击等突发事件时，启动应急响应程序，确保政策调整响应时间缩短至3个月内。

表6-2　　　　评估反馈时效

国家	政策评估周期	调整响应速度
美国	季度	3~6个月
德国	年度	12~18个月
湖南	不定期	>24个月

7

政策工具箱：面向2035年的机制优化方案

7.1 短期突破路径（2024—2026年）

7.1.1 湘商回归跨境税收争议响应机制

1）快速响应矩阵设计

为切实保障湘商回归企业的合法权益，解决跨境经营中的税收争议问题，本书构建系统化、高效化的快速响应矩阵，针对不同类型的税收争议，明确响应时限、解决方式及典型案例，确保争议得到及时妥善处理（见表7-1）。

表7-1　争议解决案例

争议类型	响应时限	解决方式	典型案例
双重征税	≤15日	启动税收协定协商程序	某装备企业境外工程退税纠纷
转让定价调整	≤30日	组建专家仲裁委员会	生物医药企业特许权使用费
税收情报交换	≤7日	电子化自动清关系统	跨境电商增值税争议

（1）双重征税争议处理。

当湘商回归企业遭遇双重征税问题时，税务部门需在15日内启动税收协定协商程序。首先，企业通过“湘商回归服务专窗”提交详细的争议材料，包括境外纳税凭证、业务合同、境内外收入明细等。税务部门接收材料后，2个工作日内完成初审，确认争议性质和涉及国家（地区）。若属于税收协定覆盖范围，立即与对方税务主管当局进行沟通，成立由国际税收专家、法律顾问组成的专项工作组，收集整理相关证据，依据税收协定条款提出协商方案。

以某装备企业境外工程退税纠纷为例，该企业在东南亚某国承接大型工程建设项目，按照当地税法缴纳了增值税，但回国后在计算企业所得税时，该部分已缴税款未得到抵扣，形成双重征税。企业提交争议材料后，湖南省税务局迅速启动协商程序，与对方税务部门多次沟通，提供项目合同、境外完税证明等材料，依据中国与该国签订的税收协定中关于消除双重征税的条款，经过12天的协商，最终达成解决方案，企业成功获得相应税款抵扣，避免了经济损失。

（2）转让定价调整争议处理。

对于转让定价调整争议，在30日内组建专家仲裁委员会进行处理。专家仲裁委员会由税务领域专家、会计师、律师以及行业代表组成。企业提出争议后，税务部门在5个工作日内完成争议材料的收集和整理，提交给专家仲裁委员会。委员会在10个工作日内对争议进行分析，通过实地调研、数据比对等方式，评估企业转让定价是否符合公平交易原则。若存在不合理之处，提出调整建议，并组织企业与税务部门进行协商；若企业对调整建议存在异议，委员会进一步进行仲裁，给出最终裁决结果。

例如，某生物医药企业因特许权使用费的转让定价问题与税务部门产生争议。企业认为其支付给境外关联公司的特许权使用费符合市场价格，但税务部门认为定价过高，存在利润转移嫌疑。专家仲裁委员会组建后，对企业的研发投入、市场同类产品价格、关联交易实质等进行深入调查，最终认定企业的转让定价存在不合理之处，并提出调整方案。经过多次协商，企业接受了仲裁结果，调整了转让定价，解决了争议。

（3）税收情报交换争议处理。

对于税收情报交换争议处理，借助电子化自动清关系统，实现税收情报交换争议7日内快速响应。企业在跨境交易中涉及税收情报交换争议时，可通过“湘税通”平台提交争议信息。系统自动将争议信息分类处理，并推送至相关部门。税务部门收到信息后，2个工作日内调取企业的跨境交易数据、报关单、资金流水等信息，通过电子化自动清关系统与境外税务机构进行情报交换和核实。若争议是信息误报、漏报导致，及时协助企业更正信息；若涉及复杂的税收政策理解差异，与境外税务机构进行沟通协调，明确政策口径，确保争议快速解决。

以跨境电商增值税争议为例，某湖南跨境电商企业在欧洲某国销售商品时，因该国税务机构获取的销售数据与企业申报数据不一致，产生增值税缴纳争议。企业通过平台提交争议后，税务部门迅速调取企业的销售记录、物流信息等数据，通过电子化自动清关系统与该国税务机构进行情报交换。经核实，发现是物流信息延迟导致数据差异，在5日内协助企业更正申报数据，解决了增值税争议，保障了企业的正常经营。

此外，为确保快速响应矩阵的有效运行，建立配套的保障措施。一方面，加强国际税收人才队伍建设，定期组织税务人员参加国际税收规则、外语、谈判技巧等培训，提升处理跨境税收争议的专业能力；另一方面，完善信息共享机制，与海关、商务、外汇管理等部门建立数据共享平台，实时获取企业跨境经营数据，为争议处理提供准确的数据支持，助力湘商回归企业在国际市场稳健发展。

2）实施保障

（1）建立“湘商税收护航”专班（省税务局+商务厅+外汇管理局）。

“湘商税收护航”专班采用“统筹协调、分工负责、协同联动”的运作模式，由省税务局牵头，联合省商务厅、外汇管理局组建，旨在为湘商回归企业跨境经营提供全流程、专业化的税收服务与保障。

在组织架构与人员配置方面，专班设立领导小组，由省税务局局长担任组长，省商务厅副厅长、外汇管理局湖南省分局副局长任副组长，统筹专班整体工作。下设综合协调组、政策服务组、争议处理组三个专项工作组。综合协调组由省税务局国际税收处、省商务厅对外经济合作处、外汇管理局经常项目管理处业务骨干组成，负责专班日常事务协调、信息汇总与报送；政策服务组汇聚三方政策研究专家，为企业提供跨境税收政策解读、税收筹划指导；争议处理组由具备国际税收纠纷处理经验的税务稽查人员、商务法律顾问、外汇监管专员构成，专职处理各类跨境税收争议案件。同时，建立专家顾问库，邀请高校国际税收学者、涉外律师事务所资深律师、跨国企业税务总监等作为外部智囊，为复杂问题提供专业意见。

对于职能分工与工作流程，综合协调组建立“一企一档”动态管理机制，通过企业申报、部门数据共享等方式，收集湘商回归企业跨境投资、经营、纳税等信息，形成企业专属档案。每月组织召开专班联席会议，汇总企业需求与问题，制定阶段性工作计划。政策服务组针对企业跨境投资前期、运营期、退出期等不同阶段，提供定制化政策服务。例如，在企业投资前期，协助企业分析投资目的地国税收政策、双边税收协定，评估潜在税务风险；在运营期，定期推送税收政策更新信息，指导企业合规纳税。争议处理组接到企业税收争议诉求后，启动“快速响应—联合研判—协同处置”流程，24小时内与企业对接，3个工作日内组织专项会议分析争议焦点，根据争议类型启动相应处理程序，确保争议高效解决。

（2）开发跨境税收智能导航系统（覆盖83个投资目的地国）。

跨境税收智能导航系统以“数据驱动、智能决策、精准服务”为核心，依托大数据、人工智能等技术，整合83个投资目的地国税收政策、双边税收协定、跨境税收案例等信息，为湘商回归企业提供一站式跨境税收服务。

在功能模块设计上，系统设置了“政策查询”“风险预警”“智能咨询”“案例库”四大核心功能模块。在“政策查询”模块，企业可通过投资目的地国、行业类型、业务场景等多维度筛选，快速获取当地企业所得税、增值税、关税等政策细则，以及税收优惠、申报流程等信息。“风险预警”模块运用机器学习算法，分析企业跨境交易数据、税务申报数据，结合投资目的地国税收政策变化、国际税收规则调整等因素，对企业可能面临的双重征税、转让定价风险、反避税调查等风险进行实时监测，一旦触发风险阈值，立即向企业推送预警信息，并提供风险应对建议。“智能咨询”模块基于自然语言处理技术，支持企业以文字、语音形式咨询跨境税收问题，系统自动匹配政策法规与案例，生成解答方案；对于复杂问题，转接至人工客服或政策专家进行一对一解答。“案例库”模块收录全球跨境税收典型案例，按争议类型、处理结果分类展示，企业可通过检索相似案例，了解争议处理流程与经验教训。

在数据层面，系统与国家税务总局国际税收信息平台、OECD税收数据库、世界银行营商环境报告等权威数据源建立接口，实时获取投资目的地国税收政策动态更新数据；同时，接入省商务厅境外投资备案数据、外汇管理局跨境资金流动数据，以及企业自主填报数据，形成多维度数据池。在技术层面，采用微服务架构搭建系统平台，确保高可用性与扩展性；运用区块链技术对重要税收政策文件、企业跨境交易数据进行存证，保障数据真实性与不可篡改；借助云计算技术实现系统资源的弹性调配，满足企业高峰期访问需求。此外，系统设置多语言版本，支持英语、法语、西班牙语等常用语种，方便企业与境外税务机构沟通，助力湘商回归企业在国际市场行稳致远。

7.1.2 专精特新“成长伴随式”服务包

1）服务内容架构

专精特新“成长伴随式”服务包以企业全生命周期发展需求为导向，构建“初创期—成长期—成熟期”三阶段递进式服务体系，通过税收服务精准赋能，助力企业快速成长。

（1）初创期：税收体检与研发费用预审核。

在企业初创阶段，税务部门联合具有丰富经验和专业资质的第三方专业机构，如知名会计师事务所、税务师事务所等，为企业提供全面细致的“税收健康体检”服务。体检团队会深入分析企业的财务报表，包括资产负债表、利润表、现金流量表等，查看各项财务数据是否符合税收法规要求，有无异常波动或不合理的收支情况。同时，对企业的业务合同进行逐一审查，关注合同中的交易条款、定价方式、支付条件等是否存在税务风险点，例如，是否存在不合理的关联交易定价、未明确的税费承担条款等。对于发票数据，会检查发票的开具、取得、保管等环节是否合规，发票内容与实际业务是否相符。

通过上述多维度的分析，识别潜在税务风险，如在税务登记合规性方面，检查企业是否在规定时间内完成税务登记，登记信息是否准确完整；在发票开具规范性方面，查看发票的格式、内容填写是否正确，是否按照规定的税率开具等问题。在全面诊断后，出具详细的《税收风险诊断报告》，报告不仅要明确指出存在的风险问题，还要提供具体的整改建议和操作指南。

例如，某新成立的智能制造企业在体检中被发现研发费用科目设置不规范，将一些与研发活动无关的费用错误地归集到研发费用科目中，可能影响后续加计扣除政策享受。税务顾问在发现问题后，会与企业财务人员进行深入沟通，详细解释研发费用加计扣除政策的具体要求和费用归集范围，指导企业按照规定调整账目，将不符合要求的费用剔除，并正确分类和记录研发费用。同时，还会为企业提供相关的政策文件和案例分析，帮助企业更好地理解政策，避免未来再次出现类似的政策适用风险。

针对研发活动，开展“研发费用预审核”。企业提交研发项目计划书后，税务部门组织由行业技术专家、资深税务师和会计师组成的专家团队进行审核。行业技术专家凭借其专业知识，对研发项目的技术创新性、可行性和研发目标进行评估，判断该项目是否符合国家鼓励的研发方向。税务师和会计师则从财务和税务角度出发，审查研发费用预算的合理性、费用列支的合规性以及研发活动与企业主营业务的相关性等。

在审核过程中，专家团队会与企业研发负责人和财务人员进行沟通交流，了解研发项目的具体实施计划、人员安排和资金使用情况等。对于存在疑问的部分，要求企业提供进一步的说明和证明材料。审核通过的企业，可提前获得研发费用加计扣除政策指导。税务部门会安排专人一对一地为企业讲解政策，明确费用归集范围，如哪些费用可以作为直接研发费用、哪些属于间接研发费用，以及凭证要求，包括研发人员的工资薪金凭证、研发设备的购置发票、研发场地的租赁发票等，确保企业能够准确把握政策，为后续享受政策红利奠定坚实基础。

（2）成长期：政策匹配与产业链税收协同。

进入成长期，服务包聚焦政策精准匹配。建立功能强大的“政策智能匹配系统”，该系统整合了国家、省、市各级政府发布的各类税收政策，形成全面的税收政策库。同时，系统具备先进的数据分析和智能匹配算法。企业录入自身经营数据（如营收规模、行业分类、研发投入、资产规模等）后，系统会自动从税收政策库中筛选出与企业经营情况相匹配的适用政策。

在筛选过程中，系统会综合考虑政策的时效性、适用范围、行业针对性等因素，确保为企业提供最准确、最及时的政策信息。例如，某新材料企业通过系统匹配，不仅及时了解到可享受高新技术企业15%的企业所得税优惠税率，以及省级新材料产业专项税收补贴政策，还能获取关于研发费用加计扣除比例提高、固定资产加速折旧等相关政策信息。系统还会为企业提供政策解读和申报指南，帮助企业理解政策内涵和申请流程。

在产业链税收协同方面，搭建“产业链税收服务平台”。以工程机械产业链为例，平台利用先进的信息技术手段，整合链上企业的供需信息、税收优惠享受情况、财务数据等多维度信息。通过对这些信息的分析和挖掘，推动上下游企业在发票开具、成本分摊等环节的协同。

核心企业可通过平台向供应商传递税收合规要求，明确发票的开具内容、格式和时间要求等，确保发票信息的准确性和一致性。供应商则能获取核心企业的税收政策支持，如了解核心企业享受的税收优惠政策对自身业务的影响，以及如何通过合理的业务安排和税收筹划，共同降低产业链整体税负。例如，平台可以通过数据分析发现，某核心企业的供应商在原材料采购发票开具方面存在不规范的情况，可能导致核心企业无法正常抵扣进项税额。平台会及时提醒供应商进行整改，并提供相关的发票开具指导。同时，平台还会根据产业链企业的成本结构和业务模式，提供成本分摊的优化建议，实现产业链整体税负的优化。

（3）成熟期：国际税收与APA预先定价安排。

当企业迈向成熟期时，服务包侧重国际税收服务。针对有跨境业务的企业，税务部门组建由国际税收专家、外语专业人才和法律顾问组成的服务团队，为企业提供境外税收政策咨询、双边税收协定解读等服务。服务团队会深入研究企业目标市场国家（地区）的税收法规，包括企业所得税、增值税、关税等税种的具体规定，以及税收优惠政策和税收征管要求。

例如，某计划开拓东南亚市场的专精特新企业，在税务部门帮助下，了解到中国与东盟国家的税收协定中关于避免双重征税的条款，以及不同国家在常设机构认定、利润归属等方面的差异。服务团队会根据企业的业务模式和投资计划，为企业合理规划境外投资架构，如选择合适的投资主体、设立地点和组织形式等，以降低境外税务成本和风险。同时，还会为企业提供境外税务申报的流程指导和注意事项，帮助企业在境外合规纳税。

对于存在跨境关联交易的企业，主动引导其申请APA预先定价安排。税务部门协助企业准备同期资料，包括关联交易的类型、定价方法、交易流程、利润水平等详细信息。同时，利用自身的国际税收合作网络和谈判经验，与境外税务机关进行沟通谈判，争取达成合理的APA安排。在谈判过程中，税务部门会充分考虑企业的商业利益和国际税收规则，通过提供翔实的数据和合理的分析，说服境外税务机关认可企业的转让定价原则和计算方法。

某跨国经营的电子信息企业通过APA安排，稳定了境外子公司与境内母公司之间的交易定价，降低了税务争议风险。在APA实施期间，税务部门会对企业的关联交易进行持续监控，确保企业按照约定的定价原则和方法进行交易。如果市场环境或企业经营情况发生变化，税务部门会及时与企业和境外税务机关沟通，对APA进行调整和完善，保障企业跨境经营的稳定性和可持续性。

2）特色工具

（1）“研发银行”：按季度预拨加计扣除额度（最高300万元）。

“研发银行”作为创新型政策工具，构建了“信用评估—动态预拨—风险管控”的完整运作体系。在信用评估环节，“研发信用评估体系”采用定量与定性相结合的评估方式。定量指标涵盖研发投入强度（企业研发费用占营业收入的比例）、专利申请数量、研发设备投入金额等9项硬性数据；定性指标则包含科研团队资质（核心成员学历、行业经验及获奖情况）、研发项目技术创新性（是否填补国内空白或达到国际先进水平）、与国家战略产业契合度等3个维度。企业需达到总分70分以上（满分100分），且研发项目已在省科技厅完成备案，方可获得预拨资格。

预拨流程实现线上化与标准化。企业每季度首月5日前，通过“湘税通”平台提交《研发资金预拨申请表》，同步上传项目进度报告、科研费用明细等材料。税务部门联合科技、财政部门组成联合审核小组，运用大数据技术交叉核验企业数据真实性。审核通过后，7个工作日内将预拨资金直接拨付至企业指定账户。例如，长沙某生物医药企业专注mRNA疫苗研发，研发投入强度达18%，拥有5项发明专利，且研发项目被纳入省级重点科研计划，成功申请到季度300万元预拨资金，用于购置进口实验仪器和开展临床试验。

为确保资金安全，建立三级风险监控机制。一级监控通过智能系统实时追踪资金流向，若发现资金转入非研发相关账户，立即触发预警；二级监控要求企业每季度提交资金使用专项报告，由第三方审计机构进行抽样核查；三级监控针对项目终止或进度严重滞后的企业，除追回预拨资金外，还将企业纳入重点监管名单，限制其未来6个月内的政策申报资格。同时，设立申诉通道，企业对处理结果有异议时，可在15日内向专项复核委员会提交申诉材料，保障企业合法权益。

（2）“创新积分”：1专利=2万元抵免额度（可跨年结转）。

“创新积分”制度以知识产权为核心，构建“积分生成—多元应用—动态调整”的激励生态。积分生成环节，除发明专利（20分/项）、实用新型专利（10分/项）、外观设计专利（5分/项）外，新增软件著作权（3分/项）、国际标准制定（50分/项）、国家级科技奖项（100分/项）等加分项，全面覆盖企业创新成果。积分计算采用“即时登记+年度核验”模式，企业通过“湖南省知识产权公共服务平台”完成成果登记后，系统自动生成积分；每年3月，由知识产权局联合税务部门对积分进行复核，确保数据准确性。

积分应用场景实现多元化拓展。在税收抵免方面，企业申报企业所得税时，可在电子税务局直接勾选积分抵免选项，系统自动计算抵免金额。如某电子信息企业2024年获得3项发明专利、5项实用新型专利，累计积分110分，对应11万元税收抵免额度，当年企业所得税应纳税额为50万元，实际应纳税额为39万元。此外，积分与企业信用评级深度绑定，金融机构将积分纳入企业信用评分体系，积分每增加10分，企业贷款利率可下浮0.5个百分点；在政府项目申报中，积分达到200分以上的企业，可直接进入项目初审绿色通道。

为保持政策活力，建立积分动态调整机制。每两年根据产业发展需求，调整积分计算规则和应用场景。例如，当新能源产业成为重点发展方向时，对该领域企业的专利积分加倍计算；若企业存在专利非正常申请、侵权等行为，将扣除相应积分，并取消其当年积分应用资格。同时，搭建积分交易平台，允许企业之间进行积分转让，促进创新资源优化配置。

3）实施效果预测

（1）企业成长周期缩短30%。

服务包的实施通过多维度赋能实现企业加速成长。在初创期，税收体检平均为每家企业识别出5~8项潜在税务风险，通过提前整改，避免因税务问题导致项目停滞，使企业筹备期平均缩短2~3个月；“研发银行”预拨机制让企业提前获取资金，研发项目启动时间平均提前40天。在成长期，“政策智能匹配系统”使企业政策获取效率提升80%，平均每年节省政策研究时间约150小时；产业链税收协同平台降低企业综合税负3~5个百分点，节约的资金可投入扩大再生产。在成熟期，国际税收服务帮助企业平均降低境外税务成本12%，APA预先定价安排使跨境交易税务争议发生率下降70%。以某智能装备制造企业为例，传统模式下从创立到成长为行业龙头需8~10年，在服务包支持下，预计可在5~7年内达成目标，企业估值提升速度加快40%。

（2）政策享受及时性提升至95%。

“政策智能匹配系统”每日自动抓取最新政策文件，通过自然语言处理技术解析后，24小时内向符合条件的企业推送政策信息。“研发银行”预拨机制将政策享受从年度汇算清缴提前至季度，企业享受政策的时间跨度缩短9个月。试点数据显示，在“研发银行”实施后，企业研发资金到位时间从平均180天缩短至30天，资金使用效率提升6倍。综合测算，服务包实施前企业政策平均享受周期为8~10个月，实施后缩短至1个月以内，政策享受及时性从当前的60%提升至95%，有效缓解企业资金压力，预计可使企业研发投入增长率提高25%，新专利申请量年均增长30%，激发企业创新活力。

7.2 中长期制度设计（2027—2035年）

7.2.1 企业生命周期阶梯式支持体系

1）阶段划分与政策组合

（1）初创期：亏损结转延长至8年，筑牢现金流保障防线。

针对初创期企业普遍面临的高投入、低产出困境，将企业所得税亏损结转年限从现行5年延长至8年，旨在为企业提供更充裕的时间缓冲期，缓解资金压力。在政策实施流程上，企业需在年度汇算清缴时，通过电子税务局提交《初创期亏损认定申请》，同步上传公司章程、营业执照、近三年财务报表等基础材料。税务部门联合市场监管、科技等部门，构建“三维度”审核机制：一是时间维度，核查企业成立时间是否在5年以内；二是资本维度，确认注册资本实缴比例不低于30%；三是创新维度，要求研发投入占比连续两年超过10%。例如，某专注于脑机接口技术研发的初创企业，成立3年内累计投入研发资金3 000万元，因技术攻关尚未实现盈利，产生亏损2 500万元。在第6年企业实现销售收入1 200万元时，可依据政策将前期亏损进行抵扣，直接减少当期企业所得税支出300万元（1 200×25%），有效盘活现金流。

为确保政策精准落地，配套“初创企业税务管家”服务，由税务师、会计师组成专业团队，提供“一对一”全流程指导。从企业注册登记阶段的税种核定、发票票种核定，到日常经营中的增值税申报、研发费用加计扣除备案，再到亏损结转政策的具体操作，管家团队通过线上直播培训、线下上门辅导等形式，帮助企业规避税务风险。同时，建立“初创企业政策快速响应通道”，企业在政策适用过程中遇到问题，可在24小时内获得专业解答。

（2）成长期：营收增量部分50%免税，加速市场扩张步伐。

企业进入成长期后，为激励其扩大市场份额，对年度营收较上一年度的增量部分，给予50%企业所得税免征优惠。以某新能源汽车零部件制造企业为例，2028年该企业营收从2027年的3亿元增长至3.5亿元，增量5 000万元按25%企业所得税税率计算，可减免税额625万元（5 000×50%×25%）。为防范政策套利风险，建立“营收增量真实性核查体系”，要求企业提供销售合同、银行流水、物流运输单据、客户验收证明等多维度佐证材料，并通过大数据比对分析，核查交易真实性。例如，税务部门通过与物流信息平台数据对接，验证企业货物运输轨迹与销售合同是否匹配，杜绝虚构交易套取税收优惠的行为。

此外，搭建“成长企业资源对接平台”，运用大数据算法分析企业营收增长情况、产业类型、技术优势等要素，精准匹配资源。对于营收增速超过30%的企业，优先推荐加入政府采购供应商名录；对存在资金需求的企业，对接银行提供“成长贷”产品，贷款利率下浮10%~15%。如长沙某智能装备制造企业，通过平台对接获得某汽车主机厂的大额订单，并获得银行提供的5 000万元低息贷款，助力其扩大生产规模，市场占有率从15%提升至22%。

（3）成熟期：海外利润汇回优惠税率（10%），护航全球化经营。

对开展全球化经营的成熟期企业，将海外利润汇回国内部分的企业所得税税率从25%降至10%，以增强企业国际竞争力。企业申请该政策时，需提交海外子公司经国际四大会计师事务所审计的财务报告、董事会利润分配决议、境外税务机关出具的完税证明等材料。税务部门联合商务、外汇管理部门，依托“跨境税收协同管理系统”，实现数据实时共享与交叉核验。系统自动比对企业境外收入申报数据与外汇管理部门的资金汇回记录，核查利润来源是否合法合规。例如，某跨国工程机械企业2029年从欧洲子公司汇回利润2亿元，按优惠税率可少缴纳企业所得税3 000万元，即2亿元×（25%−10%）。

为降低企业海外经营风险，组建由国际税收专家、涉外律师、跨国企业高管构成的“国际税收服务专家团”，提供定制化服务。针对企业在境外遇到的转让定价调查、税收协定争议等问题，专家团可协助企业制定应对策略。如某企业在东南亚国家遭遇反避税调查时，专家团通过梳理企业关联交易数据，依据中国与该国的税收协定，成功帮助企业降低税负成本800万元，并避免了双重征税风险。

（4）转型期：资产重组税收递延，助力产业升级转型。

企业在转型期实施资产重组（包括合并、分立、股权收购等），符合条件的可享受税收递延政策。具体而言，企业需在资产重组完成后30日内，向主管税务机关提交《资产重组税收递延备案表》，详细说明重组类型、交易方式、资产估值等信息。税务部门依据《资产重组税收递延操作指南》，从商业目的合理性、股权支付比例、资产实质经营连续性等维度进行审核。例如，某传统机械制造企业为向智能制造转型，以股权收购方式整合一家工业机器人研发企业，涉及资产转让所得8 000万元。依据政策，该企业可暂缓缴纳企业所得税2 000万元（8 000×25%），将资金投入智能化生产线改造，使生产效率提升40%。

为确保政策规范执行，建立“资产重组税收递延动态监管机制”。税务部门在后续年度对企业进行跟踪管理，核查重组资产的使用情况、经营效益等指标。若企业在递延期间违规处置资产或改变经营性质，将追缴递延税款并加收滞纳金。同时，搭建“产业转型资源库”，整合高校科研成果、技术中介机构、金融投资机构等资源，为企业提供技术升级、融资对接等一站式服务，推动产业升级顺利进行。

2）动态调整机制

“企业健康指数”（EHI）作为企业发展状况的综合评估工具，其构建与运作涵盖数据采集、指标计算、结果应用及争议处理等多个环节，确保政策调整的科学性与精准性。

数据采集与标准规范。为保障数据的准确性与及时性，建立跨部门数据共享平台，打通税务、统计、生态环境、人力资源和社会保障等8个部门的数据接口。各部门按照统一标准对数据进行清洗、校验后传输至平台。首先是创新强度，研发投入占比数据由企业财务报表自动提取，专利授权数量通过国家知识产权局数据接口实时更新，新增“研发人员占比”“产学研合作项目数”等指标，细化创新维度评估。其次是就业质量，员工平均工资、社保缴纳率直接从人社部门系统获取，技能培训投入要求企业每季度上传培训记录、费用发票等证明材料，由平台自动审核计算。再者是税收贡献，除实际纳税额、税收增长率外，新增“税收贡献行业排名”指标，通过与同行业企业纳税数据对比，更直观反映企业在行业中的贡献水平。最后为环境绩效，污染物排放达标率由生态环境部门实时监测数据提供，清洁能源使用比例则结合企业能源采购发票、设备运行数据等多源信息综合计算。

指数计算与分级管理。企业健康指数通过加权平均法计算得出，具体计算方式为：将企业在创新强度方面的得分乘以0.3，就业质量方面的得分乘以0.25，税收贡献方面的得分乘以0.2，环境绩效方面的得分乘以0.25，然后把这四个乘积结果相加，最终得到的数值就是企业健康指数。其中，创新强度得分用于体现企业在技术研发、创新能力方面的表现，就业质量得分反映企业在员工待遇、人才培养等方面的情况，税收贡献得分衡量企业对地方经济的贡献程度，环境绩效得分体现企业在环境保护、可持续发展方面的成果。

各维度得分采用百分制，根据指标完成情况对照评分标准赋分。例如，研发投入占比超过15%得满分25分，每降低1个百分点扣2分；污染物排放达标率100%得满分25分，每超标1%扣3分。

每月5日前，系统自动完成数据采集与计算，生成企业月度EHI值，并按照得分划分为五个等级，即：

EHI≥80：绿色（优质企业）

70≤EHI<80：蓝色（良好企业）

60≤EHI<70：黄色（一般企业）

40≤EHI<60：橙色（关注企业）

EHI<40：红色（困难企业）

政策响应与动态调整。当企业EHI触发阈值时，系统自动启动相应响应机制。

EHI>80时，除享受基础政策外，根据企业所处生命周期阶段给予额外政策激励。例如，成熟期若EHI达到85，企业在海外利润汇回享受10%优惠税率的基础上，可申请跨境税收抵免额度提升20%；转型期企业可获得资产重组评估费用50%补贴。同时，将企业纳入“重点培育企业库”，优先推荐参与国家级项目申报、行业标准制定等。

EHI<40时，立即启动“企业救助专班”，由税务、金融、工信、科技等部门联合成立工作组。首先对企业开展全面经营诊断，通过实地调研、数据分析等方式找出问题根源。若因资金链紧张导致，协调银行提供“应急周转贷”，利率下浮30%；若因技术落后，组织高校科研团队提供技术升级方案，并给予研发费用补贴。例如，某传统纺织企业因设备老化、市场需求下降导致EHI降至35，专班协调当地纺织研究院为其提供智能化改造方案，同时帮助申请低息贷款1 000万元用于设备更新。

申诉复核与机制优化。建立“企业健康指数复核委员会”，成员包括高校经济领域教授、行业协会代表、注册会计师等15人。企业对EHI计算结果有异议时，可在15日内向委员会提交补充材料，包括财务审计报告、第三方检测证明、政府部门表彰文件等。委员会在接到申诉后10个工作日内召开听证会，邀请企业代表、数据提供部门人员现场陈述，经投票表决后作出复核决定。复核结果通过“湘税通”平台向企业反馈，若复核后EHI值调整，系统自动追溯调整相关政策享受。

此外，每年度对EHI指标体系进行评估优化，根据产业发展趋势、政策导向变化调整指标权重与评分标准。例如，当数字经济成为重点发展领域时，可增加“数据资产规模”“算法研发投入”等指标，确保EHI始终契合经济发展需求，为政策动态调整提供精准依据。

7.2.2 数字经济税收创新方案

1）新型征税对象处理

（1）数据资产：确认与摊销标准化。

在数据资产的确认与管理上，构建“三维度”审核体系，确保税收征管的规范性与科学性。在确认标准方面，“可分离性”要求数据能够以独立的数据产品、数据集或数据服务形式进行交易，且不影响企业核心业务正常运转。例如，电商平台积累的消费者购物偏好数据，经脱敏处理后可打包出售给第三方市场调研机构，即满足可分离性条件；“价值可计量”采用“基础评估+动态调整”模式，基础评估可选用收益法（预测数据未来产生的现金流折现）、市场法（参考同类数据交易价格）、成本法（计算数据采集、存储、加工成本），同时结合数据时效性、稀缺性等因素进行动态系数调整，如某社交媒体平台的用户社交关系数据，因具备高商业价值和稀缺性，在评估时可给予1.2~1.5的价值调整系数。

企业在数据资产形成30日内，须通过“湖南省数据资产税务管理平台”提交《数据资产登记备案表》，除说明数据来源、采集方式、评估价值外，还需提供数据权属证明、数据安全保护方案、第三方评估机构资质及评估报告等材料。税务部门组建由数据专家、会计师、律师构成的审核小组，采用“技术核验+经济分析”双轨制审核：技术层面核查数据采集是否合规、是否侵犯用户隐私；经济层面评估价值认定是否合理。例如，某金融科技公司申报的信贷风控数据资产，审核小组通过比对行业数据交易案例、分析数据对企业盈利的贡献度，最终核定其评估价值偏差超过20%，要求企业重新评估。

在摊销管理上，建立“分类动态摊销”机制。根据数据资产类型设定不同摊销年限：对于用户行为数据、市场舆情数据等时效性强的数据资产，采用3年加速摊销法；而对于行业数据库、专利数据等稳定性较高的数据资产，可适用5年直线摊销法。企业每月需在税务平台更新数据资产使用状态，若数据资产提前失效或转让，需提交专项报告，税务部门及时调整摊销计划。同时，依托区块链技术搭建数据资产交易监测平台，对数据交易合同、资金流向、数据交付记录进行上链存证，一旦发现同一数据重复交易、虚假评估等异常行为，自动触发风险预警，税务稽查部门可追溯交易全流程。

（2）算法交易：常设机构与利润分割新规则。

算法交易的征管采用“量化指标+智能监测”模式。在常设机构判定方面，除用户数量（超10万）和停留时长（年均超100小时）核心指标外，新增“算法服务收入占比”辅助指标，当某地区算法服务收入占企业总收入超过20%时，可降低用户数量和停留时长阈值。例如，某短视频推荐算法服务在某省用户数达8万，但该省贡献收入占企业总收入35%，仍可认定为在该省构成常设机构。税务部门联合通信管理局，通过分析基站数据、APP使用日志等多源信息，精准统计用户数量和使用时长，对于通过虚拟IP地址、分布式服务器隐藏用户数据的行为，运用人工智能图像识别和流量分析技术进行穿透式监管。

利润分割环节构建“数据贡献度三维评估模型”，从数据数量（占企业总数据量比例）、数据质量（准确性、完整性评分）、数据价值（对算法决策的贡献权重）三个维度计算数据贡献度。企业需每季度提交《算法交易利润分配报告》，详细说明数据来源、算法运行原理、利润分配方法等。税务部门开发“算法利润智能核算系统”，通过模拟算法运行过程，反向验证企业申报数据真实性。如某搜索引擎公司利用算法为广告商提供关键词推荐服务，系统通过分析其数据调用记录、广告点击转化效果，发现企业申报的数据贡献度仅为25%，低于实际测算的38%，要求企业补缴税款并调整利润分配方案。

此外，建立“算法交易税收争议调解中心”，由计算机科学家、经济学家、税务仲裁员组成专家团队。当企业对常设机构认定、利润分割比例存在异议时，可申请调解。调解中心采用“技术演示+经济分析”的调解模式，要求企业现场演示算法运行逻辑，专家团队通过构建仿真模型验证数据贡献度，最终形成调解方案。同时，定期发布《算法交易税收征管白皮书》，明确行业征管标准，引导企业合规经营，推动数字经济税收治理体系完善。

2）征管技术突破

（1）“链上税务”系统：实现智能税收征管。

“链上税务”系统以联盟链为底层架构，联合财政、银行、市场监管等部门构建跨机构数据协同网络，打造全流程自动化、透明化的税收征管体系。系统采用分层技术架构，底层为区块链分布式账本，负责交易数据的加密存储与共识验证；中间层部署智能合约引擎，承载税收政策规则；上层通过API接口与企业财务系统、电子发票平台、数字人民币运营机构实现数据互通。

在智能计税环节，系统内置“政策规则库”，涵盖增值税、企业所得税等18个税种的2 000余项计税规则。当企业发生交易时，系统自动抓取交易时间、金额、商品类别等关键信息，结合企业税务登记信息，匹配适用政策。例如，某科技型中小企业销售自主研发软件，系统识别其符合“软件产品增值税即征即退”政策，自动计算应纳税额，同时生成电子缴款凭证。税款缴纳环节，通过与数字人民币智能合约的深度集成，实现“T+0”实时清算。当计税完成后，系统向企业数字人民币钱包发送扣款指令，资金经商业银行直接划转至国库，整个过程耗时不超过3秒。

为强化风险防控，系统构建“四维审计追踪”机制：时间维度记录交易全生命周期数据；主体维度关联交易双方税务身份；业务维度穿透核查合同、发票、物流单据的一致性；资金维度追踪数字人民币流向。一旦发现异常，如同一商品多次开具发票、资金回流等，系统立即触发预警，并生成风险分析报告。例如，某商贸企业短期内频繁开具大额发票，系统通过比对其历史交易数据和行业平均水平，判定存在虚开发票嫌疑，自动推送至税务稽查部门。

此外，系统引入联邦学习技术，在保护企业商业秘密的前提下，实现跨企业数据协同分析。税务部门可联合金融机构、供应链核心企业，分析企业资金流、物流和信息流，精准识别税收流失风险点，推动从“以票管税”向“以数治税”转型。

（2）税收元宇宙应用：创新服务与决策模式。

税收元宇宙平台基于Unity3D与WebGL技术开发，构建高度拟真的虚拟税务服务场景。企业用户通过VR设备或PC端登录，创建个性化数字分身，可在虚拟大厅办理业务、参与培训、解决争议。虚拟大厅设置“政策咨询台”“办税服务区”“争议调解室”等功能区域，每个区域配备AI税务助手和人工服务专员。

在政策咨询方面，AI助手采用自然语言处理和知识图谱技术，支持多轮对话交互。当企业询问“研发费用加计扣除政策”时，AI助手不仅提供政策条文，还通过3D动画演示费用归集流程，并推荐适用该政策的典型案例。对于复杂问题，可转接至人工专员，通过视频会议进行“面对面”辅导。办税服务区实现全流程线上操作，企业数字分身可拖拽电子材料至虚拟柜台，系统自动识别、审核，实时反馈办理进度。

争议调解功能创新性引入“沉浸式举证”模式。当企业与税务机关存在分歧时，双方数字分身进入虚拟调解室，通过调取区块链存证的交易数据，以时间轴形式重现交易场景。例如，在转让定价争议中，企业可通过3D模型展示关联交易的商业实质，税务机关则利用大数据分析结果进行反驳，最终由中立专家团在虚拟环境中进行裁决。

政策沙盘推演模块基于经济计量模型和机器学习算法，构建税收政策模拟生态。政策制定者可设定税率调整、优惠政策范围等参数，系统自动生成包含企业投资决策、产业布局变化、税收收入预测的可视化报告。例如，模拟数字经济税收政策调整时，系统通过分析3 000家企业的历史数据，预测出降低数据资产交易税率1%，将带动数字产业投资增长8%，但税收收入短期内下降3%，长期将因产业规模扩大实现增收，为政策制定提供量化决策依据。

同时，平台建立“税收元宇宙开发者社区”，鼓励高校、科技企业开发税收服务插件，如行业专属政策计算器、虚拟办税模拟游戏等，推动税收服务生态的持续创新。

7.3 风险防控机制

7.3.1 政策套利智能监测系统

1）技术架构

政策套利智能监测系统的“四层联动、智能闭环”架构，通过数据层、分析层、预警层和处置层的协同运作，形成从数据获取、分析研判到风险处置的完整链条。各层级依托先进技术与科学设计，确保系统高效运行，精准防控政策套利风险。

（1）数据层：多源数据融合与质量保障。

数据层作为系统运行的基础，通过标准化数据接口与税务、市场监管、海关、银行、商务、统计等12个部门实现实时对接。采用ApacheKafka消息队列技术，以每秒10万条数据的速度进行高并发数据采集，日均处理数据量达5TB。为适应多源异构数据特点，建立统一的数据采集规范：税务数据包含增值税申报、企业所得税汇算清缴等全税种信息；市场监管数据涵盖企业注册登记、股权变更、经营异常名录等；海关数据整合进出口货物报关单、原产地证明等；银行数据则获取企业资金流水、账户余额变动等信息。

数据清洗模块采用规则引擎与机器学习相结合的方式，对原始数据进行处理。规则引擎依据预设的数据校验规则，如数值范围校验（企业注册资本需大于0）、格式校验，自动识别重复、缺失、矛盾数据。对于缺失数据，通过多重填补策略处理：若为数值型数据，采用K-近邻算法（KNN），参考同行业、同规模企业的均值进行填补；若为文本型数据，利用自然语言处理（NLP）技术，从相关文档中提取相似信息进行补全。同时，借助跨部门数据交叉核验机制，如将企业纳税申报的营业收入数据与银行流水的资金收入数据进行比对，发现并修正数据偏差。如某企业申报的年度营业收入为5 000万元，但银行流水显示实际收入仅3 000万元，系统自动标记该数据异常，并通知企业进行补正。

（2）分析层：智能模型构建与深度挖掘。

分析层是系统的核心运算中枢，基于Hadoop大数据平台与Spark分布式计算框架，构建多元机器学习模型。针对关联交易异常监测，运用时序数据分析算法，收集近5年各行业利润率数据，构建行业利润基准曲线。当企业关联交易利润率偏离行业均值超过20%时，系统自动触发预警。例如，在汽车零部件制造行业，系统根据历史数据确定该行业平均利润率为12%，若某企业关联交易利润率仅为8%，系统立即进行分析，判断是否存在通过不合理定价转移利润的行为。

研发费用异常监测模型结合NLP技术与知识图谱，解析企业提交的研发项目计划书、专利申请文件等文档，提取研发目标、技术路线、人员配置等关键信息，并与人员社保数据、设备采购发票进行关联分析。若人工费用占研发总费用比例低于15%，且未在文档中合理说明，系统将发出预警。同时，模型还监测研发费用波动情况，当某季度研发费用较上季度增幅超过50%时，自动调取相关合同、发票等资料进行核查。

此外，针对税收洼地注册监测，构建基于图神经网络（GNN）的空壳公司识别模型。模型从注册地址、法定代表人关联关系、股东结构、经营活动记录等15个维度，分析企业间的关联网络。若发现同一地址注册多家企业，且这些企业法定代表人、股东存在交叉任职，同时无实际经营活动记录，系统将其标记为空壳公司，识别准确率达92%。所有模型每季度根据最新数据进行迭代训练，采用交叉验证（Cross-Validation）和梯度下降（Gradient Descent）算法优化模型参数，不断提升监测准确率。

（3）预警层：可视化呈现与精准预警。

预警层利用ECharts数据可视化库与D3.js动态绘图技术，打造可视化风险仪表盘。仪表盘以热力图展示不同区域、行业的政策套利风险分布情况，颜色越深表示风险越高；通过动态折线图呈现企业风险指标随时间的演变趋势，方便税务稽查人员直观掌握风险动态。

系统设置红、橙、黄三级预警阈值，对应不同风险等级。当企业风险指标触及黄色预警阈值时，系统通过短信、邮件等方式向企业财务负责人推送风险提示，提醒其自查自纠；当企业风险指标触及橙色预警阈值时，将预警信息同步发送至企业主管税务机关，由税务管理员进行实地核查；当企业风险指标触及红色预警阈值时，如关联交易利润率偏离度超过25%，系统立即将预警信息推送至省级税务稽查部门，并生成包含企业基本信息、风险指标详情、证据链（如交易合同、资金流水截图）、处置建议（如重点稽查关联交易、要求企业提供合理解释）的详细分析报告。同时，仪表盘上该企业图标变为红色，并弹出预警提示框，标注风险等级与关键风险点。

（4）处置层：双轨处置与闭环管理。

处置层采用“智能+人工”双轨处置模式。对于低风险的黄色预警，系统自动触发税收政策提醒功能，通过“湘税通”平台向企业推送相关政策解读与合规操作指南，引导企业自行整改。例如，若企业因对研发费用加计扣除政策理解偏差导致费用归集错误，系统推送政策解读文章与正确申报示例，企业完成整改后，可在平台提交说明，系统自动审核确认并解除预警。

对于中高风险的橙色和红色预警，系统将案件转入人工复核流程。省级税务稽查部门组建由税务稽查专家、行业分析师、法务专员构成的专业团队，结合企业实际经营情况进行调查核实。团队通过调取企业账簿、约谈相关负责人、实地走访生产经营场所等方式，进一步收集证据。若查实企业存在政策套利行为，依据税收法律法规进行处理，包括补缴税款、加收滞纳金、处以罚款等。

处置结果反馈至系统后，自动更新企业风险档案，记录风险事件详情、处置过程与结果。系统还将根据处置结果对相关模型进行优化，如发现某类新型政策套利行为未被现有模型识别，研发团队将针对该行为特征，调整模型参数或开发新的监测模块，形成“监测—预警—处置——优化”的智能闭环，持续提升系统防控政策套利风险的能力。

2）监测重点

（1）关联交易异常：多维数据交叉核验，精准识别利润转移。

系统以行业平均利润率为基准，构建动态偏离度监测模型，设定20%的预警阈值。在数据采集方面，不仅获取企业与关联方的交易合同、发票、资金流水等内部数据，还通过网络爬虫技术实时抓取行业协会报告、第三方市场调研机构数据、大宗商品交易平台报价等外部市场公开信息，形成立体化数据监测网络。

在异常判定规则上，采用“价格-数量-频率-利润率”四维分析框架。若企业关联交易价格低于市场公允价30%以上，且交易数量较同期增长50%，同时交易频率明显高于行业平均水平，即便利润率尚未触及20%偏离度，系统也会启动深度分析程序。例如，某食品加工集团旗下的包装材料子公司，向关联的饮料生产企业销售纸箱时，定价较市场同类产品低45%，月均交易量是行业平均水平的3倍，且利润率仅为5%，远低于包装材料行业18%的平均利润率。系统触发预警后，稽查人员调取企业成本核算资料、运输记录及市场价格波动曲线，发现企业通过压低关联交易价格，将包装材料子公司的利润转移至饮料生产企业，最终责令企业补缴税款及滞纳金680万元，并调整关联交易定价策略。

此外，系统还引入关联交易风险评分机制，根据交易对象关联层级（如直接控股、间接控股）、交易类型（货物销售、劳务提供、无形资产转让）、是否存在跨境交易等因素，赋予不同权重分值。当风险评分超过80分（满分100分），即便利润率偏离度未达20%，也会纳入重点监测范围，提升异常交易的识别精准度。

（2）税收洼地注册：构建空壳公司识别矩阵，阻断违规套利通道。

“空壳公司识别模型”依托图神经网络（GNN）技术，构建包含15个核心维度的监测矩阵，从企业注册信息、人员关联、经营活动、税务申报等多个层面进行综合评估。在注册信息维度上，系统自动识别同一注册地址下注册企业数量，若单地址注册企业超过10家且经营范围高度相似，即触发预警；在人员关联维度上，通过分析法定代表人、股东、高管的任职交叉情况，若发现同一自然人同时担任5家以上企业法定代表人，且这些企业无实质业务往来，将被重点标记。

在经营活动监测方面，系统接入电力、水务、物流等多源数据，通过分析企业水电消耗、货物运输记录判断是否存在实际经营。例如，某园区内注册的80家贸易公司，水电消耗数据长期处于极低水平，且无任何物流运输记录，系统结合其零申报税务数据，迅速识别为空壳公司。此外，模型还设置动态时间窗，对成立3年内的企业进行重点筛查，利用机器学习算法不断优化识别参数，使空壳公司识别准确率稳定在92%以上。

在处置环节，系统与市场监管部门的“经营异常名录管理系统”、公安部门的“失信人员数据库”实现数据联动。一旦确认空壳公司，税务部门立即停止其发票领用权限，市场监管部门启动吊销营业执照程序，同时将相关责任人纳入失信人员名单，限制其新办企业、高消费等行为。如某经济开发区出现集中注册“科技咨询公司”的现象，系统筛查出127家异常企业，多部门联合行动，3个月内完成全部异常企业清理，有效维护了税收秩序。

（3）研发费用异常：全链条穿透式监管，严防政策红利滥用。

研发费用监测采用“基础指标预警+行为模式分析”双轨机制。除人工费用占比低于15%触发预警外，系统还设置研发费用增长率波动阈值，若单季度研发费用环比增幅超过100%，且无合理说明，将自动触发预警。在费用科目合理性审查上，建立研发费用科目对照标准库，将设备采购、材料消耗、委外研发等费用细分为20余个二级科目，通过语义分析技术判断费用列支是否符合研发项目实际需求。

例如，某新能源企业申报的研发费用中，“专用设备采购”科目占比从10%骤增至75%，系统通过比对设备采购合同、设备使用说明书及研发项目计划书，发现企业采购的设备与研发方向不符，且存在同一设备重复列支的情况。进一步核查发现，企业虚构设备采购合同，虚增研发费用以骗取高新技术企业税收优惠。最终，税务部门追缴税款1 200万元，取消其高新技术企业资格，并将该企业纳入税收违法“黑名单”。

为提升监测效能，系统引入区块链技术对研发项目立项、经费审批、成果验收等全流程进行存证。企业每笔研发费用支出均需上传相关凭证，经科研管理部门、财务部门、税务部门三方节点共同验证后上链。同时，对接国家知识产权局数据库，核查研发成果与申报费用的匹配度，若出现专利申请时间晚于研发费用发生时间、研发成果与投入严重不匹配等情况，自动触发预警，实现对研发费用的穿透式监管，确保税收优惠政策精准落地。

7.3.2 区域税收竞争对冲策略

1）负面效应量化

为精准剖析区域税收过度竞争的负面影响，基于可计算一般均衡（CGE）模型，结合湖南省经济数据特征，构建“区域-产业-企业”三级嵌套的区域经济模型。模型纳入全省14个市州、20个重点产业以及3 000家规模以上企业数据，通过设定税收优惠政策变量、企业迁移决策函数、产业产出弹性系数等参数，模拟不同税收竞争场景下的经济运行状态。数据来源涵盖湖南省统计局经济普查数据、税务部门税收征管数据、市场监管部门企业迁移记录等多渠道信息，确保模型测算的准确性。

在税收流失测算方面，模型重点分析两种典型的无序竞争场景：一是地方政府擅自扩大税收优惠范围，对不符合条件的企业给予减免；二是通过财政返还、补贴等变相降低企业税负。以湘南某工业园区为例，为吸引电子信息企业入驻，违规将企业所得税地方留存部分全额返还，导致园区内企业实际税率较法定税率下降15个百分点。经模型估算，该园区2024年因违规税收优惠造成税收流失达2.3亿元。从全省范围来看，2020—2024年期间，年均税收流失约18亿元，占全省税收总额的0.8%。进一步细分，制造业因税收竞争导致的税收流失占比达45%，主要源于企业通过虚构生产基地、转移利润等方式套利；现代服务业税收流失占比30%，集中体现在总部经济政策滥用导致的税基侵蚀。

企业迁移成本的增加对区域经济产生显著冲击。通过对200家发生跨区域迁移企业的调研分析，平均迁移成本增加37%，具体涵盖三大类支出：直接成本包括设备拆卸运输费用（占比25%）、新场地租赁装修费用（占比30%）；间接成本包含客户流失损失（占比20%）、市场渠道重建费用（占比15%）；人力成本则涉及员工异地安置补偿（占比10%）、新员工招聘培训费用（占比10%）。例如，某机械制造企业从湘中地区迁至湘北某税收优惠园区，仅设备搬迁费用就高达800万元，因客户信任度下降导致订单减少，直接经济损失达1 200万元。频繁的企业迁移还造成区域产业空心化风险加剧，以某传统工业城市为例，3年内因企业外迁导致本地就业岗位减少1.2万个，相关配套产业产值下降18%，区域经济稳定性受到严重影响。此外，税收竞争导致的企业非理性迁移，使得资源配置效率降低，全省工业用地闲置率上升4个百分点，产业升级进程放缓，进一步削弱了区域经济的长期竞争力。

2）协同治理方案

（1）建立“3+5”都市圈税收同盟。

“3+5”都市圈税收同盟以长株潭都市圈为核心枢纽，联动岳阳、衡阳、常德、郴州、永州五大区域中心城市，构建起“决策—执行—监督”三位一体的协同治理体系。同盟设立常务理事会作为最高决策机构，由各市州税务局局长担任理事，每季度召开联席会议，审议税收协同政策、跨区域征管协作方案等重大事项；下设政策协调、信息共享、联合稽查三个专项工作组，分别负责税收优惠政策统一规范、跨区域税源数据整合、联合执法行动组织等工作。

在税收优惠政策协同上，制定《“3+5”都市圈税收优惠管理办法》，明确地方税收优惠政策不得低于国家标准的80%，严禁通过违规财政返还、超范围减免等方式开展恶性竞争。建立政策备案审查机制，各市州新出台的税收优惠政策需在发布后5个工作日内报送常务理事会备案，由政策协调组从合法性、合理性、协同性三个维度进行审查。例如，衡阳某园区拟推出一项针对新能源企业的特殊补贴政策，经审查发现该政策超出国家标准且可能引发区域税收竞争，被要求修改完善后再行发布。

跨区域税源信息共享平台采用“云-端”架构，依托湖南省电子税务局系统，整合税务登记、纳税申报、发票开具、出口退税等12类涉税数据。运用区块链技术实现数据的分布式存储与加密传输，确保数据安全可信。平台设置智能预警模块，当发现企业跨区域经营数据异常时，如长沙注册企业在株洲的销售额突然激增且无合理说明，系统自动向两地税务部门推送风险提示。目前，平台已实现92%以上跨区经营企业的全流程涉税信息实时共享，减少了企业重复报送资料的负担，同时有效避免了因信息不对称导致的重复征税或税收遗漏问题。例如，某汽车零部件企业在长沙注册，在株洲设有生产基地，两地税务部门通过平台实时获取企业的生产、销售数据，准确划分税收管辖权，确保税收收入合理分配。

（2）创新补偿机制。

创新补偿机制即产业转移税收分成制度，制定《产业转移税收分成实施细则》，明确税收分成的计算范围、分成比例和分配方式。对于因产业转移产生的增值税、企业所得税等主要税种，按照“谁贡献、谁受益”原则，产业输出地与输入地按3∶7比例分享税收。建立税收分成核算平台，自动统计转移企业的销售额、利润额等数据，每季度进行一次税收分成结算。例如，长沙某机械制造企业转移至衡阳后，第一年实现增值税1 000万元、企业所得税500万元，按照分成比例，长沙可获得450万元（1 500×30%），衡阳可获得1 050万元（1 500×70%）。为确保分成制度公平执行，成立由财政、审计部门组成的监督小组，对税收分成情况进行年度审计，防止出现数据造假、分配不公等问题。

同时设立生态补偿税收调剂基金，以洞庭湖区生态保护为重点，设立专项生态补偿税收调剂基金。基金来源主要包括三部分：周边工业城市增值税、企业所得税地方留存部分的3%；对高污染、高能耗企业征收的环保税增量部分的50%；社会捐赠及其他合法收入。制定《洞庭湖区生态补偿税收调剂基金管理办法》，明确基金的使用范围，包括湖区水质治理、湿地修复、生态产业培育等。成立基金管理委员会，由生态环境、财政、税务等部门人员组成，负责基金的筹集、使用审批和监督管理。例如，岳阳某化工企业因环保不达标被征收额外环保税100万元，其中50万元纳入基金，用于洞庭湖某区域的水生态修复工程。通过生态补偿税收调剂机制，既增强了周边城市保护生态环境的积极性，又为洞庭湖区生态治理提供了稳定的资金保障，推动区域经济与生态环境协调发展。

7.3.3 政策工具创新性评估

1）突破性价值

（1）“研发银行”预拨机制。

传统税收优惠模式多以事后核算、汇算清缴为主，企业需先垫付研发资金，待年度申报时才能享受政策红利，资金回笼周期长，尤其对初创期和资金紧张的企业形成较大压力。“研发银行”预拨机制打破这一固有模式，在全国范围内率先实现研发资金前置支持。该机制以企业研发信用为基础，通过“研发信用评估体系”对企业进行综合评定，改变了以往单纯以企业规模、营收为导向的扶持标准。例如，某专注于生物制药研发的初创企业，在成立初期缺乏抵押物且营收为零，但凭借其顶尖的科研团队和创新的研发项目，通过信用评估后成功获得“研发银行”200万元季度预拨资金，用于购置实验设备和开展临床试验。这一机制有效缓解了企业创新资金压力，使企业研发项目启动时间平均提前40天，极大提升了企业的创新积极性和研发效率，为全国科技创新政策工具创新提供了湖南样本。

（2）“链上税务”方案。

在数字经济蓬勃发展的背景下，传统税收征管模式面临数据易篡改、交易追溯难、跨区域协同效率低等挑战。“链上税务”方案首次将区块链技术深度应用于税收征管全流程，构建起数字经济税收治理新范式。该方案基于区块链分布式账本、智能合约等核心技术，实现了企业财务系统、电子发票平台、数字人民币钱包与税务系统的无缝对接。以某电商平台为例，其每笔交易数据自动上链存证，智能合约根据税收政策自动触发计税程序，并从企业数字人民币账户中实时扣除税款，整个过程无须人工干预，且数据不可篡改、可追溯。这种创新征管模式不仅使税收征管效率提升60%，还通过跨部门、跨区域的数据协同，有效解决了数字经济中跨境交易、虚拟商品交易等复杂场景下的税收征管难题，为全球数字经济税收治理提供了可借鉴的中国方案。

（3）企业健康指数动态调控机制。

传统的企业扶持政策往往采用“一刀切”或粗放式的管理方式，缺乏对企业发展状况的精准评估和动态调整。企业健康指数动态调控机制开创了以量化指标驱动政策精准调整的先河。该机制构建了涵盖创新强度、就业质量、税收贡献、环境绩效四大维度12项具体指标的评估体系，通过多部门数据共享和加权计算，生成企业月度健康指数。例如，某处于成长期的制造业企业，通过提升研发投入和优化就业环境，使其企业健康指数从75分提升至85分，系统自动触发政策升级程序，企业在享受原有营收增量部分50%免税政策基础上，额外获得研发费用加计扣除比例从75%提升至90%的奖励。这种精准化、动态化的政策调控模式，为企业全生命周期服务提供了科学依据，推动政策从“大水漫灌”向“精准滴灌”转变，有效提升了政策资源的配置效率。其实施路线大致如下：

2024年，湖南省启动湘商护航专班运作，旨在提升跨境税收争议解决的时效性，将争议解决时间缩短50%。为此，组建一个跨部门的专班，成员来自省税务局、商务厅、外汇管理局等，明确各自的职责分工，并开发一套跨境税收争议管理系统，实现争议处理的线上全流程操作。专班设立综合协调、政策服务、争议处理三个小组，制定详细的岗位职责说明书。该系统采用微服务架构，集成在线申报、智能分诊、进度查询、证据提交等功能模块，企业可通过“湘税通”平台一键登录。此外，建立争议案件分级处理机制，简单争议由政策服务组在3个工作日内办结，复杂争议由争议处理组联合专家团队在15个工作日内完成处理。为确保专班高效运作，定期组织成员参加专业培训，每季度开展业务考核，并设立专项工作经费，保障系统开发、运维及专家咨询费用。同时，建立与境外税务机构的常态化沟通机制，提升跨境争议协调效率。

2026年，湖南省计划完成《湖南省企业生命周期税收服务条例》的立法工作，目标是使该服务覆盖超过90%的企业。为此，将成立立法工作小组，联合法律专家、税务学者和企业代表开展立法调研，收集不同生命周期企业的政策需求。在政策宣传与培训方面，将采用线上线下结合的方式，线上通过短视频、直播等形式解读政策，线下组织“税收服务进园区”活动，针对不同类型企业开展专场培训。同时，建立政策咨询热线和在线答疑平台，及时解答企业疑问。为保障立法工作的顺利进行，将立法工作纳入政府绩效考核，明确各部门责任分工和时间节点。委托第三方机构对政策知晓率进行评估，根据评估结果调整宣传策略，并建立企业反馈机制，收集企业对立法草案的意见建议，确保法规符合实际需求。

2028年，湖南省将上线链上税务系统，以降低征管成本30%为目标。该系统将采用敏捷开发模式，分阶段完成需求分析、架构设计、功能开发、测试优化等工作，并邀请100家企业参与内测。选择长沙、株洲、湘潭三个城市作为试点区域，开展为期6个月的试点运行，收集试点企业反馈，优化系统功能。根据试点经验，制订全省推广方案，分批次完成系统部署和企业培训。为保障系统的稳定运行，将成立系统运维保障团队，提供7×24小时的监控和技术支持，及时处理技术故障。设立专项推广资金，对积极参与试点和推广的企业给予奖励，并建立系统优化迭代机制，根据税收政策变化和企业需求及时更新系统功能。

2030年，湖南省将致力于使税收同盟机制成熟，目标是将区域税收差异缩小至15%以内。为此，将修订《"3+5"都市圈税收同盟管理办法》，进一步细化税收优惠政策协同、税源信息共享、税收分成等规则，并开发税收同盟协同管理平台，实现政策备案、信息共享、税收分成计算等功能的自动化。每半年开展一次区域税收协同效果评估，通过数据分析、企业调研等方式评估政策实施效果，根据评估结果调整优化同盟机制。为保障同盟机制的有效运行，将建立税收同盟联席会议制度，由各市州税务局局长组成，定期研究解决同盟运行中的重大问题。引入第三方评估机构对税收同盟机制进行独立评估，增强评估结果的客观性和公信力，并设立区域税收协同发展奖励基金，对在税收同盟建设中表现突出的地区和个人给予表彰奖励。

2）风险收益分析

经CGE模型模拟测算，在GDP增速5.5%基准情景下，政策实施初期（2024—2026年）年均减收约45亿元，占税收总额的2.1%。减收主要来源于两方面：一是税收优惠政策扩大，如"研发银行"预拨机制、企业生命周期阶梯式支持体系中的税收减免等政策，直接减少了税收收入；二是征管成本投入增加，包括"链上税务"系统开发、跨境税收争议管理系统建设等带来的费用支出。

但从长期来看，政策的实施将带来显著的经济效益和社会效益。预计到2035年，民营经济占比可达68%，较基准值提升12个百分点。这主要得益于"研发银行"机制激发企业创新活力，推动产业升级；"链上税务"方案优化营商环境，吸引更多企业投资；企业生命周期支持体系促进企业健康成长，提升企业竞争力。随着民营经济的发展壮大，企业盈利能力增强，税基不断扩大，将带动税收总量实现增长。

为应对政策实施初期的财政压力，建议设立150亿元稳定基金。

该基金主要用于三个方面：一是弥补税收减收带来的财政缺口，确保地方政府公共服务正常运转；二是对因产业转移等政策调整导致利益受损的地区进行补偿，促进区域协调发展；三是支持政策试点工作，对试点企业和地区给予资金奖励和补贴。同时，优先试点“研发银行”机制，因其边际资本产出比（ICOR）为2.3，在所有政策工具中投资效率最高，能够以较低成本撬动企业创新投入，实现政策效益最大化，为后续政策全面推广积累经验、奠定基础。

8

结论与展望

8.1 理论贡献

8.1.1 税收赋能三层次机制模型

1）模型架构

税收赋能三层次机制模型以系统论为基础，构建起微观–中观–宏观的立体交互体系，深度解析税收政策与经济系统间的动态作用关系。

（1）微观传导。

企业行为的精准响应企业作为经济运行的微观主体，在税收政策冲击下，基于成本收益原则进行决策调整。当研发费用加计扣除比例提高时，企业会重新评估研发投入的边际收益。以长沙某人工智能初创企业为例，在政策实施前，企业因研发资金紧张，年度研发投入维持在500万元；在政策落地后，经测算加计扣除带来的税收减免可降低研发成本15%，企业随即追加300万元投入用于核心算法研发。这种个体行为不仅体现在资金配置上，还涉及人力、设备等资源的重新规划，如企业会根据政策导向调整研发团队架构，优先引进政策鼓励领域的高端人才。

（2）中观网络效应。

产业生态的协同重塑企业行为的集聚引发产业内及产业间的连锁反应。在工程机械产业集群中，当部分企业因设备投资抵免政策扩大产能后，会带动上下游配套企业发展。如三一重工增加重型机械生产设备投入，促使本地钢材供应商扩大产能、零部件制造商加大研发，形成“主机厂–供应商–服务商”的协同升级。同时，产业间也会产生溢出效应，制造业的智能化改造需求会刺激软件与信息技术服务业发展，形成跨产业的创新网络，推动区域产业生态向高端化演进。

（3）宏观制度变迁。

政策体系的适应性调整中观层面的产业生态变化会反馈至宏观制度环境。当新兴数字经济产业快速发展，原有税收制度在数据资产征税、跨境数字服务税收管辖权等方面出现空白时，政府会启动制度改革。例如，湖南省针对区块链企业出台专项税收政策，明确数字货币交易的征税规则，完善税收征管体系。而制度调整又会通过新的政策信号影响微观企业决策，如企业会根据新政策提前布局合规的数字资产交易架构，形成“政策作用—经济响应—制度优化—政策再作用”的闭环循环。

2）创新性突破

（1）非线性传导。

政策阈值的发现与验证模型首次揭示税收政策效果传导的非线性特征，突破传统线性分析框架。通过对湖南省2015—2024年税收政策与经济数据的深度挖掘，发现当研发费用加计扣除政策覆盖企业数量占比达到35%、平均扣除比例超过75%时（政策强度累计约2.3%），会触发经济系统的突变反应。以株洲高新区为例，在政策强度未达阈值前，区域内企业研发投入年均增速为8%；突破阈值后，增速跃升至15%，带动相关产业产值增长22%，且企业创新成果转化效率显著提升，专利授权量同比增加40%。这种非线性关系表明，税收政策的实施需注重量的积累，达到临界值才能实现质的飞跃。

（2）时空异质性。

政策效果的差异化解析在空间维度上，模型量化了不同区域的政策时滞差异。长株潭地区依托完善的交通网络、产业配套和政务服务体系，政策从发布到企业实际受益平均仅需9个月。如长沙经开区在推出企业所得税减免政策后，通过“政策直达”平台精准推送，配套

“一站式”办理服务，企业当月即可享受优惠。而湘西地区受地理位置偏远、产业基础薄弱、政策执行能力有限等因素制约，政策时滞长达18个月。

在时间维度上，制造业和服务业呈现明显的政策半衰期差异。制造业因固定资产投资大、项目建设周期长，政策对企业投资和生产的影响具有滞后性，政策半衰期达4.2年。例如，衡阳钢管厂的智能化改造项目从享受税收优惠到产能提升、效益显现，历经近4年时间。服务业因轻资产、运营灵活，政策效果显现更快，政策半衰期仅2.8年。例如，长沙某电商企业在享受增值税加计抵减政策后，迅速将资金投入市场推广和供应链优化，不到3年市场份额扩大一倍。这种时空异质性为政策制定者提供了精准施策的依据，需根据不同区域和行业特点，优化政策工具的选择与实施节奏。

3）实证支撑

为验证税收赋能三层次机制模型的有效性，研究团队基于湖南14个市州2015—2024年的面板数据，运用结构方程模型（SEM）进行严谨检验。

（1）数据来源与处理。

数据涵盖税收政策变量（如各类税收优惠额度、税率调整幅度）、企业经营数据（营收、研发投入、就业人数）、产业发展指标（产业增加值、产业集中度）及宏观经济数据（GDP、固定资产投资）等，共计2 000余个观测值。对缺失数据采用多重填补法处理，异常值通过箱线图检测并修正，确保数据质量。

（2）模型构建与检验。

构建包含12个潜变量、38个观测变量的结构方程模型，运用AMOS软件进行估计。结果显示，比较拟合指数（CFI）达0.923（>0.9为良好），表明模型整体拟合度优良；近似误差均方根（RMSEA）为

0.042（<0.05为优秀），进一步验证模型的合理性。各路径系数显著性水平 $p<0.01$，如微观企业行为对中观产业生态的影响路径系数为0.78，中观产业生态对宏观制度变迁的路径系数为0.65，均通过严格的显著性检验，证实税收赋能三层次机制在湖南省经济运行中存在显著的传导效应，为理论模型提供了坚实的实证依据。

8.1.2 政策工具组合匹配规律

1）结构优化法则

通过对湖南省税收政策实践的分析，总结出政策工具组合的黄金比例：直接工具（如税收减免、补贴）占40%，间接工具（如税收抵免、税率调整）占35%，系统工具（如制度建设、协同机制）占25%。该比例在平衡政策短期刺激与长期可持续性方面表现最优。

针对不同产业类型，形成行业适配矩阵。传统制造业以设备抵免（60%）和环保税激励（40%）组合，既能推动企业设备更新，又能引导绿色转型；数字经济则以数据资产摊销（70%）和算法征税（30%）为主，契合行业数据驱动、技术密集的特点。

2）时序控制规律

明确企业不同发展阶段的政策窗口期：初创期（0~3年）重点运用现金流工具，如亏损结转延长、税收缓缴，帮助企业渡过生存难关；成长期（3~8年）以创新激励政策为主，如研发费用加计扣除、创新积分制，助力企业扩大市场份额；成熟期（8年以上）跟进国际税收政策，如海外利润汇回优惠税率，支持企业全球化发展。

3）强度阈值效应

研究发现，税收政策强度与经济增长呈倒U形关系，政策强度在GDP的1.8%~2.4%区间时效果最优。不同行业存在差异，工程机械行业因产业链长、带动效应强，最佳政策强度为2.1%；生物医药行业因研发投入高、风险大，最佳政策强度为3.0%，为政策制定提供了量化参考标准。

8.2 实践启示

8.2.1 《湖南省民营经济税收赋能指数》编制

1）指标体系

《湖南省民营经济税收赋能指数》的指标体系构建基于系统性、科学性与导向性原则，深度融合税收政策与民营经济发展要素，形成五维评估框架。

（1）第一维：政策效能（权重30%）。

以企业全要素生产率（TFP）增长率作为核心指标，该指标通过数据包络分析（DEA）和曼奎斯特指数法测算，综合考量企业在资本、劳动、技术等要素投入下的产出效率提升。例如，某民营制造业企业在享受税收优惠后，通过技术改造和管理优化，TFP增长率从3%提升至7%，直观反映税收政策对企业生产效率的赋能效果。同时，结合企业营收增长率、利润率变动等辅助指标，全面评估政策对企业经营效益的影响。

（2）第二维：创新动力（权重25%）。

采用研发投入转化率衡量，计算公式为“（专利授权数量+科技成果转化收入）/研发投入总额”。该指标不仅关注企业研发投入规模，更强调创新成果的实际产出。如长沙某生物医药企业，在税收优惠支持下加大研发投入，研发投入转化率从15%提升至30%，成功将多项专利技术转化为产品推向市场，体现税收政策对企业创新的驱动作用。此外，纳入研发人员占比、研发费用加计扣除比例等指标，进一步细化创新动力评估维度。

（3）第三维：要素配置（权重20%）。

人才密度通过“企业大专以上学历员工数量/企业总员工数量”计算，反映企业人才集聚程度；资本产出比则为“企业总产值/固定资产净值年均余额”，衡量资本利用效率。以株洲某轨道交通装备企业为例，税收优惠政策促使其加大人才引进和设备更新投入，人才密度从35%提升至50%，资本产出比从2.5提高到3.8，表明政策推动了企业要素配置的优化。同时，补充土地产出率、能源利用效率等指标，完善要素配置评估体系。

（4）第四维：制度环境（权重15%）。

政策稳定性指数通过文本分析法构建，对近5年湖南省出台的涉企税收政策进行梳理，依据政策调整频率、政策延续性等维度打分。若某地区频繁调整税收优惠政策，导致企业预期不稳定，则相应扣分。此外，结合政务服务效率、政策透明度等指标，综合评估制度环境对民营经济发展的支持力度。

（5）第五维：国际竞争力（权重10%）。

以海外专利占比为核心指标，即“企业海外授权专利数量/企业总专利数量”，体现企业在国际市场的技术话语权。如湘潭某电工企业通过税收优惠支持，加大海外市场研发投入，海外专利占比从10%提升至25%，有效提升了国际竞争力。同时，纳入出口额增长率、国际认证数量等指标，全面衡量企业参与国际竞争的能力。

2）应用场景

在区域发展诊断方面，2024年该指数显示长株潭地区达78.5分，其中政策效能得分23.1分（满分30分）、创新动力得分19.5分（满分25分），表明该区域税收政策精准度高，企业创新活力强劲；而大湘西地区该指数为62.3分，要素配置得分仅11.2分（满分20分），反映出其在人才吸引、资本利用等方面存在短板，需针对性优化政策以改善要素配置效率。

在动态监测与预警机制方面，当指数连续2个季度下降超过5%时，系统自动触发政策调整流程。以2022年某湘南产业园区为例，由于外部经济环境变化和政策调整滞后，园区企业税收赋能指数连续3个季度下降8%，触发预警后，当地政府迅速启动政策评估，将原有的普惠性税收减免调整为针对高新技术企业的精准扶持，调整后下一季度指数回升4%，验证了预警机制的有效性。此外，指数还用于政策实施效果后评估，对比政策实施前后指数变化，为后续政策优化提供数据支撑。

8.2.2 政策模拟实验室建设

1）技术架构

政策模拟实验室采用“数字孪生+大数据+人工智能”融合架构。虚拟克隆体模块基于三维建模与数据映射技术，对企业、产业、区域进行数字化建模。例如，对三一重工的数字化建模涵盖其生产车间布局、设备运行数据、供应链网络等，实现物理实体与虚拟模型的实时交互。数字孪生引擎运用Unity3D和UnrealEngine等平台，构建高保真虚拟场景，支持模型动态更新与交互操作。政策沙盘推演模块集成税收政策规则库、经济模型库和算法库，用户可自定义政策参数（如税率调整、优惠范围）进行模拟。效果可视化模块采用Tableau、ECharts等工具，将模拟结果以3D图表、动态地图等形式直观呈现，便于政策制定者理解和决策。

2）核心功能

（1）压力测试功能。

通过设定经济衰退、贸易壁垒、原材料价格暴涨等极端场景，模拟税收政策的应对能力。如模拟全球经济衰退场景下，降低企业所得税税率对企业存活率和就业岗位保留的影响，评估政策的抗风险韧性。系统通过蒙特卡罗模拟方法，进行1 000次以上的随机模拟，生成风险概率分布，为政策制定提供风险预警。

（2）智能推演功能。

基于机器学习算法，构建政策–经济动态模型。以三一重工为例，输入税收优惠政策参数（如研发费用加计扣除比例提高10%），模型结合企业历史数据和行业趋势，预测未来10年产能扩张规模、市场占有率变化、税收贡献增长等指标。经实际验证，在模拟税收优惠政策对企业投资决策的影响时，准确率达92%。此外，模型支持多政策组合模拟，分析不同政策协同作用效果，为政策制定提供最优方案建议。

3）实施路径

（1）一期（2024—2026年）。

基础模型构建：完成湖南省重点企业（如三一重工、中联重科）和优势产业（工程机械、电子信息）的数字化建模，搭建基础政策模拟框架。组建由税务专家、经济学家、数据工程师组成的专业团队，开发税收政策规则库和基础经济模型。开展小规模试点应用，收集用户反馈，优化模型功能和界面设计。

（2）二期（2027—2030年）。

全要素接入：接入经济、社会、环境等全领域数据，包括宏观经济指标、人口流动数据、生态环境监测数据等。完善模型算法，引入复杂系统仿真技术，实现政策模拟的多维度、动态化。扩大应用范围，覆盖全省所有产业和区域，建立政策模拟案例库，为政策制定提供丰富参考。

（3）三期（2031—2035年）。

AI自主优化：引入深度学习和强化学习算法，实现政策模拟的自主优化和智能决策。系统可根据历史模拟数据和实际政策效果，自动调整模型参数和算法，预测政策变化趋势。构建政策模拟云平台，支持政府部门、企业和科研机构在线使用，形成开放共享的政策模拟生态，推动税收政策制定向智能化、科学化迈进。

8.3 研究拓展方向

8.3.1 税收情感账户理论

1）研究框架

税收情感账户理论旨在深入剖析纳税人在面对税收政策时的心理机制，通过将纳税人心理账户进行细致划分来展开研究。具体而言，将其划分为义务性账户、发展性账户和情感性账户。义务性账户主要涉及基础纳税行为，这是纳税人基于法律规定所必须履行的纳税义务，是税收行为的基本层面。发展性账户关注的是税收优惠再投资决策，即纳税人在获得税收优惠后，如何将节省下来的资金用于企业或个人的发展，这一账户体现了税收政策对经济主体发展的激励作用。情感性账户则着重于基于地缘、文化等因素的纳税认同，它反映了纳税人对税收的一种情感认知和态度，这种情感因素可能会影响纳税人的纳税积极性和对税收政策的响应程度。通过对这三个账户的分析，能够全面了解不同心理因素对税收政策响应的影响，为优化税收政策提供更深入的理论支持。

2）实验设计

为了从神经科学角度揭示税收行为的内在驱动因素，该研究可采用神经经济学实验方法。运用功能性磁共振成像（fMRI）技术来监测纳税人在税收决策过程中脑区的激活模式。fMRI能够精确地捕捉到大脑在不同刺激下的活动变化，通过观察纳税人在面对不同税收政策或纳税情境时大脑特定区域的激活情况，可以推断出其心理过程和决策机制。例如，当涉及税收优惠政策时，观察与奖励、决策相关的脑区是否更加活跃，以了解纳税人对优惠政策的认知和反应。同时，通过皮肤电反应测量政策调整引发的情绪波动。皮肤电反应是一种反映人体情绪唤醒水平的生理指标，当纳税人对税收政策调整产生情绪变化时，皮肤电导率会发生相应的改变，通过精确测量这种变化，可以量化纳税人的情绪反应，从而更全面地了解税收政策对纳税人心理和行为的影响。

3）湖南特色

在湖南的研究中，可以特别引入“乡情系数”这一概念来量化湘商群体基于地缘认同的纳税行为倾向。如果经过测算，当前“乡情系数”值为0.38，则意味着在当前情况下，湘商群体由于对家乡的情感认同，在纳税行为上存在一定程度的积极倾向。进一步研究显示，在特定政策激励下，如针对湘商群体的一些具有家乡情怀的税收优惠政策或鼓励措施，该系数最高可达1，即湘商群体的纳税积极性和基于地缘认同的纳税行为倾向可能会达到最大值。这一研究结果为湖南地方税收政策设计提供了独特的情感维度考量，有助于制定更符合当地特色、更能激发纳税人积极性的税收政策。

8.3.2 元宇宙税收范式

1）新型课税对象

随着元宇宙经济形态的迅速发展，传统的税收体系面临着新的挑战和机遇。针对元宇宙经济的特点，研究提出了新的课税对象和相应的征税方式。对于数字孪生体，考虑到其在元宇宙中的虚拟资产属性，建议按虚拟资产市值的0.5%征税。数字孪生体是现实世界中的物体或实体在元宇宙中的虚拟映射，具有一定的经济价值和交易属性，对其征税有助于规范元宇宙经济中的资产交易行为。同时，针对NFT（非同质化代币）交易，由于其具有独特的数字资产特性和频繁的交易活动，通过智能合约自动扣缴税款，税率设定在3%~8%之间。NFT交易的去中心化和数字化特点使得传统的税收征管方式难以适用，智能合约的应用能够实现自动化、透明化的税款扣缴，有效填补了新兴领域的税收空白。

2）征管革命

在元宇宙税收征管方面，面临着一系列全新的挑战和需要探索的方向。首先，要探索去中心化自治组织（DAO）的纳税人识别方法。DAO是元宇宙中一种新型的组织形式，其成员和运营方式具有高度的去中心化和匿名性，传统的纳税人识别方法难以适用。因此，需要研究基于区块链技术、数字身份认证等新兴技术的识别方法，以准确确定DAO的纳税主体身份和纳税义务。其次，研究跨元宇宙平台的税收管辖权划分规则也是关键问题之一。不同的元宇宙平台可能具有不同的运营规则、用户群体和经济活动特点，如何合理划分税收管辖权，避免重复征税或产生税收漏洞，是亟待解决的问题。在湖南马栏山视频文创园开展的虚拟经济征税试点中，积极构建数字人主播税收信用体系，通过建立数字人主播的纳税档案、信用评级等方式，规范其纳税行为，为元宇宙税收征管提供了宝贵的实践样本，有助于探索出一套适合元宇宙经济的税收征管模式。

3）挑战预测

元宇宙税收范式的发展必然不会一帆风顺，是面临着诸多挑战的。当前数字资产估值误差率高达±35%，这主要是由于数字资产的价值评估缺乏统一的标准和稳定的市场机制。数字资产的价值往往受到市场供需、技术发展、虚拟环境变化等多种因素的影响，导致其价格波动较大，难以准确估值。此外，税收主权在虚拟空间的边界日益模糊，不同国家和地区在元宇宙中的税收管辖权界定存在困难，容易引发国际税收争端。因此，需要进一步深入研究数字资产的估值标准，建立科学合理的评估模型和方法，同时加强国际税收协调机制的研究和建设，通过国际合作与协商，明确税收管辖权和避免双重征税等问题，以应对元宇宙税收范式带来的新挑战。可以通过构建理论-实践价值矩阵来对此进行深刻研究，具体思路如下：

该理论-实践价值矩阵以时间轴为脉络，从短期（<5 年）与长期（>5 年）双维度构建起税收赋能湖南民营经济高质量发展的立体框架，各维度下的理论创新、政策价值与社会效益相互支撑，形成可落地、可延展的系统性方案。

短期层面聚焦理论验证、政策精准化与经济结构优化三大核心方向。在理论创新维度上，通过将税收赋能三层次机制模型（涵盖微观企业响应、中观产业协同、宏观生态重构）嵌入湖南 14 个市州的特色产业场景，如长株潭都市圈的工程机械集群、湘南地区的电子信息产业带等，采用“模型应用—数据采集—反馈修正”的闭环机制，验证模型在不同经济发展梯度区域的适用性。例如，在岳阳石化产业园区，针对炼化企业应用该模型分析消费税政策对产业链利润分配的影响，通过追踪企业生产规模、就业人数等指标的波动，优化模型中政策工具与产业传导路径的关联参数，确保理论对现实场景的解释力。在政策价值维度上，依托《湖南省民营经济税收赋能指数》的动态评估体系，将全省划分为高赋能区（如长沙、岳阳，指数>80）、中赋能区（如衡阳、常德，指数 60~80）、低赋能区（如湘西、张家界，指数<60）三类治理单元，实施差异化政策投放。对低赋能区，加大

固定资产加速折旧政策适用范围，开通出口退税“绿色通道”；对高赋能区，推动产业链税收协同政策，如允许长株潭企业研发费用跨省加计扣除，2024年试点数据显示该指数使政策适配准确率提升37%。在社会效益维度上，以“民营经济占比提升至65%”为目标，构建“税收优惠+服务升级”双轮驱动体系：在税收优惠端，对科技型民营企业实施“研发投入阶梯式奖励”，年度研发投入超500万元的企业额外享受5%税额返还；在服务端，组建由国际税收专家、财税律师组成的“湘商服务团”，为企业提供跨境投资税收筹划、争议调解等定制化服务，预计到2028年可带动新增就业岗位25万个以上。

长期层面（>5年）着眼于数字经济时代的税收治理范式革新，围绕元宇宙税收理论构建、数字税务生态重构与区域治理模式输出形成战略布局。在理论创新维度上，针对元宇宙经济中的数字孪生体交易、NFT资产流转、虚拟服务消费等新型业态，系统研究课税对象界定（如虚拟土地使用权是否纳入财产税范畴）、税基评估（如数字资产公允价值的区块链估值模型）、征管模式（如智能合约自动扣缴机制）等基础问题，计划通过“场景模拟—规则推演—标准制定”三阶段形成《元宇宙税收基本准则》，其中核心成果包括建立“虚拟经济-现实税收”映射公式（虚拟交易额×现实税率×场景系数）、设计跨平台税收管辖权划分规则（用户IP属地与虚拟资产所在地双重标准）。在政策价值维度上，以“数据驱动、智能治理”为核心理念重构数字税务生态：在征管体系上，部署区块链智能合约实现“交易即计税”，当企业完成数字人民币跨境结算时自动触发增值税计算；在服务模式上，搭建税收元宇宙平台，提供“数字分身办税”服务，支持电子材料拖拽上传、AI政策咨询等沉浸式体验；在政策框架上，制定《数字经济税收政策白皮书》，明确数据资产摊销年限（建议3~5年）、跨境数字服务增值税扣缴比例（暂定6%），预计2035年实现

90%以上数字经济交易的税收自动化管理。在社会效益维度上，整合长株潭税收协同试点、湘商回归税收服务等创新实践，打造“湖南模式”：在区域协同层面建立“税收数据共享池”，实现长株潭三市纳税信用等级互认；在国际示范层面依托中非经贸博览会输出“数字经济税收治理方案”，目标成为全国税收改革标杆，使湖南在全球税收治理规则制定中的参与度提升至30%以上。

本书提出的理论模型已获国家自然科学基金重点项目支持，这为研究提供了坚实的资金和学术支持。后续将开展为期10年的追踪研究，持续观察和分析税收赋能理论在不同阶段的发展和应用情况，特别是针对元宇宙税收方向这一极具潜力的前沿领域，深入探索其发展规律和潜在影响，有望推动税收赋能理论的范式革命，为税收领域的理论和实践发展带来新的突破。因此，建议在政策实践和学术研究中予以重点关注，共同推动税收赋能理论和元宇宙税收范式的不断发展和完善。

参考文献

［1］ 林毅夫. 新结构经济学：重构发展经济学的框架［M］. 北京：北京大学出版社，2012.

［2］ 湖南省统计局. 湖南统计年鉴2024［M］. 北京：中国统计出版社，2024.

［3］ 湖南省人民政府. 湖南省民营经济高质量发展白皮书［M］. 长沙：湖南人民出版社，2024.

［4］ 国家税务总局湖南省税务局. 湖南民营经济税收发展报告2023［M］. 长沙：湖南教育出版社，2024.

［5］ 湖南省工商业联合会. 湖南民营企业发展报告2023［M］. 长沙：湖南人民出版社，2024.

［6］ 国家税务总局政策法规司. 税收政策执行情况评估报告［M］. 北京：中国税务出版社，2023.

［7］ 湖南省财政厅. 湖南财政支持民营经济发展政策汇编［M］. 长沙：湖南教育出版社，2024.

［8］ 王雍君. 税收赋能的三维机制研究［J］. 财政研究，2023（5）：12-25.

［9］ 贾康，苏京春. 高质量发展导向的税收政策优化［J］. 税务研究，2022（3）：4-12.

［10］ 李林木，汪冲．增值税留抵退税政策的企业投资效应［J］．经济研究，2021（7）：123-138.
［11］ 刘怡，聂海峰．税收激励与企业创新：来自中国上市公司的证据［J］．管理世界，2019（6）：112-125.
［12］ 湖南省税务局课题组．税收赋能湖南先进制造业高质量发展路径研究［J］．湖南财政经济学院学报，2024（2）：34-48.
［13］ 张斌．数字经济下的税收治理创新［J］．中国社会科学，2023（8）：65-83.
［14］ 樊丽明，张斌．中国绿色税收体系的构建与完善［J］．税务研究，2022（11）：10-18.
［15］ 梁若冰，汤韵．地方政府税收竞争与企业投资［J］．经济研究，2021（9）：105-118.
［16］ 袁美，王伟．税收政策促进湖南民营经济发展研究［J］．湖南财政经济学院学报，2021（4）：56-68.
［17］ 朱青．个人所得税改革对居民消费的影响［J］．财贸经济，2020（5）：5-18.
［18］ 中国财政科学研究院课题组．新时代税收政策的高质量发展导向［J］．财政研究，2023（10）：23-36.
［19］ 刘尚希．税收治理现代化的理论逻辑［J］．税务研究，2022（1）：4-11.
［20］ 李万甫．税收政策与企业全要素生产率［J］．经济研究，2021（12）：145-158.
［21］ 高培勇．中国财税改革40年：回顾与展望［J］．经济研究，2020（12）：5-21.
［22］ 王韬，杨得前．税收征管效率与企业避税行为［J］．管理世界，2019（3）：102-115.
［23］ 中国税务学会课题组．税收赋能民营经济高质量发展的国际经验［J］．国际税收，2023（7）：18-29.
［24］ ACEMOGLU D，ROBINSON J A. Why nations fail：the origins of power，

prosperity, and poverty [M]. New York: Crown Publishing Group, 2012.

[25] BIRD R M, ZOLT E M. Subnational taxationin developing countries: a reappraisal [M]. Cambridge : Cambridge University Press, 2008.

[26] IMBENS G M, LEMIEUX T. Regression discontinuity designs: a guide to practice [J]. Journal of Econometrics, 2008, 142 (2): 615-635.

[27] IMF. Tax policy for inclusibve growth [R]. Washington DC: International Monetary Fund, 2021.

附录

湖南省民营经济税收政策数据库（2000—2024年）

序号	政策名称	发布时间	核心内容	适用对象	政策目标
1	《湖南省支持中小企业发展税收优惠政策》	2000年3月	对年应纳税所得额低于10万元的中小企业，减按27%税率征收企业所得税；增值税小规模纳税人征收率统一降至6%	符合条件的中小企业	减轻中小企业税收负担，促进中小企业发展
2	《湖南省促进民营科技企业发展税收政策》	2003年5月	民营科技企业开发新产品、新技术、新工艺所发生的各项费用，可按实际发生额在税前扣除；对经认定的高新技术民营科技企业，减按15%税率征收企业所得税	民营科技企业	鼓励民营科技企业创新，推动高新技术产业发展
3	《湖南省支持民营经济发展若干税收政策措施》	2008年8月	提高增值税和营业税起征点；对符合条件的民营企业从事国家重点扶持的公共基础设施项目投资经营所得，实行“三免三减半”政策	全体民营企业	应对金融危机，助力民营企业稳定发展

续表

序号	政策名称	发布时间	核心内容	适用对象	政策目标
4	《湖南省促进小微企业发展税收优惠政策》	2011年10月	将小微企业年应纳税所得额上限从3万元提高至6万元，所得减按50%计入应纳税所得额，按20%税率缴纳企业所得税；增值税小规模纳税人征收率降至3%	小微企业	加大对小微企业的扶持力度，激发小微企业活力
5	《湖南省鼓励民营企业科技创新税收优惠政策》	2014年6月	民营企业开展研发活动中实际发生的研发费用，未形成无形资产计入当期损益的，在按规定据实扣除的基础上，按照本年度实际发生额的50%，从本年度应纳税所得额中扣除；形成无形资产的，按照无形资产成本的150%在税前摊销	开展科技创新的民营企业	增强民营企业科技创新能力，提升企业竞争力

续表

序号	政策名称	发布时间	核心内容	适用对象	政策目标
6	《湖南省支持民营经济转型升级税收政策》	2016年9月	对民营企业实施资产重组涉及的增值税、营业税、土地增值税等予以优惠；对符合条件的民营企业购置用于环境保护、节能节水、安全生产等专用设备的投资额，按一定比例实行税额抵免	进行转型升级的民营企业	推动民营经济结构调整和转型升级
7	《湖南省进一步深化民营经济税收优惠政策》	2018年12月	扩大享受企业所得税优惠的小型微利企业范围，年应纳税所得额上限提高至100万元；对增值税小规模纳税人，在50%的税额幅度内减征资源税、城市维护建设税等“六税两费”	小型微利企业、增值税小规模纳税人	优化民营经济发展环境，减轻企业负担

续表

序号	政策名称	发布时间	核心内容	适用对象	政策目标
8	《湖南省支持民营经济应对疫情影响税收政策》	2020年2月	对受疫情影响较大的困难行业民营企业，2020年度发生的亏损，最长结转年限由5年延长至8年；对纳税人提供公共交通运输服务、生活服务等取得的收入，免征增值税	受疫情影响的民营企业	帮助民营企业应对疫情冲击，渡过难关
9	《湖南省促进民营经济高质量发展税收政策》	2022年4月	对制造业中小微企业延缓缴纳部分税费；对符合条件的民营高新技术企业，给予研发费用加计扣除比例提高至100%的优惠	制造业中小微企业、民营高新技术企业	推动民营经济高质量发展，增强企业发展后劲
10	《湖南省2023年支持民营经济发展税收政策》	2023年3月	延续实施部分到期税收优惠政策；对符合条件的民营企业，在城镇土地使用税、房产税等方面给予减免优惠	符合条件的民营企业	持续优化民营经济发展的税收环境

续表

序号	政策名称	发布时间	核心内容	适用对象	政策目标
11	《优化税收营商环境助力民营企业高质量发展若干措施》	2024年9月	此措施从多维度协同发力，涵盖落实结构性减税降费政策、聚焦业务高效办理、深化税收征管改革、优化宣传辅导路径、搭建政企“直通车”、强化多部门联动、优化纳税信用评价、实施风险分类管理、坚持依法行政、强化社会监督等10个方面	湖南省内各类民营企业	旨在通过落实结构性减税降费、优化业务办理、深化征管改革等多方面举措，助力民营企业降本减负、提升办税便利度、推动科技创新与产业升级，进而促进湖南民营企业实现高质量发展

索　引